# THE FRENCH WARS
# OF RELIGION

# 法兰西宗教战争

［英］爱德华·阿姆斯特朗 —— 著　金蓓 —— 译

图书在版编目（CIP）数据

法兰西宗教战争 /(英) 爱德华·阿姆斯特朗著；
金蓓译. -- 北京：华文出版社，2021.6
（华文全球史）
ISBN 978-7-5075-5458-8

Ⅰ.①法… Ⅱ.①爱… ②金… Ⅲ.①宗教史—战争史—研究—法国 Ⅳ.①B929.565②E565.9

中国版本图书馆CIP数据核字(2021)第081464号

## 法兰西宗教战争

| 作　　者： | [英] 爱德华·阿姆斯特朗 |
|---|---|
| 译　　者： | 金蓓 |
| 选题策划： | 华章盛世 |
| 插图供应： | 029-85504182 |
| 责任编辑： | 杨荣刚　张磐 |
| 出版发行： | 华文出版社 |
| 社　　址： | 北京市西城区广外大街305号8区2号楼 |
| 邮政编码： | 100055 |
| 网　　址： | http://www.hwcbs.com.cn |
| 电　　话： | 总编室010—58336239 |
| | 发行部010—58336212 |
| 经　　销： | 新华书店 |
| 印　　刷： | 三河市燕春印务有限公司 |
| 开　　本： | 710×1000　1/16 |
| 印　　张： | 22.5 |
| 字　　数： | 305千字 |
| 版　　次： | 2021年6月第1版 |
| 印　　次： | 2021年6月第1次印刷 |
| 标准书号： | ISBN 978-7-5075-5458-8 |
| 定　　价： | 92.00元 |

版权所有　侵权必究

# 出版前言

随着中国开放的大门越开越大,关注世界各国尤其是西方国家文明的源流、发展和未来已经成为当下世界史研究的一个热点。为了成系统地推出一套强调"史源性"且在现有世界史出版物中具有拾遗补阙价值的作品,我们经过认真论证,推出了"华文全球史"系列,首次出版约一百个品种。

"华文全球史"系列从书目选择到译者的确定,从书稿中图片的采用到人名地名的规范,都有比较严格的遴选规定、编审要求和成稿检查,目的就是要奉献给读者一套具有学术性、权威性和高质量的世界史系列图书。

书目的选择。本系列图书重视世界史学科建设,视角宽阔,层级明晰,数量均衡,有所突出。计划出版的"华文全球史"中,既有通史,也有专题史,还有回忆录,基本上是世界历史著作中的上乘之作,填补了国内同类作品出版的空白。

人名地名规范。本系列图书中人名地名,翻译规范,重视专业性。在人名翻译方面,我们坚持"姓名皆全"的原则,加大考据力度,从而实现了有姓必有名,有名必有姓,方便了读者的使用。在注释方面,书中既有原书注,完整地保留了原著中的注释;也有译者注,体现了译者的研究性成果。

书中的插图。本系列图书的一个重要特点是书中都有功能性插图,这些插图全方位、多层次、宽视角反映当时重大历史事件,或与事件的场景密切相关,涉及政治、军事、经济、社会、外交、人物、地理、民俗、生活等方面的绘画作品与摄影作品。功能性插图与文字结合，赋予文字视觉的艺术，丰富了文字的内涵。

  译者的确定。本系列图书的翻译主要凭借的是一个以大学教师为主的翻译团队，团队中不乏知名教授和相关领域的资深人士。他们治学严谨，译笔优美，为确保质量奉献良多。

  "华文全球史"系列作为一套具有较高学术价值的优秀的世界历史丛书，对增加读者的知识，开阔读者的视野，具有积极的意义。同时要看到，一方面很多西方历史学家的观点符合事实，另一方面不少西方历史学家的观点是错误的，对于这些，我们希望读者不要不加分析地全盘接受或全盘否定，而是要批判地吸收外国文化中有益的东西。

华文出版社

2019年8月

# 目 录

001 **第 1 章**
宗教运动的兴起

025 **第 2 章**
胡格诺派的衰落

081 **第 3 章**
天主教联盟

101 **第 4 章**
天主教的胜利

141 **第 5 章**
凯瑟琳·德·美第奇之死

159 **第 6 章**
法兰西国王亨利三世的不幸

173 **第 7 章**
瞬息万变的局势

| | | |
|---|---|---|
| 215 | **附录 1** | |
| | 阿内·德·蒙莫朗西 | |

| | | |
|---|---|---|
| 225 | **附录 2** | |
| | 加斯帕尔二世·德·科利尼 | |

| | | |
|---|---|---|
| 237 | **附录 3** | |
| | 纳瓦拉国王安托万 | |

| | | |
|---|---|---|
| 241 | **附录 4** | |
| | 吉斯公爵弗朗索瓦 | |

| | | |
|---|---|---|
| 249 | **附录 5** | |
| | 吉斯公爵亨利一世 | |

| | | |
|---|---|---|
| 257 | **附录 6** | |
| | 凯瑟琳·德·美第奇 | |

| | | |
|---|---|---|
| 299 | **附录 7** | |
| | 圣巴塞洛缪大屠杀 | |

| | | |
|---|---|---|
| 329 | **译名对照表** | |

# 第1章
# 宗教运动的兴起

**精彩看点**

宗教运动——宗教改革运动——再洗礼派——加尔文体系——下层阶层和修道会——宗教迫害的影响——对外战争的影响——《卡托-康布雷西和约》——改革派的发展——教会联盟——君主制的衰落——旺多姆家族——吉斯家族——安博瓦兹阴谋——贵族

任何一场宗教运动，迟早会演化成一场政治运动，反映正在崛起的阶层的愿望或受压迫的阶层的不满。宗教运动有时会促进政府的发展，但更多的情况下会阻碍政府的发展。一般而言，宗教运动始于人们对现存政体的不满。这种不满促进现存政体的改革和发展，加速现存政体的衰落和瓦解。宗教运动提供了纲领和口号，将人们长期存在的愤怒和不满，带到战争中。

宗教改革运动也是如此。每个欧洲国家都经历过宗教改革运动。因为宗教改革运动会把所有社会矛盾转化成一种矛盾。长达半个多世纪的对外战争，使法兰西国内出现了问题。法兰西人开始对君主专制统治感到不满。因为法兰西人特别容易接受新观点和新事物，所以法兰西有进行宗教改革运动的可能性。探索宗教改革运动对法兰西各个方面的影响十分有趣。这些影响包括对法兰西政治体制的影响；对王权、教会、贵族、市民的影响；对三级会议和议会的影响；对人们认知的影响，特别是人们对王权与人民关系认知的影响。

本书主要从政治角度讨论法兰西宗教改革运动，既不会详述胡格诺信仰的产生与发展过程，也不会详述法兰西国王弗朗索瓦一世的宗教迫害史。宗教不满、政治不满、社会不满，三者相互关联。大家可能知道，弗朗索瓦一世镇压宗教异端时，自认为是在镇压人们对社会和政治的不满。他的儿子——正统的天主教教徒亨利二世实行了更加严厉的宗教政策，使法兰西人民对宗教的不满迅速转变成了对政治和社会的不满。这里会简单提及新教形成的初期情况，特别是加尔文教的一些情况。长期以来，对天主教持异议者被称为路德派。法兰西的宗教改革运动如果由路德派主导，很难达到高潮。签订《奥格斯堡和约》后，路德派就变成了欧洲宗教体系中不可分割的一部分。然而，在法兰西，只有在王室支持的情况下，路德派才有用武之地。高卢派主张将法兰西从教皇的神权中解救出来。如果用一句格言说明这个主张，那就是"一个信仰，一个法律，一个国王"。这句格言体现了路德派"教随国定"的原则。

因为法兰西宗教改革运动进行得较晚，所以没有受到再洗礼派公有制理论的影响。在明斯特，再洗礼派公有制理论早已被粉碎。在尼德兰的主要商业中心，具有本土性和不确定性的再洗礼派十分盛行。然而，由于加尔文主义的输入，使尼德兰再洗礼派发生了改变。此外，尼德兰的再洗礼派，无论是在地理分布，还是在社会成分和种族特点上，都与法兰西的新教差异显著。商业活

签订《奥格斯堡和约》

动较少的皮卡第、香槟被以乡绅贵族为主的天主教区——阿图瓦和艾诺隔开。因此，皮卡第和香槟不太容易受到佛兰芒教区新教的影响。由于法兰西财政管理不善和与英格兰的竞争，根特和安特卫普的无产阶级失去了工作。他们忍饥挨饿，同法兰西富裕的资产阶级，甚至同一些河边城镇的手工业者的生活条件天差地别。除了阿拉斯、瓦朗谢讷和里尔，尼德兰早期的新教教徒都来自佛兰芒教区。很明显，他们对德意志或英格兰的影响力大于法兰西。因此，法兰西的宗教改革运动既不受埃拉斯都学说——国家至上主义的束缚，除个别情况，也不受再洗礼派公有制理论的影响。的确，再洗礼派想利用法兰西早期的动乱，发展自己的势力。但在再洗礼派领导阶层的影响下，该想法没有实现。

在法兰西宗教改革运动中，加尔文体系具有特殊优势。宗教委员会、教会法院、宗教会议的成员很容易转变成各种政治党派，或成为军事组织的骨干，也特别善于利用党派的财政资源。在法兰西，天主教教徒不仅在人数上有压倒性的优势，还得到王室的支持。然而，在这种情况下，在法兰西，加尔文教的抵抗运动不断，因此可以证明加尔文主义在法兰西生命力旺盛。巴伐利亚和奥地利的贵族和人民几乎全是路德教教徒。他们只能屈服于拥有少量资源的天主教政府，备受压制。

和德意志情况类似，法兰西宗教改革运动主要影响的是下级阶层和修道会。在法兰西国王亨利二世统治时期，火焰法庭①的判决登记册上记录了被定罪者的职业。我们发现，被定罪者主要是小商人、工匠、家庭佣人或小官员。有几个宗教团体也深受法兰西宗教改革运动的影响，尤其是方济各会。方济各会的许多修道院受到了严格的监视。一般而言，教区神职人员是坚定的天主教教徒，也有少数例外。举例来说，在布雷教区，领圣俸的神职人员因信仰问题而饱受折磨。布雷教区的僧侣和修士多是天主教的精英人士。一旦他们受到异端邪说的污染，必会受到严惩。布雷教区的下级阶层无权无势。他们即使遭到

---

① 16—17世纪法国创立的一种特别法庭，用来审讯异端分子。——译者注

迫害也没有能力提出异议。因此，修道会和下级阶层更容易遭到迫害。然而，无论是文职官员还是高级教士，似乎都不敢、也无法迫害有公认地位的人①。举例来说，1548年到1549年的冬天，许多有异端倾向的贵族和有钱人前往日内瓦避难，包括英俊、富有贵族气质的迪德·德·贝兹。

王室的宗教迫害产生了直接的政治影响：在很大程度上，增加了教会法院的权力，削弱了议会的权力。巴黎议会抗议教会法院侵犯了其特权，并反对教会法院通过宗教迫害改变人们的信仰。鲁昂议会也提出类似抗议。因持有不同的意见，鲁昂的几名议员被教会法院惩治。教皇保罗四世统治时期，在1557

教皇保罗四世

---

① 火焰法庭的记录只涉及巴黎议会拥有管辖权的地方。在南方，也许在诺曼底，改革从一开始就在较富裕的阶层中比较普遍。科尼亚克是巴黎管辖的最南端的城镇，那里的受害者都是商人。——原注

维埃耶-维尔元帅弗朗索瓦·德·切佩奥

年,法兰西引进了西班牙实行的异端裁判所。该举动进一步激怒了司法体系的专业人员。法兰西王室授权异端裁判所负责任命主教法庭成员,异端裁判所的裁定结果不得上诉。但巴黎议会不同意这条王室法令,并继续接受上诉。最终,在著名的周三大会上,国王破坏了宪法规定的言论自由,下令逮捕了五名议员,做出了有利于议会极端天主教少数派,而不利于温和多数派的裁决。这种做法引起了维埃耶-维尔元帅弗朗索瓦·德·切佩奥的强烈不满。这种不满是由王室的宗教政策引起的。因此,改革派和司法体系的专业人员开始站到同一阵线。

法兰西宗教改革运动也受到了对外战争的影响。这种影响更加直接。战争期间,行政机构很难有效运作,内乱无法得到有效治理。地方当局也常常不愿或者无法执行上级命令。此外，尽管在战争中已经小心避免法兰西军队中的改革派与路德派直接接触，但由于异端裁判所的存在，天主教成了法兰西的公敌，改革派的发展势力不可阻挡[①]。

如果说战争促进了法兰西宗教改革运动的发展，那么《卡托-康布雷西和约》则将法兰西宗教改革运动推向了高潮。从领土角度来看，《卡托-康布雷西和约》并不像人们当时认为的那样会对法兰西不利。此和约的签订标志着法

《卡托－康布雷西和约》签订现场，腓力二世与亨利二世握手、拥抱

---

[①] 当时，异教徒已经不再遭受火焰法庭的迫害。1546年，托斯卡纳大区的一位大使写道："很多地方完全按照新教的方式生活。这虽然没有公开，但私下被默许。这些地方包括卡昂、拉罗谢尔和普瓦捷。"1558年，维托雷·索兰佐写道："路德教教徒人数为四十人，拥有完善的组织和通信系统，所以很难找到方法阻止'邪恶'。"——原注

奥兰治亲王威廉一世

兰西和西班牙为控制意大利进行的六十五年战争结束,也意味着法兰西宗教战争拉开了帷幕。如果不是枢机主教黎塞留领导的王室军队封锁了拉罗谢尔十四个月,这场反复不断的宗教战争不知何时才能彻底结束。

在有关奥兰治亲王威廉一世的著名传说中,曾经提到,法兰西国王亨利二世和西班牙国王腓力二世就共同镇压异端一事达成了共识。这种说法很可能是假的。因为该传说与当时的有力证据相互矛盾。该传说最早出现在奥兰治亲王威廉一世辩解词事件之后。然而,毫无疑问的是,亨利二世和腓力二世都有镇压异端和进行宗教改革的动机。一方面,军事阶层不喜欢和平,而喜欢战

法兰西国王亨利二世

西班牙国王腓力二世

争。和平时期,拥有法院职务或有俸圣职的"大人物"很少受苦,军事人员却失去了获得荣誉和晋升职务的机会。另一方面,小贵族①发现自己的产业因战争而瘫痪,长期靠工资或抢劫为生。小贵族的幼子虽然有武器,但没有工作。有俸圣职也越来越要求担任者为王室成员。这些法兰西的小贵族向政府申请就业,结果只是徒劳。因此,他们对政府感到不满。他们尤其是对改革派最可怕的敌人——枢机主教夏尔·德·洛林感到不满。

枢机主教夏尔·德·洛林

---

① 读者容易被"贵族"一词误导。在法兰西贵族中,只有长子能得到大部分家产。无论是在财富方面,还是在生活方式方面,乡下贵族与农民几乎没什么不同。他们与农民生活在一起,相处十分融洽。区别乡下贵族和农民的唯一事物就是"特权",因此,乡下贵族对特权非常执着。——原注

与此同时,改革派的势力越来越大。然而,改革派的处境也越来越危险。亨利二世统治时期,改革派发展迅速、组织有序。1555年,法兰西中部和南部的许多城镇按照日内瓦模式建立了教堂。

1559年,在周三大会上,教会联盟成立。教会联盟代表,包括地方教务会议、省教会会议和全国会议代表,都由选举产生。在这些代表中,世俗人员和神职人员的比例相同。如果出现危险,教会联盟会转变成政治组织甚至是军事组织。由于小贵族的大量加入,改革派的性质发生了改变。改革派从一个长期备受压迫的、宽容的组织逐渐变成了一个具有政治性的、侵略性的,有时甚至具有压迫性的组织。

签订《卡托-康布雷西和约》不久后,亨利二世死于一场骑士比武大赛。虽然在政治上是个傀儡,但他是一个成熟、健康的男人。然而,亨利二世的继任者弗朗索瓦二世是一个身体虚弱的孩子。弗朗索瓦二世长期处于妻子玛丽·斯图亚特的控制之下。玛丽·斯图亚特受到了自己的家族——吉斯家族舅舅的影响。于是不满的声音出现了。这表明君主制衰落了。

如果君主制衰落,君主就会成为派系斗争的牺牲品。法兰西两个家族——蒙莫朗西家族和吉斯家族,获得了亨利二世及其情妇迪亚娜·德·普瓦捷的支持和提拔。除了法兰西王室,蒙莫朗西家族的地位最高。蒙莫朗西家族的首领阿内·德·蒙莫朗西拥有法兰西最高的官职——"治安官"头衔。阿内·德·蒙莫朗西拥有能干的儿子和三个同样能干的外甥——沙蒂永三兄弟。沙蒂永三兄弟是阿内·德·蒙莫朗西的妹妹路易丝·德·蒙莫朗西的儿子。其中,加斯帕尔二世·德·科利尼成了法兰西海军上将;弗朗索瓦·德安德洛·德·科利尼在法兰西境内当步兵指挥;奥代·德·科利尼是罗马天主教的枢机主教。支持蒙莫朗西家族的还有波旁王室成员——旺多姆公爵夏尔·德·波旁的儿子。夏尔·德·波旁的长子安托万·德·波旁是嫡系继承人,他与让娜·德阿尔布雷联姻,从而获得了纳瓦拉国王头衔。夏尔·德·波旁最小的儿子孔代亲王路易娶了埃莉诺·德·鲁瓦耶。波旁公爵夏尔三世叛变后,旺多姆家

在一场比武中,亨利二世受致命伤

弗朗索瓦二世

玛丽·斯图亚特

迪亚娜·德·普瓦捷

阿内·德·蒙莫朗西

加斯帕尔二世·德·科利尼

弗朗索瓦·德安德洛·德·科利尼

族始终不渝地效忠亨利二世。但旺多姆家族不受法兰西王室的重用。因为和治安官阿内·德·蒙莫朗西的亲缘关系,旺多姆家族才获得法兰西王室一点微薄的奖赏。

吉斯家族是洛林家族的一个小分支。吉斯家族的母族有法兰西王室血统。但由于与洛林公国有关联,吉斯家族的人被法兰西人视为外国人。人们一说起外国人,就会想到洛林家族的人。吉斯公爵弗朗索瓦功绩显赫、富有个人魅力,赢得了法兰西人的喜爱。然而,他的弟弟夏尔·德·洛林虽然才能卓越,但不受百姓爱戴。

吉斯公爵弗朗索瓦

蒙莫朗西家族和吉斯家族的竞争，与其说是观念、原则上的竞争，不如说是地盘、势力上的竞争。在外交政策上，两个家族也存在明显分歧。蒙莫朗西家族希望与天主教结盟，吉斯公爵弗朗索瓦则希望和土耳其人或异教徒结盟，共同对抗西班牙。吉斯公爵弗朗索瓦为外甥女玛丽·斯图亚特与亨利二世的王位继承人——弗朗索瓦安排了婚姻。在弗朗索瓦即位，成为弗朗索瓦二世后，吉斯家族获得了至高无上的地位。因此，和英格兰情况类似，法兰西君主制崩溃的原因可以总结为两点。第一，法兰西政府被外国人把控；第二，法兰西的国家顾问和宪法顾问被排除在王室委员会之外。正如尼德兰的贵族和市民敌视安托万·佩雷诺·德·格朗韦勒，法兰西人也仇视夏尔·德·洛林。首先，这两位枢机主教都有外国血统。其次，他们被认为是教皇绝对主义者，对教会财政管理不善。蒙莫朗西家族是众所周知的改革派，其中阿内·德·蒙莫朗西是政治上的改革派。波旁家族的加斯帕尔二世·德·科利尼海军上将和沙蒂永枢机主教奥代·德·科利尼是宗教上的改革派；弗朗索瓦·德安德洛·德·科利尼改信了新教。但从表面上看，他们的对外政策仍然是一致的。虽然在各省，天主教教徒和改革派闹得不可开交，但在政治上，很难区分政治上的改革派和宗教上的改革派。

16世纪60年代，法兰西发生了叛乱。该叛乱被称为安博瓦兹阴谋。关于安博瓦兹阴谋的目的，众说纷纭。敌方说，这是为了暗杀国王和议会成员，并建立一个瑞士模式的联邦共和国。友方称，该叛乱唯一的目的是提出请愿。但有一点是毫无疑问的，安博瓦兹阴谋想消除吉斯家族对法兰西王室的影响力。

安博瓦兹阴谋遭遇了背叛，受到了野蛮镇压。不仅胡格诺派参与了这次行动，许多天主教教徒也都参与其中，甚至阿内·德·蒙莫朗西也有参与的嫌疑。虽然安博瓦兹阴谋是一个不成熟的行动，但由于最后的处决十分残酷，引起了社会的普遍不满，且胡格诺派在法兰西南部公开起义，导致了显贵会议在枫丹白露召开。温和改革派米歇尔·德·洛皮塔尔和科利尼家族成员，以及坚定改革派主教让·德·蒙吕克和大主教米歇尔·德·马里亚克都公开表达了政治和宗教两方面的不满情绪。法兰西政府认为安博瓦兹阴谋明显是异教徒对法兰西王室的攻击，因此坚持支持天主教和绝对主义原则。有人主张，弗朗索瓦二世召集信任的人来参加显贵会议，并在协商会议上宣誓支持天主教。然而，由于反对的声浪太大，弗朗索瓦二世同意召开三级会议。法兰西政府希望在改革派组织完全建成前，杀死他们的头目，用来恐吓异教徒代表。1585年，吉斯家族得到腓力二世的支持，在南特重组了天主教同盟，计划赶走波旁家族。如果不是年轻的亨利三世突然驾崩，孔代亲王路易，可能还有纳瓦拉国王亨利三世，都会掉脑袋。波旁家族其他成员也就不可能成为党派领导人。改革派将失去骨干成员。无论是驱逐外国人，还是判决改革派领导人死刑，都无法治愈国家的顽疾。这两种所谓的"灵丹妙药"，只不过是江湖骗子的手段。

纳瓦拉国王亨利三世

路易十二

  以前发生过君主制的衰落。这次,再次发生。法兰西的君主政体是一棵茁壮成长的植物,吸取周围土壤的营养,使其他植物营养不良,最终枯萎死亡。这片土地需要大量的叛乱和流血,才能再次开花结果。法兰西原本组织完备、体系健全,一旦变得混乱无序,就会成为最糟糕的无政府状态。同时代的人,尤其是意大利人,意识到从路易十二时代开始,法兰西的君主制在不断衰落。曾经,尼科洛·马基雅维利说,典型的、严密的君主立宪制应该建立在一个限制王权的完美司法体系之上——教会可以向国王提出建议,众多爱国贵族团结在国王周围共同维护政体。菲利佩·德·科米纳更有先见之明。他认为控制立法和司法不如控制财政。意大利观察家把宗教战争时期的法兰西,与都铎

第 1 章 宗教运动的兴起 ● 019

王朝时期的英格兰及腓力二世统治时期的西班牙进行了对比，发现法兰西人的自由权利很小。税收先摧毁了国家，后摧毁了王权。法兰西国王路易十一把法兰西比作他可以随意收割的美丽草原。神圣罗马帝国皇帝马克西米利安一世把法兰西国王比作一个拥有黄金绵羊的牧羊人。当神圣罗马帝国皇帝查理五世问法兰西国王弗朗索瓦一世"剪下了多少羊毛"时，弗朗索瓦一世答道："我想剪多少，就剪多少！"

在战争时期，贵族的贡献很大。但在和平时期，贵族便失去了价值，甚至失去了生存的手段。贵族无法成为商人和律师，也无法被市政部门雇用。他们

神圣罗马帝国皇帝查理五世

要么反抗国王，要么被农民反抗。只有国王发动战争，贵族才能找到工作。法兰西曾经引以为傲的中央集权制度，在内战开始之前就土崩瓦解了。一方面，工商界的大资本家试图使自己在省政府的职位能够世袭。最终，这一想法实现了。另一方面，真正的掌权者，即副总督正在试图使自己的权力独立于国王和总督之外。签订《政教协议》后，教会成了君主制的一部分。教会的力量在逐渐削弱。教会几乎不再是一个神职机构，也不受司法体系的约束。国王利用教会随意征税。教会的收入大约达到整个法兰西财政收入的三分之一。有俸圣职成了法兰西王室获取税收的一种形式。如果圣职人员在战争中服役，或在外交、艺术、文学或舞蹈方面有功绩，都会得到相应的奖赏。威尼斯的一位大使说，有俸圣职就像威尼斯的股票一样，人们先投资再获利。天主教的支持者一致认为，这些是造成教会问题的主要原因。弗朗索瓦科·安东尼奥·科雷尔十分赞赏胡格诺派的纪律性，他曾说："如果我们的神父能做到胡格诺派教徒的一半，天主教就不会像目前一样混乱。"人们认为《政教协议》是所有罪恶的根源。罗马教皇使节的冷漠态度使法兰西教会的内部问题更加严重。佛罗伦萨的乔瓦尼·托尔纳博尼恳求主人向罗马教廷抗议教廷大使的贪婪。"罗马教廷应该派遣更加虔诚、尽职的天主教使节或大使出使欧洲各地。要知道，地方修道院的神父已经把新教种子传到了日内瓦和德意志，毁灭了世界上最伟大的天主教国家，还给基督教世界的其他国家带来了危险。"

尼科洛·马基雅维利认为，司法制度是宪法的保障，但司法制度已经丧失了应有的公正。弗朗索瓦科·安东尼奥·科雷尔写道，司法的堕落，一方面是由于普遍的花钱买官行为，另一方面是出于宗教偏见。为获得职位，律师付出了高昂的代价。他们只能通过腐败交易补偿自己的损失。那段时期是法兰西法学家的黄金时期，但科学的法律体系并不意味着司法就是廉洁的。威尼斯人补充说，律师赚了很多钱，多得甚至不知道该怎么花。在法兰西，买官卖官增加了政府官员人数，这使诉讼程序更加复杂，耗时更长，费用也更高。此外，一些司法官员的宗教狂热对司法体系的破坏性更大。天主教官员曾作证说，一些法官被过分的宗教狂热冲昏了头脑,还有一些法官不能被信赖。因此,无法依靠法官来惩罚胡格诺派。由于司法不公,议会也不再被尊重。

法兰西城镇的商人阶层很富有,甚至在战争期间也能够继续保持财富。但这似乎对法兰西没什么好处。各城镇商人缺乏共同利益,没有形成一个社会阶层,不是统一的社会单元。这种分离主义倾向表现在一种说不清、道不明的恐惧感中。在法兰西动乱初期,这种恐惧非常普遍。法兰西的各个城镇纷纷组建共和政府。此外,和现在一样,当时法兰西的繁荣更多依赖于农村而非城市,而农村的繁荣则依赖于自然经济。

苏利公爵马克西米利安·德·贝蒂纳的格言——"耕地和牧场是法兰西的两个乳房"——具有普遍适用性。国外战争耗资不菲,国内王室生活奢侈,两者构成双重负担压在了农民身上。在诺曼底和皮卡第,农民放弃了土地。因为他们需要交纳的赋税远远超过了从土地上获得的收入。"神职人员负担过重,贵族不满且不团结,人民积怨已久",这是意大利大使向意大利送信时反复提及的事。

法兰西出现了普遍的道德败坏和社会不满。解决方法是什么呢?一如既往,法兰西人说:"回到过去,恢复我们已经放弃了的体系,重组三级会议。八十年来,法兰西没有认真开过一场代表会议。必须召回国王的国事顾问团——王室委员会的血统亲王,并恢复到《政教协议》之前的状态,给予教会足够的自由。"这与法兰西宗教改革运动前的方案非常相似。然而,现在思想潮流和政治潮流都发生了变化,旧的体系不再适用。很久以前,旧体系就已经被证明毫无价值。高卢教会现在受制于贵族,比受制于国王时更加混乱。法兰西最大的灾难是由御前大臣的不和引起的。外界观察人士认为,即将爆发的战争正是由于这种不和引起的。蒙莫朗西家族和吉斯家族的宿怨分裂了法兰西。用威尼斯人的话来说,蒙莫朗西家族和吉斯家族的宿怨是"战争的渊薮"。1560年,佛罗伦萨使者预言,"吉斯家族和蒙莫朗西家族之间将爆发大冲突,并将发展成宗教战争"。三级会议没有发挥应有的作用,也没有受到法兰

苏利公爵马克西米利安·德·贝蒂纳

西人的尊敬。三级会议的过失,既源于其集权主义的意图,也源于其能力的缺乏。三级会议从前被利用过,以后还会被利用,会被法兰西王室和改革派轮流利用。然而,新思想会把法兰西人推向未知的地方。任何体制必然会存在"验错"的过程。一旦发现错误,新思想必然会冲击旧的体制,而新旧思想对抗的结果只能交给命运。1560年12月10日,孔代亲王路易被判死刑。1560年12月5日,因耳部感染引起病变,年轻的弗朗索瓦二世驾崩。

# 第2章
# 胡格诺派的衰落

**精彩看点**

弗朗索瓦二世驾崩——三级会议——律师——改革——胡格诺派征兵——胡格诺派第一次失败的原因——鸢尾花贵族——巴黎的重要性——胡格诺派军队——第一次宗教战争的结果——胡格诺派主动出击——加斯帕尔二世·德·科利尼——孔代亲王路易——圣巴塞洛缪大屠杀——胡格诺派力量的变化——第四次宗教改革运动——胡格诺派陷入低谷——纳瓦拉国王亨利三世——《南特敕令》

弗朗索瓦二世的驾崩，给了各类不满者①推动改革的机会。法兰西王室和改革派结盟了。在法兰西国王查理九世和法兰西国王亨利三世统治时期，凯瑟琳·德·美第奇实际控制着法兰西王室。凯瑟琳·德·美第奇同时摄政纳瓦拉王国，是"不满者"的典型代表。孔代家族、蒙莫朗西家族和沙蒂永家族是改革派的代表。如果法兰西政府能像改革派一样，使个人、政治、宗教三种要素协调一致，那么一场彻底的改革似乎有可能实现。政治改革与宗教改革几乎密不可分。因为政治改革建立在财政调整的基础上，而财政调整是建立在取消部分宗教资助和停止向罗马教廷支付款项的基础上。这意味着，法兰西需要摆脱教皇的绝对权力的控制，并和新教合作。这样一来，法兰西有可能支持改革基督教的教义。反对神职人员并不等同于倾向宗教改革，但两者的边界并不清晰。除了奥代·德·科利尼和特鲁瓦主教路易·德·洛林这样自称胡格诺派的人士，法兰西王室还拉拢了一部分较高级别的神职人员支持改革。宗教和政治方面的联系非常密切——宗教妥协计划由普瓦西神学讨论会来决定，而蓬图瓦兹高卢派教堂的外形则由两个世俗阶层的代表来决定。在蓬图瓦兹，新思想自由传播。贵族和城镇居民要求把天主教神职人员排除在议会和所有世俗事务

---

① 包括对宗教不满的人、对政治不满的人，以及对弗朗索瓦二世不满的人。——译者注

弗朗索瓦二世驾崩

凯瑟琳·德·美第奇

特鲁瓦主教路易·德·洛林

之外。因为天主教神职人员效忠罗马教皇。关于宗教问题的讨论已提交给全国委员会，等待独立的欧洲理事会来安排处理①。两个阶层——第一等级教士和第二等级贵族，都认为干涉良心自由是一种犯罪，准备承认宗教信仰自由，并且要求国家官员保护新教集会。贵族提议变卖天主教教会的地产，用以偿还三分之二的国家债务。三级议会中的第三等级——平民，建议全面恢复旧制，由国家支付神职人员的薪资②，并且希望将剩余的财政收入，一部分用于消除国家债务，另一部分用于发放商务贷款，以促进重要城镇的商业发展。

三级会议的要求不是纯粹宗教性质的。三级会议还抨击了法兰西王室的奢侈，要求法兰西王室缩紧开支。法兰西政府部门之间充满着矛盾，对改革十分不利。立法部门攻击司法部门，批评法院的拖延和腐败，抨击法院出售司法和财政部门职位，并威胁要废除新任命的机构。行政部门没有向巴黎议会提交《安博瓦兹敕令》，这让巴黎议会感到被羞辱了，于是拒绝登记该法令。巴黎议会认为，由于三级会议，自己正在失去长期以来引以为荣的立法否决权。另外，司法部门无法忘记与国家委员会的最初联系，所以不会放弃自己的立法职能，也不会满足于其司法权局限于火焰法庭。

在这一时期，法兰西律师正在积极活动，想在政治上起主导作用的狂热愿望弥漫了整个法律界。然而，平信徒一直十分厌恶律师。立法部门与司法部门相互嫉妒、矛盾重重。这一直是法兰西宪法自由道路上的突出障碍。

神职人员的决裂更加公开和直接。天主教神父同胡格诺派代表、十一个牧师和二十二名平信徒的会谈，不像蓬图瓦兹三级会议那样和谐。事实证明，天主教和胡格诺派之间的分歧比预期的还要大。特别是在普瓦西，天主教和胡格诺派之间的分歧更大，难以调和。由于无法达成一致，1562年1月，查理九世颁布了《圣日耳曼敕令》，采取了宗教宽容政策。但由于宗教和政治方面的问

---

① 这是对特伦托会议合法性和公正性的直接攻击。——原注
② 无论是在整个宗教战争期间还是之后，要求国家支付神职人员的工资一直是胡格诺派的纲领。——原注

题，该敕令无法顺利登记和执行。查理九世无法完全控制高级神职人员。高级神职人员也无法控制教区的宗教秩序。谨慎的领导人建议采取等待策略，但他们无法约束狂热的胡格诺派教徒。查理九世无法依靠官员，而官员也无法保证人民服从。议会强烈抵制异端崇拜。法院的气氛还比较和谐。在一些省份，天

查理九世

第 2 章　胡格诺派的衰落　031

主教和胡格诺派经常发生公开战争。在卡尔卡松和卡奥尔，胡格诺派教徒被屠杀。在塞文山脉和比利牛斯山脉的尼姆、蒙彼利埃、蒙托邦和富瓦，人们驱逐天主教神职人员，并大规模破坏圣像。胡格诺派并非一直处于守势，开始主动进攻。宗教成为越来越吸引人的话题，而政治改革渐渐处于从属地位。一直以政治为基础，共同行动的各党派组织，开始因宗教问题而分崩离析。战争无法避免。吉斯公爵弗朗索瓦的追随者屠杀瓦西的教堂会众是战争的导火索，而非战争爆发的原因。这次屠杀与其他十多起屠杀不同之处在于，它由一位政党领袖发起，把斗争从乡村转移到了巴黎宫廷。在普瓦西，夏尔·德·洛林让胡格诺派和天主教之间的矛盾不可调和。在瓦西，吉斯公爵弗朗索瓦让宗教战争变得无法避免。不管是有心还是无意，发动宗教战争都是一个不错的选择，因为胡格诺派还没有完全发展起来。在天主教在数量上处于领先地位时，天主教教

瓦西大屠杀

于贝尔·朗格

徒可以重创胡格诺派。于贝尔·朗格曾写道,除非天主教主动出击、立即挑起纷争,否则宗教改革之花将开满整个法兰西大地。当时的胡格诺派非常强大,比以前和之后都要强大。除了加斯帕尔二世·德·科利尼,大家普遍认为改革派可以取得胜利。如果说作为"外国人"的吉斯家族的事业是维护教皇绝对权力,那么可以说,在某种程度上,宗教改革已成了民族事业和宪法事业。在奥尔良的三级会议中,贵族分成了四种不同的派别——极端改革派、温和改革派、极端天主教派和温和天主教派。其中,在数量上,极端胡格诺派教徒超过了极端天主教教徒。尽管吉斯家族在选举中进行了干涉,第三等级中的胡格诺派及其党羽依然占据了绝大多数席位。众所周知,法院虽然没有实际援助胡格诺派,但对胡格诺派抱有同情心,法官和律师与胡格诺派之间有着千丝万缕的联系。与胡格诺派相比,天主教在确保查理九世及凯瑟琳·德·美第奇的人身安全方面取得了成功——这一点具有重大意义。

从一开始,胡格诺派内部就存在着不同的派系,区别鲜明。人们早已预料,发生任何宗教运动都与吉斯家族和蒙莫朗西家族之间的积怨,以及瓦卢瓦家族和波旁家族之间的宿怨有关联。

这一说法有一定的道理,但不完全正确。普瓦西神学讨论会的结果使各怀不满的各大家族分裂了。蒙莫朗西家族觉得战争不可避免。出于政治动机,蒙莫朗西家族与胡格诺派行动一致,把自己的命运和宗教改革绑在了一起。纳瓦

普瓦西神学讨论会

纳瓦拉国王安托万

拉国王安托万虽然实行宗教改革的力度最大,但由于政治贿赂,最终抛弃了盟友。他的这种行为并非毫无原因。纳瓦拉国王安托万虚荣、反复无常、负债累累。作为法兰西王室成员以外的法兰西王位第一顺位继承人,他表面看似勇敢慷慨、坦率直言,是女士、贵族和骑兵的宠儿,实则十分虚伪,还曾被天主教势力诱惑,计划与让娜·德阿尔布雷离婚,和玛丽·斯图亚特结婚,以获取英格兰和苏格兰的王位。直到1572年去世,让娜·德阿尔布雷一直是改革最坚定的支持者。她管理的贝阿恩变成了胡格诺派的势力范围,贝阿恩所有天主教神父都被驱逐出境。贝阿恩拥有一支训练有素的小型常备军,是胡格诺派的核心军事力量。

然而，胡格诺派真正的领袖是纳瓦拉国王安托万的弟弟——孔代亲王路易。他是不满贵族的理想领袖。他富有勇气，具有个人魅力，又善于搞阴谋诡计。由于他的主要目标是政治改革而非宗教改革，由他领导胡格诺派的宗教改革运动，可能无法提高胡格诺派的士气，但至少比他哥哥纳瓦拉国王安托万可靠，不会抛弃政治或宗教的伙伴，也不会放弃他的宗教信仰——尽管他倾向于使信仰屈从于他的野心。除了在德勒战役后的监禁期间，直到1569年在雅纳克去世，他一直是宗教改革的领袖。从一开始，他就被指控企图颠覆瓦卢瓦王朝。据说，有一枚刻有"法兰西国王路易十三恩典"字样的奖章可以证明孔代

孔代亲王路易

孔代亲王亨利一世·德·波旁

亲王路易的野心。然而，后来这枚奖章被认为是天主教教徒伪造的。圣巴塞洛缪大屠杀后，孔代亲王路易的儿子孔代亲王亨利一世·德·波旁在巴黎被迫改信天主教，但后来逃了出来，与胡格诺教派共进退，直到1588年去世①。孔代亲王路易是胡格诺派最受欢迎的领导人选。他的秘书拉·胡格里却说，孔代亲王路易主要想实现自己的政治野心，其宗教信仰并不虔诚。然而，拉·胡格里对孔代亲王路易可能有一定的偏见。在非王室贵族中，沙蒂永家族兄弟三人地位显赫。他们具有军事和外交才能，与阿内·德·蒙莫朗西关系密切，十分热衷于宗教改革事业，其中加斯帕尔二世·德·科利尼拥有海军上将军衔。这一切使

---

① 人们普遍认为，孔代亲王亨利一世·德·波旁是被他年轻妻子夏洛特·凯瑟琳·德·拉·特雷穆瓦耶毒杀的。此后，夏洛特·凯瑟琳·德·拉·特雷穆瓦耶被长期监禁。人们对她后代的合法性存在着严重的怀疑。——原注

兄弟三人处于改革的领导地位。加斯帕尔二世·德·科利尼有些阴郁、沉闷，与地位相同的同僚很难相处。然而，在下属中，他的性格赢得了无限尊重。人们认为，选加斯帕尔二世·德·科利尼做领导人并非由于他的个人魅力或阶级地位，而是因为只有他才能把贵族和不满的第三等级结合在一起。大贵族最有可能站在王权一边，但胡格诺派教徒中也有普瓦图的弗朗索瓦·德·拉·罗什富科、布列塔尼的罗汉公爵亨利、加斯科尼的安托万二世·德·格拉蒙公爵、诺曼底的蒙哥马利伯爵加布里埃尔·德·洛吉斯。加布里埃尔·德·洛吉斯意外杀死了亨利二世及佛朗哥-佛兰芒边境的波西安亲王。还有一些次要贵族从法兰西南部和西部赶过来聚集在一起。从聚集在莫镇孔代亲王路易周围的势力来看，皮卡第和香槟也来了许多人。此外，塔瓦纳元帅加斯帕尔·德·索尔克斯说，这

罗汉公爵亨利

加斯帕尔·德·索尔克斯

些人并非全是胡格诺派教徒,还有一些是天主教教徒。在凯瑟琳·德·美第奇的鼓励下,这些天主教教徒加入了孔代亲王路易的队伍。让·德·蒙吕克写道:"如果母亲专制,儿子更容易相信异教。"威尼斯人米希尔补充说:"尤其是四十岁以下的人更容易成为异教徒。"实际上,政党成分因地区不同而大不相同。在第一次战争中,让·德·蒙吕克的军队主要由吉耶讷的天主教贵族组成。拉·胡格里指出,在朗格多克只有少数贵族是胡格诺派教徒,多数是天主教教徒。在多菲内,情况正好相反。英格兰大使托马斯·史密斯爵士发现,从巴约讷到南特,乡绅大多是胡格诺派教徒,其中一些人是狂热的宗教主义者和失望的士兵。他们厌烦和平、讨厌吉斯家族。另一些人是大家族的追随者,很多人希望摆脱忏悔和斋戒,不用再遵守宗教体系的纪律——毕竟他们自己都不再相信天主教教义。所有人都团结起来,共同反对天主教神职人员。南方阿比尔派教徒成员也存在很大的区别：一部分人是资产阶级；另一部分人是贵族宗教狂热分子，他们中的大多数只是为了反对祭司制度。

在城镇，上层资产阶级①是改革派②的重要组成部分；下级阶层通常忠于天主教神职人员。在信中，加斯帕尔·德·索尔克斯说，第戎的平民都是天主教教徒，而在像沙隆和梅肯这样拥有很多胡格诺派教徒的城镇，天主教教徒的数量几乎占据了下级阶层的三分之二。当然，情况也有例外。弗朗索瓦·德·拉·努提到，在拉罗谢尔，神父领导的小人物明显比富裕的市民更加热

弗朗索瓦·德·拉·努

---

① 资产阶级分为上层资产阶级、中层资产阶级和小资产阶级，都属于中产阶层，其社会地位低于贵族、但高于下层阶级。——译者注
② 弗朗索瓦科·安东尼奥·科雷尔描述了几个阶层的动机：贵族为了野心而改革，中产阶层为了教会财产而改革，下级阶层为了进入天堂而改革。他补充说，下级阶层为贵族和中产阶层提供了赖以生存的基础。——原注

心改革；在图卢兹，教士、下级行政长官、议员和百姓，同公会首席执行官、地方行政长官、大学协助的上层资产阶级进行了殊死斗争；在诺曼底，小人物拿起武器反对贵族；在迪耶普，民众大肆破坏富裕公民建造的宏伟神殿。特鲁瓦是香槟最典型的胡格诺派教徒聚居的小镇。特鲁瓦民众闯入会议厅，破坏改革派宗教服务使用的少量家具，并嘲弄宗教仪式。

然而，法兰西有些地区的民众一致赞成改革，比如比利牛斯山脉、法兰西东部山区、塞文山脉、多菲内和普罗旺斯北部。在吉耶讷的乡村，因对社会和政治的不满，出现了农民起义。农民烧毁城堡，拒绝缴纳什一税等赋税及地租，轻蔑地宣布不再承认君主制度。

传言中的数字必然是不可信的。1561年，胡格诺派教徒声称其武装人员在三十万到四十万之间，人数是法兰西人口总数的十分之一。但这个数字很可能被夸大了。温和派天主教教徒米歇尔·德·卡斯泰尔诺写道："政府没有必要获取外国援助。因为在第一次宗教战争中，天主教教徒与胡格诺派教徒的比例是一百比一。战争结束时，胡格诺派教徒人数估计占贵族人数的三分之一，占法兰西人口总数的三十分之一。"这些数据似乎更加合理。

胡格诺派有很多机会招募职业士兵，这对胡格诺派的发展十分有利。托斯卡纳的一位使者证实，"对外战争时期，正规骑兵已经沾染上了异教徒的污迹"①。战争爆发前，各教会都忙着征兵。在被征召的士兵中，有的士兵是为了宗教信仰，有的士兵是为了获取报酬。让·德·蒙吕克发现，胡格诺派牧师承诺给士兵的不仅仅是"进入天堂"。因此，不少优秀的士兵都支持胡格诺派。1562年，让·德·蒙吕克发现，胡格诺派牧师派给自己的四千名帮助维持和平的士兵中，有一个曾是他过去的老部下，而现在这个能干的老部下成了内拉克教堂的首领。加斯帕尔·德·索尔克斯还发现，所有最能干的军官都加入了胡格诺派。他嘲笑这些人加入胡格诺派并非出于内心信仰，只是以宗教为借口谋

---

① 1560年6月15日，A.托尔纳博尼写道："整个王国中受污染最严重的是宪兵队。宪兵队看起来完全靠不住。"普通骑兵主要由较贫困的绅士组成，他们甚至在更贫困的地方服役。——原注

求更高的报酬。于是,他提供给了这些军官在王室部队服役的工作机会。加斯帕尔·德·索尔克斯写道:"这样就把贵族和资产阶级分开了,我再也不用烦恼了。"他的继任者忽视了这种方法,结果发生了叛乱。从地理方位上讲,胡格诺派的据点位于罗纳河和索恩河、卢瓦尔河、比斯开湾和比利牛斯山脉组成的范围内,北部边界从沙隆一直延伸到卢瓦尔河河口。胡格诺派势力范围的外围的西北部是诺曼底,东南部是多菲内。在诺曼底,几乎每个城镇和村庄都有胡格诺派的宗教集会。在普瓦图和吉耶讷的一些城镇,胡格诺派教徒占多数。罗歇尔的天主教几乎不复存在。下朗格多克及其最重要的城市尼姆、蒙彼利埃、贝济耶和卡斯特尔,都在胡格诺派的控制之下。如果没有比利牛斯山脉背后的韦莱、维瓦赖和福雷的支持,在其他区域,改革派缺乏坚实的基础。在普罗旺斯,瓦勒度派大屠杀成功地把新教的势力局限在了最北边。在勃艮第和香槟只有几个重要的新教教会。在诺曼,胡格诺派只能通过曼恩和安茹中几个有影响力

屠杀瓦勒度派

的教会机构,与卢瓦尔河周边的教友保持联系。在布列塔尼,虽然大贵族支持改革,但广大人民站在了改革的对立面。至于皮卡第,毫无疑问,是坚定的天主教区域。在巴黎附近,改革势力只存在于最初的所在地——莫城。莫城一直支持改革,直到宗教战争结束①。

值得注意的是,梵蒂冈改革派的大本营位于日内瓦,而不在法兰西境内。两个天主教大国——法兰西王国和西班牙王国之间的矛盾,保证了梵蒂冈改革派大本营的安全。实际上,日内瓦是一个说法语的共和国,不断接纳海外难民,扩充人口。海外难民带来了经验丰富的神父和一些资金,消解了地方分离主义,统一了区域力量。在日内瓦,出现了各种宣传机构、获胜组织,以及失败后的重组势力。各种宗教力量相互结合,使原来萎靡不振的政治和军事力量重新振作了起来。日内瓦确实在宣扬顺从,但它带来了组织性和活力,使抵抗运动成为可能。

第一次宗教战争中,胡格诺派错估了对手的实力。于是胡格诺派失去了鲁昂,在德勒被打败。最后,胡格诺派刺杀了吉斯公爵弗朗索瓦才保住了奥尔良。事实上,胡格诺派获救不是靠自己的努力,而是靠查理九世的斡旋。此后,胡格诺派被赶到卢瓦尔河以南。在那里,很长一段时间内,胡格诺派只能自保,无法主动扩张,也无法继续影响法兰西的宗教和宪法。胡格诺派失败的原因是什么呢?

三级会议的大多数代表难辞其咎。首先,他们把宗教问题与政治问题混为一谈,要求进行财政改革,不欢迎外国人,希望采用更符合宪法的管理方法。其次,三级会议并不能真正代表大众的意见。在城镇,代表权通常掌握在市政当局和上层资产阶级手中。市政当局和上层资产阶级一般是胡格诺派教徒。然而,大部分城镇居民是天主教教徒。在农村,农民几乎都是天主教教徒。因此,

---

① 通过计算《南特敕令》时期胡格诺派教徒的人数,可以发现改革派的势力分布十分稳定。上述地区(不包括里昂和奥尔良)有三十五万七千名胡格诺派教徒,诺曼底有五万名,多菲内有七万五千名,法兰西其他地区有十三万三千胡格诺派教徒。——原注

德勒战役

刺杀吉斯公爵弗朗索瓦

各地区之间胡格诺派教徒很难采取联合行动。不管是否迫不得已,是胡格诺派首先发动了这场战争。再加上胡格诺派过分破坏传统习俗和圣像的行为,使温和派天主教教徒开始疏远胡格诺派。正是温和派天主教教徒,决定了前三次反对胡格诺派战争的结果,也决定了反对极端天主教教徒的战争的结果。

宗教大屠杀、驱逐新教教徒和强迫皈依天主教的影响是难以估量的。属胡格诺派的城镇一旦被占领,当地的改革力量就会被彻底消灭。就这样,鲁昂和奥尔良原本是胡格诺派在法兰西北部和中部据点,但最终,鲁昂和奥尔良被天主教化,被冠以"联盟之眼"之名。到战争结束时,在皮卡第、香槟和勃艮第,几乎没有胡格诺派教徒了。最初,在卢瓦尔河周边城镇,新教的基础特别牢固,战后却几乎消失殆尽。在图卢兹,天主教报道了一周内屠杀三千名异教徒的事件。在三千名异教徒中,包括了十八名传教士。被驱逐的胡格诺派教徒

屠杀图卢兹的异教徒

想尽一切办法躲避农民。因为农民是虔诚的天主教教徒，会保护受迫害的天主教教徒，还会把受难的胡格诺派教徒剁成碎片。事实上，只有朗格多克东部和多菲内的胡格诺派牢牢地守住了阵地。天主教成功保护了法兰西的两大永久机构——王室和法院，这点对战争结果有重要影响。胡格诺派也充分认识到王室的价值。无论是第一次战争还是第二次战争之前，孔代亲王路易都试图俘获凯瑟琳·德·美第奇和查理九世，但未能取得成功。长期以来，法兰西所有政府机构都靠吉斯家族来运作。无论是总督，还是副总督，都是由吉斯家族扶持上位。天主教领袖，如加斯帕尔·德·索尔克斯和让·德·蒙吕克，不仅拥有合法地位，还拥有个人影响力。两位总督是例外——布列塔尼的埃唐普公爵让四世·德·布罗斯和普罗旺斯的孔特·德·唐德。前者竭力维护《一月敕

埃唐普公爵让四世·德·布罗斯

令》，后者保护胡格诺派教徒。官僚机构支持王室。因为官员的地位升迁取决于王室，并且王室掌管着国家财政收入，而胡格诺派只能依赖自愿捐款获得金钱。最重要的是，与瑞士各行政区签订军事协议的是王室。通过强调这一点，加斯帕尔·德·索尔克斯阻止了胡格诺派征召瑞士军队。此时，议会完全反对改革。议会对宗教改革的包容仅限于"不干涉良心自由"。议会认为，公开承认天主教和胡格诺派，这有悖于国家的统一原则，而议会正是国家统一的守护者。此外，律师的利益也受到了三级会议的威胁。曾经，法兰西的律师篡夺了三级会议的职能；现在，三级会议恢复职能，律师既嫉妒又惊恐。三级会议的代表强烈要求进行全面改革司法。由于三级会议站在宗教改革的一边，那么议会自然就站到了天主教一边。胡格诺派两大主要力量——骑士贵族和商业资本家——和长袍贵族之间的矛盾由来已久。常设法院和米歇尔·德·洛皮塔尔之间矛盾重重。常设法院认为米歇尔·德·洛皮塔尔是胡格诺派教徒，无权代表国王委员会执行司法权。当初，登记《一月敕令》时，议会并不情愿，后来议会公开宣布可以屠杀胡格诺派教徒。鲁昂议会代表被驱逐，在卢维耶建立了自己的新组织。在消灭资产阶级精英方面，图卢兹议会臭名昭著。《一月敕令》曾规定，图卢兹议会不得审理任何涉及胡格诺派教徒的案件。

用议员的话说，议员作为鸢尾花贵族[①]，有理由拒绝离开自己的席位。出于同样的原因，大多数自由教会人士、外交官和文人不太愿意直接与法兰西王室为敌，于是对改革犹豫不决。现代作家把改革失败的原因归结于这些人的背叛。但扭转命运的是剑，而不是笔。文人总是认为在改革时期，"只有笔能指示改革的方向"。然而，彻底的改革不可能只依靠笔。大部分贵族实际上是同情保王派的。然而，左翼胡格诺派有明显的共和主义倾向，反对封建世袭制。让·德·蒙吕克说："有传言说，1561年，在吉耶讷，胡格诺派内部曾经发生争论，想颠覆瓦卢瓦王朝。这个传言可能是真的，也可能是假的。"但可以肯定的

---

① 鸢尾花贵族，鸢尾花外形类似百合花，是法兰西的国花，也是法兰西王室权力的象征。"鸢尾花贵族"表示受法兰西王室荫庇的贵族。——译者注

是，胡格诺派的确曾有一些藐视君主的行为。第一次改革因这样的行为而蒙羞。例如，弗朗索瓦二世的头颅被扔进了奥尔良的河里；在克莱里圣母院里，路易十一的尸骨被喂了狗；在昂古莱姆，弗朗索瓦一世祖先的陵墓被亵渎。

关于巴黎对天主教事业的重要性，不在此处详谈。在这里只需说一句，所有胡格诺派领袖都认识到了巴黎的重要性。巴黎直接或间接地成为科利尼家族或纳瓦拉家族的主要攻击目标。胡格诺派的军队要么直接进攻巴黎；要么控制或封锁诺曼底和塞纳河下游的粮食通道或从东南方流入巴黎盆地的溪流，从而达到围困巴黎的目的。

胡格诺派组织不够严密，也不够统一。战争刚开始爆发时，贵族和资产阶级之间，宗教分子和非宗教分子之间就出现了矛盾和冲突。加斯帕尔·德·索尔克斯说，1563年，他看到日内瓦写给各城镇的信，警告各城镇不能相信贵族。与天主教一样，加尔文教并不宽容，甚至更加自负。推崇宗教宽容的信徒，以及那些因天主教纪律严苛而放弃信仰的自由人士，发现自己的处境变得更糟了。对许多人来说，加入新教仅仅意味着反对天主教神职人员，从被天主教神父支配变为受新教牧师支配，这对他们毫无益处。

虽然胡格诺派中的贵族是优秀的军事人才，但胡格诺派还无法组织一支真正意义上的军队。因为大部分胡格诺派教徒都是穷人，家庭贫困，更加重视个人利益和地方利益。他们轻率地参加战争，杂乱无章地进入奥尔良，许多人又随意退出。攻占奥尔良后，孔代亲王路易无法把胡格诺派教徒继续留在战场，不得不解散了大部分军队。过了很久，胡格诺派才有了一支完全可靠的军队。然而，由于缺乏纪律管理，胡格诺派失去了雅纳克。由于轻率开战，胡格诺派又失去了蒙孔图尔。战争的很多问题不取决于首领，而取决于首领的追随者；不取决于胡格诺派所在的城市，而取决于各地方的城镇。胡格诺派贵族只出现在中心战区，而地方的居民则忙于局部战争。天主教教徒比胡格诺派教徒获得了国王更多的援助。西班牙援军比英格兰援军更有价值，也更无私。

1562年9月22日，胡格诺派领袖孔代亲王路易和英格兰女王伊丽莎白一世

伊丽莎白一世

签订了《汉普顿宫条约》。根据《汉普顿宫条约》内容，英格兰承诺向胡格诺派提供经济援助，并派遣三千名英军士兵占领勒阿弗尔和迪耶普。法兰西恢复和平后，伊丽莎白一世拒绝撤军，称她之所以占领勒阿弗尔并非是宗教原因，而是她失去加来获得的应有赔偿。胡格诺派的首领把勒阿弗尔和迪耶普交给了法兰西的宿敌——英格兰。这再一次伤害了法兰西人的民族感情。因为信奉加尔文主义，胡格诺派无法利用德意志大部分地区的雇佣军资源。因为如果一位巴拉丁亲王可以供养德意志骑兵为自己服务，那么一位撒克逊亲王也可以为法兰西王室征召路德教士兵。然而，在整个宗教战争期间，法兰西战场上虽然没有德意志天主教教徒，但很多法兰西天主教的征兵官是从新教国家招募的。

第一次宗教战争的结果，彻底决定了法兰西不可能成为一个新教国家。为什么后两次战争却没有决定法兰西是一个新教国家呢？在第二次宗教战争中，胡格诺派的收获大于损失。胡格诺派强大到足以围攻巴黎。在巴黎城外的战斗中，胡格诺派也占据了上风。在第三次宗教战争中，尽管胡格诺派在雅纳克和蒙孔图尔失败了，但对胡格诺派来说，整体战局比前两次宗教战争更有利。这固然是因为胡格诺派的内部产生了变化，但更重要的是胡格诺派所处的外部环境发生了改变。后两次宗教战争的局势非常紧张。清除了内部不太令人

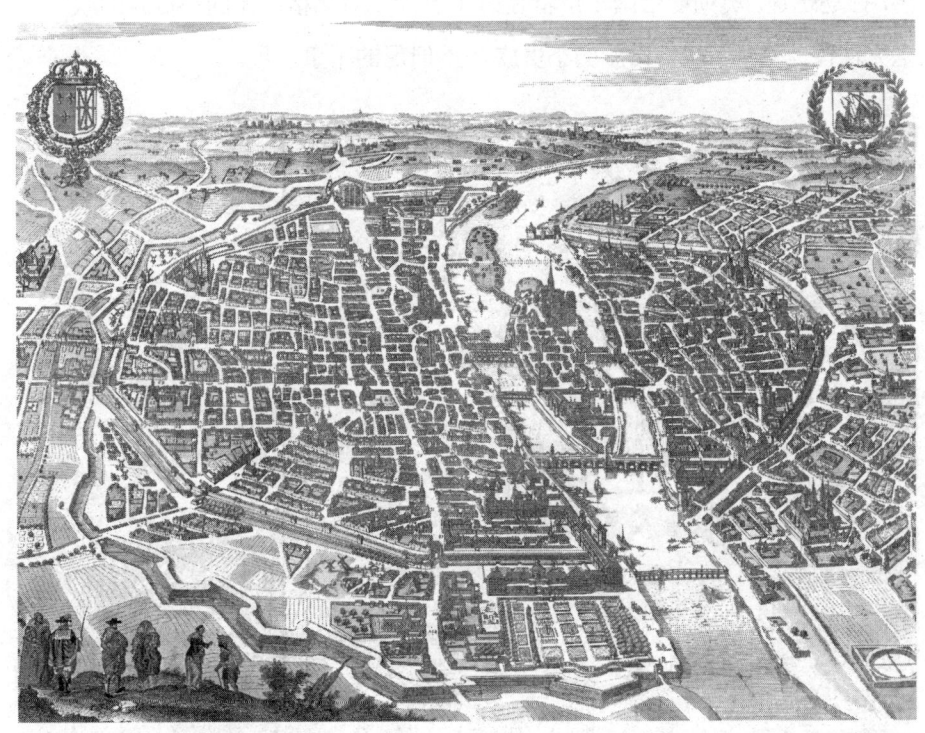

巴黎平面图

满意的成分后,胡格诺派面临生死攸关的残酷局面。胡格诺派害怕天主教的突然袭击,于是计划再次主动出击。即使这有可能是一个错误的决定。

1567年,孔代亲王路易组织入侵布里的蒙塞奥城堡,目的是抓捕查理九世和法兰西王室其他成员。最后,计划失败了,并引发了第二次宗教战争。威尼斯大使弗朗索瓦科·安东尼奥·科雷尔认为,胡格诺派预见到了危险,所以想先发制人。1568年,加斯帕尔·德·索尔克斯也明确提出了相同的观点。在这方面,加斯帕尔·德·索尔克斯是毋庸置疑的权威。当时,胡格诺派教徒更多集中在法兰西东南和西南的省份。新教城镇最顽固,胡格诺派的流亡者也集结于此,从而强化了这些城镇的防卫。王室军队一次又一次地冲击蒙孔图尔城墙,却屡次失败。蒙孔图尔战役后,圣让当热勒的抵抗力量挽救了宗教改革事业。胡格诺派的小贵族虽然散漫、无纪律,但毕竟是"法兰西的鸢尾花"。他们骑术精湛,行动迅速。奥斯曼帝国一位特使毫不吝啬于对胡格诺派的小贵族的欣赏,毫无保留地赞扬了胡格诺派的小贵族在圣但尼的军事表现。

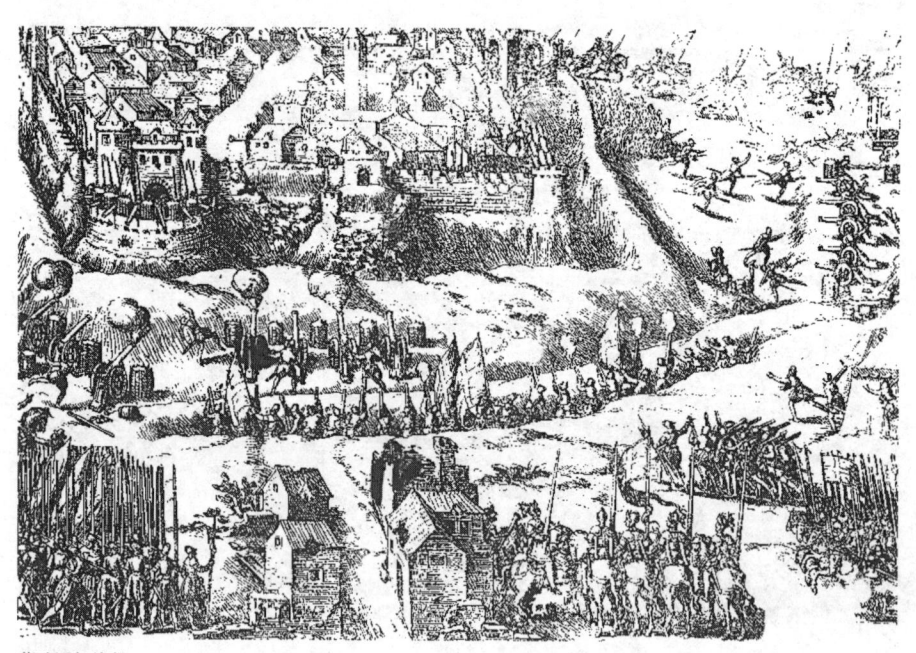

蒙孔图尔战役

阿内·德·蒙莫朗西之死

在圣巴塞洛缪大屠杀之前,摇摆不定的温和派天主教教徒回到了改革派阵营。正如我们将看到的那样,在圣但尼,阿内·德·蒙莫朗西的死进一步促成了温和派天主教教徒倾向改革派。职业士兵,比如弗朗索瓦·德·切佩奥和夏尔二世·德·科塞,憎恶为了西班牙人和洛林人的利益与同胞自相残杀。当被问到谁赢得了圣但尼战役时,弗朗索瓦·德·切佩奥答道:"腓力二世。"

在天主教队伍中,大家普遍不愿打仗。米歇尔·德·洛皮塔尔证明了法兰西王室阵营中的矛盾和分裂。查理九世不愿意激化宗教矛盾,使问题恶化。他的财政状况使其无法继续进行战争,除非他愿意接受腓力二世的资金援助。但更重要的是,尼德兰发生了起义。本来,《卡托-康布雷西和约》的签订已经使大家把注意力转向了法兰西的内部事务,而荷兰盖于起义又将大家的注意力引向了外部事务。

法兰西会恢复过去的"反西班牙政策"吗?过去放弃这一政策,已经给法兰西带来了各种麻烦。恢复反西班牙的政策,也许能够挽回弗朗索瓦一世统治时期的损失。相反,如果继续宗教战争,法兰西的士兵和物资很可能在内战中被消耗殆尽。法兰西人民愿意接受这样的结果吗?

天主教教徒加斯孔·蒙吕克写道:"我们靠武力取胜,胡格诺派靠那些令人困惑的文字取胜。"在第二次宗教战争结束后,胡格诺派在《一月敕令》中获得了一些有利条件。加斯孔·蒙吕克把胡格诺派的胜利归功于胡格诺派对王室议会造成的影响。的确如此,王室议会希望调和天主教和胡格诺派的矛盾,稳定国内局势。因此,王室议会不可能完全倾向于天主教或者胡格诺派。胡格诺派领导人充分利用了《一月敕令》提供的优势,希望借此再一次控制法兰西王室,就像他们曾设想的在弗朗索瓦二世驾崩后控制法兰西王室一样。

改革派的领袖之一——加斯帕尔二世·德·科利尼的个性给年轻的亨利三世留下了深刻的印象。让娜·德阿尔布雷是加尔文主义最坚定的女性拥护者,

亨利三世

瓦卢瓦的玛格丽特

她的儿子纳瓦拉国王亨利三世娶了亨利三世的妹妹瓦卢瓦的玛格丽特。这场婚姻巩固了天主教王室和胡格诺派王室之间的关系。其结果是一场即将发动的对西班牙战争——一场民族战争和政治战争。然而,正如所有天主教教徒看到的,这场战争将促成法兰西和尼德兰改革的胜利。

加斯帕尔·德·索尔克斯虽然是极端天主教教徒,但不偏不倚地描述了胡格诺派反叛的各个阶段。第一阶段,凯瑟琳·德·美第奇意图巩固自己的地位和驱逐吉斯家族,鼓励了胡格诺派的行为。第二阶段,胡格诺派期望控制法兰西王室和整个法兰西。第三阶段,胡格诺派被迫为生存而战。第四阶段,胡格诺派希望让天主教教徒与西班牙发生冲突,从而让天主教受损,而自己获益,但胡格诺派最终遭遇了圣巴塞洛缪大屠杀。

天主教教徒失去了领袖阿内·德·蒙莫朗西，无法组织有效的抵抗，只能被迫参加西班牙战争，而温和派天主教教徒则迫不及待地想把天主教刀剑上沾染的鲜血在西班牙人身上擦干净。这时，人们才明显感受到，失去孔代亲王路易的巨大损失。孔代亲王路易的地位毋庸置疑。他性格乐观，彬彬有礼，有宽容的宗教态度，还得到了凯瑟琳·德·美第奇的宠爱。如果吉斯家族一直默默无闻，孔代亲王路易的这些品质可能会为他赢得天主教贵族的支持，从而减少这场宗教战争的复杂性。

加斯帕尔二世·德·科利尼是一位优秀军人和政治家，却算不上一位合格的外交家。他专横粗暴，太过强硬，不肯掩饰自己的感情。最重要的是，他不会和女人相处。加斯帕尔二世·德·科利尼轻率地控制了凯瑟琳·德·美第奇儿子查理九世，从而伤害了凯瑟琳·德·美第奇心中最温柔的地方。因此，正如人们预料的那样，最后的悲剧有政治和宗教两方面的原因。法兰西的高官控制了法兰西王室，凯瑟琳·德·美第奇决心把法兰西王室从高官手中解放出来；吉斯家族和蒙莫朗西家族之间存在宿怨；具有民主性的巴黎人对法兰西南部贵族十分憎恨。这三方面结合起来，导致了最后的结局——圣巴塞洛缪大屠杀。

从某种程度上讲，圣巴塞洛缪大屠杀是英法战争之前阿马尼亚克大屠杀的重演。巴黎的资产阶级相信，他们已经摆脱了异端身份，从封建反动势力中解放了出来。奇怪的是，法兰西北部的天主教贵族却认为，法兰西已经摆脱了以瑞士邦联为榜样的具有破坏性的共和联邦制。

这些明显自相矛盾的信仰和观念，不断地传递给现代的天主教作家。因此，在进入宗教战争第二阶段之前，我们有必要先了解一下第一阶段的这些说法，以便讨论第二阶段的相关内容。

关于"反封建"的问题，可以通过以下方式得到最好的检验：一是奥尔良三级会议和蓬图瓦兹的代表[①]提出的要求；二是《孔代宣言》公开提出了战争

---

[①] 胡格诺派在奥尔良三级会议和蓬图瓦兹代表中占了多数。——译者注

圣巴塞洛缪大屠杀

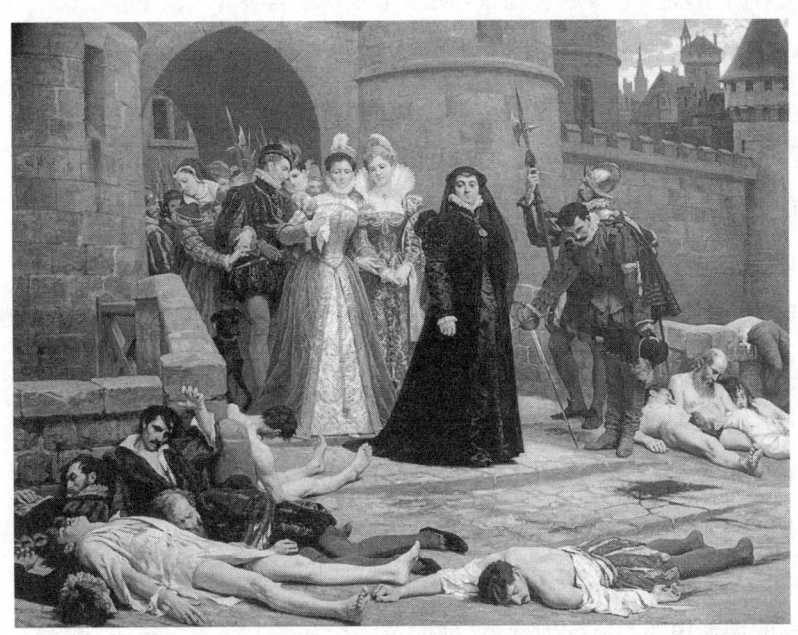

大屠杀过后,凯瑟琳·德·美第奇与法兰西王室走出卢浮宫

的目标；三是终结前三次法兰西宗教战争的协议，这些协议宣布了种种妥协举措。

这一检验得出的结论是，这个时期表现出了对"现代君主专制的全面反抗"。从表面上看，"每一个已经被扼杀或吸收的组织，现在都有了新生和独立的迹象"。教会呼吁复兴高卢派的自由主义，召开国民议会，用《布尔日协定》取代《政教协议》。三级会议强烈要求定期召开会议、控制税收、司法服从立法、实现市政自由。在这些要求中，出现了封建成分。当资产阶级要求得到市政管理权时，贵族则要求拥有司法管辖权。贵族还要求拥有狩猎的专属特权——这是贵族和平民之间存在的一条更加明显的界限。

或多或少，这些观点带有封建色彩，而竭力主张这些观点的贵族大多是胡格诺派教徒。然而，第三阶级的平民不少也是胡格诺派教徒，他们却在三级会议上提出了明显的反封建性要求，他们希望保护农民不受徭役和酷刑的压迫，反对滥用现存的贵族管辖权，防止王室司法官员介入领主和臣民之间。因此，胡格诺派并非封建主义的代表。

在《孔代宣言》和三次和平协议中，胡格诺派都有政治和宗教两方面的目标。政治上，胡格诺派希望把国王从外国的小集团中解救出来，恢复王室血统本身的影响力；宗教上，胡格诺派希望恢复《一月敕令》宽容的宗教政策。胡格诺派的政治目标并不是封建性的，它并非鼓励封建割据，而是想增加血统亲王的影响力，让血统亲王获得国王的信任。孔代亲王亨利一世·德·波旁和胡格诺派坚持要求恢复名誉，希望国王承认他们所有行为都是为了维护法兰西王室利益。他们从来不认为自己是在和法兰西王室作战。相反，他们认为自己是在拯救受制于洛林家族的法兰西王室成员。

然而，奇怪的是，宗教方面先出现了封建成分。富裕的市民有权信仰与国王不同的宗教。这不是阶级问题，而是地方特权问题。南方的大封建贵族可以在自己的城堡内随心所欲地行事，他们希望在宗教上获得与司法、政治上一样的独立权力。在战争中，大贵族的表现最突出，他们也是和平的缔造者。因此，战争结束后，大贵族获益很多。如果不是发生了圣巴塞洛缪大屠杀，战争的结果有可能会促使封建主义回归。因为封建主义过去部分建立在司法分权的基础上，部分建立在兵役分权的基础上，所以现在它可能在宗教分权上找到了新的基础。在德意志，情况也是如此。"教随国定"的原则是封建主义的遗产。

威尼斯人马尔坎托尼奥·巴尔巴罗打比方说，波旁家族出于政治原因领导胡格诺派反对吉斯家族，就如同德意志家族出于政治原因领导路德派反对哈布斯堡家族一样。军事阶层的不满，把宗教改革推到了战争的境地。因此，最终是否能得到和平取决于军事阶层对战争结果是否满意。

马尔坎托尼奥·巴尔巴罗

圣巴塞洛缪大屠杀后，胡格诺派的实力发生了彻底的变化。当时，有人批评道："圣巴塞洛缪大屠杀也许是一种犯罪，也许不是。但不可否认的是，它肯定是一个错误。有人认为被杀的胡格诺派教徒人数太多；有人认为被杀的胡格诺派教徒人数太少。"加斯帕尔·德·索尔克斯指出，在雅纳克和蒙孔图尔，胡格诺派战败后，其实还是有机会保住战场的。但在1572年，圣巴塞洛缪大屠杀后，除非得到法兰西南部天主教的帮助，否则胡格诺派再也无力让军队重新投入战斗了。

近年来，一些天主教作家认为，在圣巴塞洛缪大屠杀中，虽然被杀的胡格诺派教徒人数不多，但如果加上各省被杀的人数，人数就非常多了①。消灭了胡格诺派中有很大政治影响力的好斗阶层，也就意味着消灭了胡格诺派的主要力量。

在巴黎，被杀的胡格诺派都是在军事或政治上十分重要、有胆识的人士。在圣巴塞洛缪大屠杀中，改革派及作为独立行政单位的各省都失去了自己的领袖。其中，加斯帕尔二世·德·科利尼的重要地位无人能及。胡格诺派再也找不到一位能把良好的军事素养、至高的官位、谨慎和坚定的个性结合在一起的优秀领袖了②！纳瓦拉国王亨利三世和孔代亲王亨利一世·德·波旁被迫改信天主教，这对胡格诺派造成的影响也许比纳瓦拉国王亨利三世和孔代亲王亨利一世·德·波旁的死亡更加严重。纳瓦拉国王亨利三世和孔代亲王亨利一世·德·波旁做了糟糕的示范。许多信奉胡格诺派的贵族，宗教信仰并不坚定，之后又重新信仰天主教了。胡格诺派贵族分散各地，甚至移民到新教国家，无法进行有效联合。资产阶级的主要力量几乎完好无损，所以胡格诺派的结构彻底改变了——神父、资产阶级和地方乡绅夺取了胡格诺派的领导权。因此，宗

---

① 巴黎被杀的人数是用不同的方法计算出来的，从一千到一万不等，一千可能更准确。但如果包含省内的屠杀，死亡人数至少还要增加一万人。——原注
② 这不仅是党派的损失，也是国家的损失。至此，法兰西也许再未出现如加斯帕尔二世·德·科利尼这般人物。没有一个国家能够承受排挤或屠杀其"鸢尾之花"的代价。——原注

加斯帕尔二世·德·科利尼在圣巴塞洛缪大屠杀中被杀

教因素成了法兰西改革的主要动因。正是因为宗教因素，而非政治因素，法兰西改革才得以延续。

第四次宗教战争不再是一场以贵族骑兵的强攻为特点的运动战，而是一场包围战和封锁战。过去，重要领导人促进了胡格诺派的团结；现在，失去重要领导人，胡格诺派只能另辟蹊径，用代议制联邦制取代过去的管理方法，充分利用公理教会制度达到防御的目的。可以说，新教牧师取代了大封建贵族。新教牧师用民主神权政体取代了军事贵族统治。在贝阿恩会议上形成的组织，实际上是一个联邦共和国。每年每个城镇选举一名镇长，主要负责军事指挥和民事事务，组成两个分别由二十四名议员和六十五名议员组成的委员会，分别负责立法、货币、税收、战争的决策。市长和市级议会按照类似的模式选出省级的总行政长官和委员会。1573年，这一建议在尼姆和蒙托邦的三级会议上被采纳。朗格多克和上吉耶讷组成了两个政府，选举产生的行政长官在三级会议的管理下行事。每个教区都有自己的三级会议。三级会议主张没收所有教会的财产，并对胡格诺派教徒和天主教教徒征税。不仅如此，随着改革的发展，这一制度还将推广至整个法兰西。

这是一场改革。进行改革的不是法兰西政府，而是一个党派和非官方组织。此时，胡格诺派不能再假装自己是为解救被邪恶势力囚禁的凯瑟琳·德·美第奇和查理九世而战了。也许从一开始，城镇居民和新教牧师就已经有了改革理论。然而，从表面上看，党派的官方纲领必须忠于法兰西王室。有人指责拉费泰苏茹瓦尔宗教会议利用的是"恩典自治"的革命学说。该革命学说认为法兰西所有地方法官都有罪，应该被剥夺职位。然而，官方愤怒地否认了这项指控。最初，政治宣传册只是些个人攻击，主要针对的是吉斯家族和外国人。现在，外国人已不再是洛林人，而是意大利人，也就是凯瑟琳·德·美第奇。日内瓦传教士对查理九世不太尊重，对凯瑟琳·德·美第奇更是不屑一顾。从诺克斯时代起，女性统治不善一直是新教牧师最爱谈论的话题。因此，在圣巴塞洛缪大屠杀后，一大堆政治小册子接踵而至。有些内容只是一些口头上的

迪·普莱西·莫尔奈

讽刺,有些则是政治思想史上永恒的话题。流亡者撰写了反对天主教政府的小册子,其中两个最引人注目:一本是弗朗索瓦·奥特芒的《佛朗哥·加利亚》;一本是于贝尔·朗格或迪·普莱西·莫尔奈的《对暴君的判决》。《佛朗哥·加利亚》试图从历史角度论证君主制的专制主义破坏了法兰西历史的连续性,法兰西应该是一个实行选举和君主立宪制的自由人的国家。后来,由于意大利思想、罗马统治、神圣罗马帝国法律、意大利女人和政治家的涌入,玷污了自由之泉——高卢人和条顿人。因此,如果法兰西要重获自由,必须恢复原来的法则——正式选任国王,召开国家三级会议,驱逐意大利女人和外国人。《对暴君的判决》用演绎法进行辩论,并假设国王与人民之间存在原始契约。它认为缔约各方应该履行自己的承诺。如果国王不能履行承诺,人民无须服从国王。然而,这两个小册子仅仅涉及了文献中有利于自己论点的部分案例。同样的论点,同样的插图,同样的词语经常反复出现。需要注意的是,这些小册子几乎都是在1572年到1576年出版的。我们会看到,在那段时间,胡格诺派再次发生了变化。

圣巴塞洛缪大屠杀后、《拉罗谢尔条约》签订之前的短暂日子里,胡格诺派陷入了低谷,与天主教的力量差距巨大。力量差距之大,史无前例。除了宗教,不可能有任何其他共同纽带,可以把胡格诺派的残余力量联系在一起。这段时期,野心勃勃的人没有任何机会,不满的人也没有获得任何补偿。抵抗只限于孤立的地方。作为一个政治因素,胡格诺派在法兰西的存在似乎已经结束了。然而,在《拉罗谢尔条约》签订后的两年内,胡格诺派的政治力量比以往任何时候都要强大。1576年,胡格诺派设法得到了对自己十分有利的《博略敕令》。可以说,《博略敕令》是胡格诺派取得的最大成功。这种命运的突然转变,源自两个几乎完全政治性的理由:一是法兰西南部组成了政治联盟;二是血统亲王重新联合了。

法兰西南部的政治联盟与亨利二世统治时期家族派系的关系密切。原来以为任何宗教冲突都会转变成吉斯家族和蒙莫朗西家族之间的仇怨,实际上却不是这样。由于阿内·德·蒙莫朗西是狂热的天主教教徒,最后,他选择了与敌人吉斯家族结盟。然而,蒙莫朗西家族和吉斯家族的嫌隙始终没有修复。阿内·德·蒙莫朗西曾不止一次想要与吉斯家族决裂。他的儿子——巴黎总督兼元帅弗朗索瓦·德·蒙莫朗西,在夏尔·德·洛林带着护卫人员进入巴黎时,朝他们开枪。阿内·德·蒙莫朗西始终坚持公正地对待胡格诺派。在他死后,蒙莫朗西家族和吉斯家族彻底决裂。1574年,因与心怀不满的安茹公爵弗朗索瓦共

弗朗索瓦·德·蒙莫朗西

安茹公爵弗朗索瓦

谋，弗朗索瓦·德·蒙莫朗西被监禁，并面临着被处死的危险。弗朗索瓦·德·蒙莫朗西两个弟弟——亨利一世·德·蒙莫朗西和夏尔·德·蒙莫朗西成了胡格诺派的活跃成员。其中，作为朗格多克总督兼当维尔元帅，夏尔·蒙莫朗西成了法兰西南部的无冕之王。他同时统治着法兰西南部的天主教教徒和胡格诺派教徒。

亨利一世·德·蒙莫朗西

用加斯帕尔·德·索尔克斯的话说："比起拯救自己的灵魂,这些政治人物更希望国家或自己的家园保持安宁。他们宁愿国家在没有上帝的情况下保持和平,也不愿为上帝而战。"在整个法兰西,温和派天主教教徒无处不在。但只有在法兰西南部,温和派天主教教徒才组成一个有组织的政党——政治派。政治派对自己没有参与的罪行——圣巴塞洛缪大屠杀感到震惊[①],他们无法忍受持续的战争,决心联合胡格诺派。于是在法兰西南部,胡格诺派和天主教结合在了一起。"在这样一个政党中,夏尔·德·蒙莫朗西是天生的领袖。夏尔·德·蒙莫朗西是天主教教徒,同时是天主教领袖——吉斯家族的反对者。早在1573年,普瓦图的政治派就派代表参加了胡格诺派议会。1574年,在夏尔·德·蒙莫朗西的领导下,朗格多克的政治派建立了同盟组织。1575年,尼姆大会起草了胡格诺派和政治派联合的常规章程。在没有孔代亲王亨利一世·德·波旁的情况下,夏尔·德·蒙莫朗西被任命为胡格诺派和自称为"和平天主教"的政治派的领袖。胡格诺派和政治派的势力范围完全不受国王管辖,每年举行三级会议并征收赋税。他们声称,一旦开始政治改革,并纠正了相关错误后,愿意将行政权力移交给国王。不断有报道说,胡格诺派和政治派联合管辖的区域比任何保王派的辖区管理得都要好,赋税也更少。然而,胡格诺派和政治派联合的目标纯粹是防御性的;它的性质是地方性的;它倾向于分离主义。这是法兰西南部异质性的例证之一。

圣巴塞洛缪大屠杀后,为了避免被害,孔代亲王亨利一世·德·波旁和纳瓦拉国王亨利三世同意改信天主教。后来,两人逃离巴黎后又否认了天主教信仰,使整个局势有了实质性的改变。第四次宗教战争的领导者包括孔代亲王亨利一世·德·波旁,纳瓦拉国王亨利三世,以及法兰西国王亨利三世的弟弟、法兰西推定继承人安茹公爵弗朗索瓦。因此,第四次宗教战争必然会影响整

---

① 正是由于圣巴塞洛缪大屠杀,南方天主教教徒维特·德·蒂雷纳改信了新教,给新教带来了很大的帮助,抵消了圣巴塞洛缪大屠杀的部分损失。维特·德·蒂雷纳富有才华,其地产正好位于法兰西南部的中心,帮助连接了胡格诺派的西部、南部和东部。——原注

个法兰西。在巴拉丁兼锡门伯爵约翰·卡齐米尔及其领地内的德意志骑兵的帮助下，胡格诺派进攻天主教。胡格诺派承诺授予约翰·卡齐米尔土地和三个主教职位——这些曾是法兰西国王亨利二世的重要财产。胡格诺派的大贵族以牺牲国家领土为代价寻求外援、反抗国王。这种行为使胡格诺派再次蒙羞。胡格诺派从凯瑟琳·德·美第奇那里争取的条件包括：把原来坚定的天主教大省——皮卡第的总督职位让给孔代亲王亨利一世·德·波旁，从而加强胡格诺

巴拉丁兼锡门伯爵约翰·卡齐米尔

安茹公爵弗朗索瓦来到尼德兰的安特卫普

派教徒与尼德兰的同宗教友联络。该条件激起了天主教教徒的强烈反对,就连夏尔·德·蒙莫朗西和法兰西南方的政治派都认为胡格诺派的这种行为违背了信仰。为此,夏尔·德·蒙莫朗西和法兰西南方的政治派一度站在了保王派一边。然而,战争只持续了一段时间。《贝尔热拉克和约》使法兰西恢复了和平,使安茹公爵弗朗索瓦的尼德兰之旅无功而返。从这个时期到天主教联盟战争爆发前,胡格诺派及其领导人毫无收获。个人动机和宫廷阴谋代替了宗教热情。纳瓦拉国王亨利三世和孔代亲王亨利一世·德·波旁之间有矛盾,不能采取一致行动。严格的胡格诺派教徒视孔代亲王亨利一世·德·波旁为领袖,怀疑纳瓦拉国王亨利三世的重新皈依是否具有真实性或永久性。这种怀疑不无道理。其他改革派人士指望温和派天主教教徒——夏尔·德·蒙莫朗西成为他们的立宪首领。与法兰西具有血缘关系的纳瓦拉国王亨利三世的突然加入,打乱了这个极具包容性的计划。大家拒绝参加"情人战争",即第七次宗教战争。

第七次宗教战争被认为是出于不正当的个人动机而采取的侵略行为。宗教的热情似乎已经燃烧殆尽。有迹象表明，狂热的党派组合，将会让位于基于个人亲密度或血缘关系的新型组合。纳瓦拉国王亨利三世和法兰西国王亨利三世越走越近。孔代亲王亨利一世·德·波旁和安茹公爵弗朗索瓦的关系也逐渐密切起来。胡格诺教派英勇的指挥官——弗朗索瓦·德·拉·努提议，应该放弃所有宗教分歧，使胡格诺派和天主教联合起来，共同抨击法兰西王室管理的弊端。为了法兰西的和平和改革，不仅温和派联合了起来，也出现了不少的神秘代理人，在代表极端天主教的吉斯家族和代表极端胡格诺派的孔代家族之间不断奔走活动。约翰·卡齐米尔十分关注这些秘密活动。他有理由相信，两派有可能正在密谋袭击法兰西王室，或者由于双方都对残酷的内战感到羞愧，试图努力忘记过去，计划攻击莱茵河沿岸的弱小邻国。但这一时期最奇特的是信奉新教的多菲内省，这是下级阶层致力于宗教改革的少数地区之一。然而，多菲内省的宗教冲突已经让位于社会冲突或者融入了社会冲突中。当地人不知不觉地卷入了一场与乡绅的殊死搏斗中。在这场殊死搏斗中，宗教区别似乎完全消失了，基本上都是胡格诺派的百姓得到了吉斯家族的支持。与此同时，吉斯家族也开始倾向于依靠百姓，不在意百姓信仰的是什么。随后，"情人战争"蔓延到了法兰西全境。1582年，威尼斯人巴多尔写道，贵族和人民之间的敌意比宗教分歧更加显著。他描述的这点非常重要，是宗教战争和改革之间有趣的联系之一。"贵族和人民之间的关系十分糟糕。人民受到大批乡绅的压迫，贵族扮演着暴君的角色，以牺牲人民利益为代价维持着自己的生活和享乐。"贵族无视法律，这种现象急剧增加，尤其是在远离法兰西宫廷的地方。这种情况难以改善。因为长子继承了大部分家产，其他贵族子弟收入微薄，生活无以为继。和平时期，这些收入微薄的贵族子弟无法在宪兵队工作领取工资养活自己。部分乡绅已经习惯通过榨取穷人的钱，让自己过着肆意而奢侈的生活。如果安茹公爵弗朗索瓦继承王位，或者纳瓦拉国王亨利三世早点放弃他宣称的新教信仰，宗教战争可能会提前结束。可惜的是，安茹公爵弗朗索瓦突然死亡，

法兰西国王亨利三世与他的宫廷宠儿们

局势发生了巨大变化。法兰西国王亨利三世放浪形骸、声名狼藉，没有任何子嗣。他的继承人安茹公爵弗朗索瓦去世后，纳瓦拉国王亨利三世变成了下一位继承人，却遭到了信奉天主教的法兰西人的普遍反对。敏锐的观察家认为，虽然可以预见纳瓦拉国王亨利三世最终一定会改信天主教，但过程不会一帆风顺。因为纳瓦拉国王亨利三世是一位很有主见的国王，不会轻易改变信仰。于是，天主教起义出现了，这将在下文讨论。纳瓦拉国王亨利三世的继承人身份把胡格诺派的所有阶级都团结在了自己的周围。纳瓦拉国王亨利三世成了胡格诺派的领袖。人们预料，宗教因素将再次成为法兰西改革的主要动因，政治因素将被掩盖。但事实并非如此，人们认识到，天主教联盟不仅镇压异端，还支持吉斯家族，试图消灭波旁家族。因此，夏尔·德·蒙莫朗西及法兰西南方政治派几乎毫不犹豫地站在了纳瓦拉国王亨利三世一边。在吉斯家族的压力下，法兰西国王亨利三世不情愿地颁布了《内穆尔条约》和一项镇压新教的法令，并宣布纳瓦拉国王亨利三世的继承权无效。对自己被排除在法兰西王位继承权之外，纳瓦拉国王亨利三世和追随他的职业军人感到不满。蒙庞西耶公爵路易尽管受到美丽又强悍的妻子——吉斯家族的凯瑟琳·德·洛林的影响，还

凯瑟琳·德·洛林

苏瓦松伯爵查尔斯

是公开反对吉斯家族的行为。孔代家族的苏瓦松伯爵查尔斯、孔蒂亲王弗朗索瓦·德·波旁,逃到了纳瓦拉王国,并加入了纳瓦拉国王亨利三世的队伍。法兰西中部和南部的大部分贵族宣布支持波旁家族,极大地增加了胡格诺派的势力,但同时加重了法兰西中部和南部长期存在的矛盾。圣巴塞洛缪大屠杀后的很长一段时间内,市民和牧师是法兰西抵抗运动的主要力量。然而,市民和牧师不愿意再次被贵族驱使和利用。更何况这些贵族的宗教信仰也发生了变化。此外,市民和牧师也无法完全信任纳瓦拉国王亨利三世。

纳瓦拉国王亨利三世十分幸运,他的对手孔代亲王亨利一世·德·波旁在1588年被免职,于是胡格诺派政治理论发生了重大改变。通过报刊和讲坛,

《萨利克继承法》被广泛宣传,以证明纳瓦拉国王亨利三世拥有合法继承权。但在实践中,共和联邦主义的精神依然存在,主要体现在1588年的拉罗谢尔大会上。在拉罗谢尔大会上,有人抗议法兰西王室的权力过度集中;有人抗议保护国过于强横。大家认为每个地区都应该拥有自己的保护者。纳瓦拉国王亨利三世弄清了胡格诺派的内部组织,预料到了联合天主教的计划,坚称自己只会凭借选举成为胡格诺派的首领。他设立了省法院和一个由十二名成员组成的控制委员会来监督官员,其中六名成员由上朗格多克、下朗格多克、多菲内、耶吉讷、普瓦图和拉罗谢尔每年选出,五名成员是由全体大会每两年选出。在纳瓦拉国王亨利三世的领导下,联合天主教通过了一部平行宪法,使全国所有省长和镇长接受监督。胡格诺派中的资产阶级掌握着财富,此时打算掌握国家前进的方向。1588年,法兰西国王亨利三世的近卫军暗杀了吉斯公爵亨利一世及

近卫军暗杀吉斯公爵亨利一世

法兰西国王亨利三世被狂热的天主教教徒刺杀身亡

其弟弟吉斯枢机主教路易二世。1589年，法兰西国王亨利三世被狂热的天主教教徒刺杀身亡。因为这两起悲剧事件，再加上当时胡格诺派军事进攻不断，以及纳瓦拉国王亨利三世成了法兰西的新国王——称亨利四世——法兰西国内战火继续燃烧，宪法问题暂时被搁置。然而，第一等级教士和第二等级贵族的嫉妒和猜忌仍然存在。这从胡格诺派后期的历史中得到了印证。

之后，法兰西国王亨利四世与罗马教皇克莱门特八世和解。大多数天主教教徒承认亨利四世的合法地位。亨利四世的成功预示着胡格诺派的衰落。此后，虽然胡格诺派作为宗教因素依然存在，但作为政治因素将在历史舞台上谢幕。通过宗教贿赂和金钱贿赂，法兰西国王亨利四世削弱了部分极端天主教教徒的力量。根据交易，天主教联盟的城镇要求亨利四世在天主教的势力范围内禁止存在任何胡格诺派信仰。

胡格诺派感受到威胁，甚至在亨利四世改信天主教之前，胡格诺派就宣称要到别处寻找保护者，还分别与英格兰和尼德兰进行了谈判。在亨利四世改信天主教后，南部胡格诺派提出了第一个正式要求：允许胡格诺派选择一个外国保护者和一个本国的保护者。这个要求给了外国亲王一个公开干涉法兰西内务的特权，也给了本国亲王一个反抗王室的机会。胡格诺派极度愤慨，既不喜欢亨利四世理想中的高卢派主教制，也不喜欢融合了胡格诺派和天主教差异却淡化胡格诺派教义的妥协方案。对亨利四世想与瓦卢瓦的玛格丽特离婚，把情妇加布丽埃勒·德埃斯特雷推上后位的意图，以阿格里帕·德奥比涅为代

加布丽埃勒·德埃斯特雷

表的极端胡格诺势力感到震惊与愤怒。以布永和特雷穆耶为代表的政治势力，计划利用一些法兰西王室既无权也不愿干涉的组织，来确保地方的独立性。于是，胡格诺派再次变成了一个宣扬分裂主义的反政府组织。胡格诺派威胁要放弃法兰西政府的担保和承诺，重组军事和财政系统，还将不顾法兰西王室的反对占领国内重要地区。法兰西的不幸正是胡格诺派的机会。亨利四世即位后，与西班牙进行了公开战争。西班牙军队出人意料地跨过了索姆河，占领了亚眠。以菲利普·德·莫尔纳为首的集团是胡格诺派中的保王派，该派相信亨利四世的宽容大度，并愿意帮助他。但胡格诺派中的大多数人退缩了，只有少数人愿意前往收复亚眠。一些极端胡格诺派教徒甚至想占领图尔，并控制卢瓦

亨利四世亲临亚眠战场

尔河，就像西班牙人占领索姆河一样。最后，亨利四世取得了亚眠保卫战的胜利，与西班牙达成了和平协议。最后一个天主教联盟的据点——布列塔尼也屈服了，这让剩下的胡格诺派成员感到了被孤立的风险。《南特赦令》标志着法兰西宗教战争的结束，它将成为永久规范法兰西天主教和加尔文教关系的参照标准，就像《奥格斯堡和约》成了规范德意志天主教和路德教关系的参照标准一样。从此之后，天主教成了法兰西的国教，在很多地方恢复了昔日的影响力，收回了失去的教会财产和什一税。与此同时，胡格诺派的良心自由得到了普遍承认。在信仰自由方面，胡格诺派在地方上享有广泛特权。在政治方面，为了保障自身安全，胡格诺派提出了三项要求：第一，保证安全的活动场所；第二，拥有担任王室职务的权利；第三，胡格诺派教徒需要占据一定比例的法院成员席位。只有这样，才能防止意外，胡格诺派才能在政治上占有一定地位，避免在司法上遭受迫害。

《南特赦令》并不表示宗教宽容普遍合法化。它不承认"公民的崇拜形式与国家无关"的原则。准确地说，这是两股平等力量之间的妥协，给予了某一阶级、某些地方一些特殊权力。胡格诺派没有被国家体制吸收，相反成了独立的派别。在胡格诺派的势力范围，市政部门多年独立管理，非常健全。此外，在很大程度上，南方的胡格诺派具有地方团结性。法兰西南方胡格诺派长期实行代议制。尽管国家废除了代议制，胡格诺派仍坚持每三年举行一次代表大会。胡格诺派的代表大会由三十位绅士、二十位大臣和第三阶级的十名成员组成。胡格诺派代表在法兰西王宫关注着党派的利益；胡格诺派的代理人充当着与外国势力打交道的外交大使的角色。西班牙人把多菲内和卢瓦尔河的南部和西部当作一个独立的国家单独对待。这片区域成了"国中国"，有八座坚固的城镇，四千人的驻防部队，以及一支独立于王室之外的军队。然而，法兰西南方胡格诺派面临的危险存在于贵族和市政、政治和宗教之间的对立。此外，南方胡格诺派的特权是在"全国大多数人——天主教教徒的牙缝"中获得的。南方胡格诺派的存在依赖于一个能够资助新教牧师和驻军部队的强大国王。

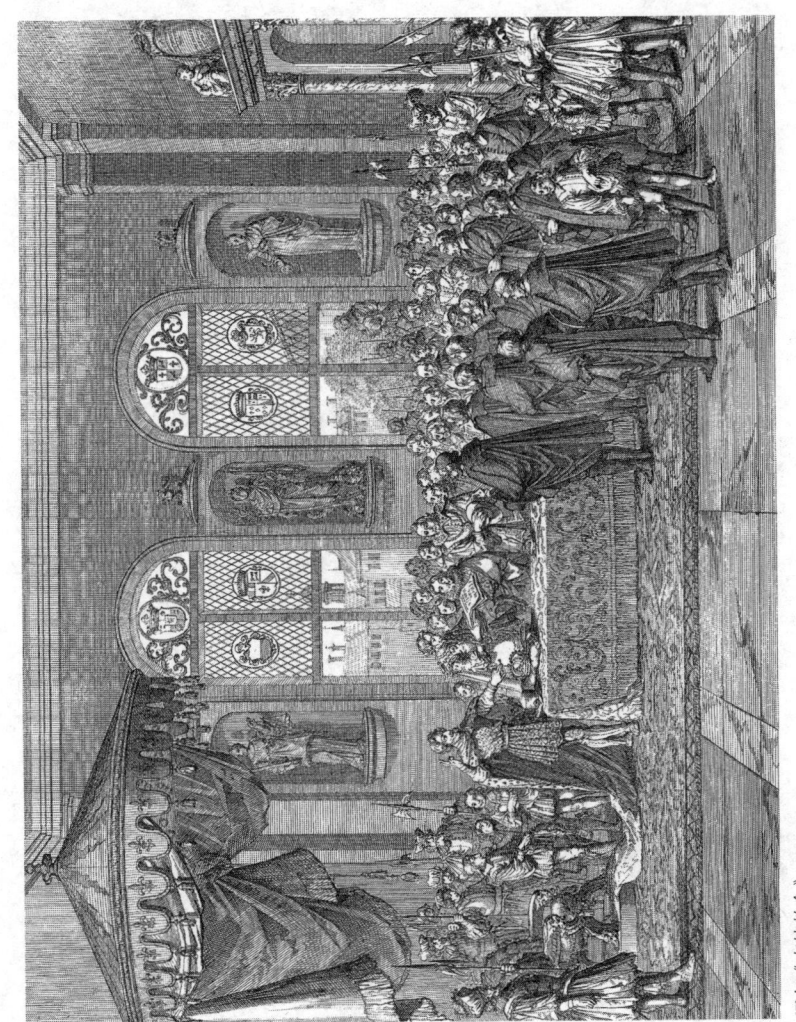

颁布《南特敕令》

一旦出现了一位"有意愿"收回并"有权"收回他们特权的君主，胡格诺派教徒就会陷入危机。几十年后，枢机主教黎塞留将"有权"终止胡格诺派的政治存在。法兰西国王路易十四将"有意愿"禁止胡格诺派的宗教存在。

# 第3章
# 天主教联盟

## 精彩看点

天主教存在的问题——吉斯公爵弗朗索瓦——夏尔·德·洛林——吉斯家族——巴黎的重要性——巴黎的不满情绪——图卢兹——天主教的整体行动——宗教冲突——三级会议——天主教联盟的发展——吉斯公爵亨利一世——罗西耶斯——继承权问题——吉斯家族与王室的婚姻关系——胡格诺派与吉斯家族的关系——政治不满情绪的滋生

宗教战争爆发时,天主教具有绝对的优势。然而,天主教内部分裂、组织混乱、士气低落,这一切使胡格诺派有了胜利的希望。用加斯帕尔·德·索尔克斯的话说,教会就像一个长期处于和平、不需要将军的国家,领导者因现实需要而产生。

天主教发现法兰西王室对自己冷漠无情,渐渐开始偏向吉斯家族。于是,天主教的命运与一个几乎不是法兰西人的家族——吉斯家族的命运紧紧结合在了一起。吉斯公爵克劳德是洛林公爵勒内二世的次子。在圣巴塞洛缪大屠杀后,吉斯公爵克劳德率军击退了东进的德意志军队,把巴黎从英格兰军队手中拯救了出来。吉斯公爵克劳德的六个儿子都在法兰西,他们家境富足。吉斯公爵克劳德的长子吉斯公爵弗朗索瓦娶了费拉拉公爵夫人法兰西的勒妮的女儿、路易十二的外孙女安娜·德埃斯特。因此,吉斯家族与王室关系密切。吉斯公爵克劳德的女儿——吉斯的玛丽嫁给了苏格兰国王詹姆斯五世。吉斯的玛丽和苏格兰国王詹姆斯五世的女儿玛丽·斯图亚特[①]嫁给了后来的法兰西国王弗朗索瓦二世。

吉斯家族有三位公爵,两位枢机主教。在法兰西国王弗朗索瓦一世统治时

---

① 即为后来的苏格兰女王玛丽一世。——译者注

洛林公爵勒内二世

吉斯公爵克劳德

安娜·德埃斯特

吉斯的玛丽

期，吉斯家族与蒙莫朗西家族争夺权力，排挤波旁家族。吉斯家族认为自己是极端天主教教徒的领袖。吉斯家族的女人十分能干，也很迷人。苏格兰摄政女王吉斯的玛丽、苏格兰女王玛丽一世、蒙庞西耶公爵夫人凯瑟琳·德·洛林，被认为是天主教的三颗明珠。

在与神圣罗马帝国皇帝查理五世的战争中，吉斯公爵弗朗索瓦成功保卫了梅斯，从英格兰手中夺取了加来。吉斯公爵弗朗索瓦是反对神圣罗马帝国的代表，希望在教皇保罗四世的帮助下，以牺牲西班牙利益为代价，实现吉斯家族攻占那不勒斯王国的夙愿。西班牙和神圣罗马帝国是法兰西的天敌，吉斯公爵弗朗索瓦想通过对外战争来满足自己的野心。因此，尽管他是一个忠诚的天主教教徒，但会接受外国新教教徒的帮助，比如德意志新教教徒的帮助。这是法兰西的常用政策。法兰西国王亨利四世也使用了这一政策。

吉斯公爵弗朗索瓦率军夺取加来

吉斯公爵弗朗索瓦虽然在行动上勇敢无畏，但在政策上软弱无力。这主要和他懦弱的弟弟——夏尔·德·洛林有关。夏尔·德·洛林虚伪、冷漠，使宗教成为其实现野心的武器。他利用改革派的理论攻击改革派，利用新的知识为天主教的利益服务。他声称赞同改革，实则是为了窥视改革派的秘密，巧妙地扩大了路德派和加尔文教之间的鸿沟。他的目标是通过西班牙的武器和炮火传播天主教，成为复兴天主教的首领。因此，夏尔·德·洛林和哥哥吉斯公爵弗朗索瓦最终分道扬镳。夏尔·德·洛林和蒙莫朗西家族联合起来，一同向法兰西国王亨利二世施压，要求亨利二世签订《卡托-康布雷西和约》，用国家利益换取了宗教战争的胜利。

对此，吉斯公爵弗朗索瓦十分愤怒。但以国家分裂为代价换取宗教统一是后来吉斯家族政策的关键。这可能是一位没有宗教信仰的吉斯家族成员提出的。夏尔·德·洛林并没有意识到该政策造成的全部影响。与其说夏尔·德·洛林是政治家，倒不如说他是外交官。他巧舌如簧，能够实现短期目标。但他鼠目寸光，无法预见到这些短期目标造成的不良影响。

吉斯家族有很多优势。吉斯家族的财产分布在法兰西、西属尼德兰和神圣罗马帝国的边界。洛林公国把西班牙的领地一分为二，使弗朗什-孔泰大区和尼德兰分开。洛林公国位于从法兰西到德意志的常规行军路线上。洛林公国所处的位置招募德意志雇佣兵很方便。一方面，吉斯家族拥有法兰西的财产，能以法兰西贵族自居，拥有对抗法兰西国王的权力，甚至可以要求得到法兰西政府的一些职位。另一方面，因为外国人的身份，吉斯家族不必履行法兰西的责任和义务。吉斯家族即使向法兰西国王宣战，也算不上叛国。法兰西国王有理由偏袒吉斯家族。因为吉斯家族白手起家，缺乏地方势力的支持。从表面上看，吉斯家族可以轻易被毁灭。出于对"鸢尾花贵族"的嫉妒，法兰西王室喜欢引进外国势力平衡法兰西旧贵族的地位。于是，法兰西王室将萨瓦家族封为内穆尔公爵，将冈萨加家族封为讷韦尔公爵，还提升了斯特罗齐家族和贡迪家族的地位。斯特罗齐家族和贡迪家族的地位上升了。

法兰西人非常反感"暴发户式"的宫廷贵族——吉斯家族。因为吉斯家族取代了法兰西真正的血统亲王的地位。这使许多旧贵族反对吉斯家族。巴黎议会拒绝承认吉斯家族是正统亲王。"外国人"洛林家族占据了法兰西很多有俸圣职和其他的重要职位。对此，法兰西人普遍感到不满。吉斯家族依靠的力量主要是巴黎天主教教徒。然而，宗教战争爆发前不久，巴黎天主教就袭击了吉斯家族所在城市和郊区的宅邸。在尼德兰工作的安托万·佩勒诺·德·格朗韦勒一直关注着法兰西的政局。早在1558年，安托万·佩勒诺·德·格朗韦勒就

安托万·佩勒诺·德·格朗韦勒

吉斯家族的纹章，由第一代吉斯公爵克劳德设计

告诉夏尔·德·洛林，吉斯家族不能孤军奋战，必须在国外寻找盟友。因此，吉斯家族以外国人的身份行事，获得了外援。但这还不够，吉斯家族没有法兰西国籍，不能领导全国性的运动。因此，吉斯家族投身于宗教战争，成为极端天主教的首领。然而，当民族情绪高涨时，宗教情绪必然会减弱。

吉斯家族不可能一开始就觊觎法兰西王位。但可以肯定的是，尽管吉斯家族害怕真正戴上王冠，但吉斯家族最终还是朝着王冠走去。早在1560年，胡格诺派就指责吉斯公爵弗朗索瓦图谋王位。加斯帕尔·德·索尔克斯说，凯瑟琳·德·美第奇告诉他，她之所以颁布《宗教宽容敕令》，是因为害怕觊觎王位的吉斯家族。然而，吉斯家族谋夺王位是不可能的。因为吉斯公爵弗朗索瓦谨小慎微，不会去做没有把握的事。法兰西国王亨利二世统治时期，吉斯公爵弗朗索瓦想要通过军功获得一人之下万人之上的地位；法兰西国王弗朗索瓦二世统治时期，他想通过王室的帮助掌控法兰西；法兰西国王查理九世统治时期，他想通过王室之外的组织来压制王室、控制全国。安博瓦兹阴谋表明法兰西人普遍对吉斯家族感到不满，证明吉斯家族想要得到王位是一件不可能的事。吉斯家族感到控制权正从自己的手中滑落，必须通过消灭敌对家族来恢复自己的地位。三级会议的议员大多都是吉斯家族的人。通过控制三级会议，吉斯家族实现统治，从而有机会继承瓦卢瓦王朝的王位。法兰西国王弗朗索瓦二世驾崩时，吉斯家族无法再通过王权控制国家。此时，孔代亲王亨利一世·德·波旁受审，加斯帕尔二世·德·科利尼和纳瓦拉国王亨利三世受制于吉斯家族。于是，吉斯公爵弗朗索瓦接受了弟弟夏尔·德·洛林的想法，打算在王权之外寻求其他组织的支持，领导法兰西天主教与欧洲天主教结盟，必要时利用这个组织来对抗新的王权。这就需要与吉斯家族的老对手——正统天主教的代表蒙莫朗西家族达成和解，与西班牙天主教势力结盟。瓦西大屠杀使吉斯公爵弗朗索瓦投身于天主教事业。阿内·德·蒙莫朗西在德勒被捕、雅克·德阿尔本被杀，吉斯公爵弗朗索瓦成了对抗新教的唯一指挥者。吉斯公爵弗朗索瓦在奥尔良被杀后，吉斯家族继续对抗新教。

  天主教有吉斯家族这样有实力的家族相助，无疑是如虎添翼。然而，当时，信奉天主教的蒙莫朗西家族与有新教倾向的纳瓦拉王国关系密切，代表极端天主教的吉斯家族不能掌控全部的天主教势力。对极端天主教而言，更可靠的依靠力量存在于首都巴黎。巴黎具有欧洲其他城市完全无法比拟的吸引力和优势。意大利观察家估计巴黎人口高达四十万，法兰西自己统计的巴黎人口比这个数值还要多。1546年，据马里诺·卡瓦利统计，在首都巴黎与大学有联系的人士有一万六千人到两万人；隶属于议会和审计法庭的人士达到了四万人。除此之外，他还写道："巴黎汇集了法兰西所有商品！"巴黎的时尚和美食早已享誉欧洲。1572年，威尼斯使节米基耶利写道："巴黎是全欧洲，甚至全世界最令人向往的城市。法兰西人无法想象，如果禁止他们前往巴黎，生活会变成什么样子!"正因如此,长期脱离巴黎生活的胡格诺派贵族,才不顾危险,在1572年,毅然前往巴黎,参加领袖纳瓦拉国王亨利三世的婚礼,最后遭遇了天主教的屠杀。加斯帕尔·德·索尔克斯写道:"年轻的寡妇不顾子女的安危,以购物和商业活动为借口,迫不及待地冲向首都巴黎寻找新的丈夫。"用胡格诺派指挥官弗朗索瓦·德·拉·努的话说,王室和巴黎是法兰西的太阳和月亮。可以说,占领了巴黎意味着占领了法兰西的北部和中部。

巴黎确实存在不满情绪。然而,这种不满情绪更多是和政治有关,而不是和宗教有关。一旦发生宗教冲突,巴黎毫无疑问会站在天主教的一边,尤其是当议会明确宣布反对宗教改革时。政府很难保护胡格诺派教徒免受大学生和下级阶层的伤害。议会和索邦神学院引领着巴黎的思潮,它们曾经一致反对改革,直接影响了巴黎人对待改革的态度。军火库第一声枪响后,发生了异教徒大屠杀,死了八百名到九百名胡格诺派教徒。在巴黎只要喊一句"他是

索邦神学院

胡格诺派的"，被指之人就会被立刻追杀。议会禁止大屠杀，但绞死、勒死或殴打异教徒的事件屡见不鲜。克劳德·阿东总结："通过这些手段，清除了巴黎的很多胡格诺派教徒，最大胆的人都不敢说自己是胡格诺派教徒。"弗朗索瓦·德·拉·努悲痛地说："修道院的初学者和神父的家庭女仆都可以用扫帚把所有胡格诺派教徒扫出巴黎。"

在法兰西的南方，正如我们看到的那样，图卢兹采取了和巴黎一样的暴力方式。一般来说，大城市的群众信奉天主教会对吉斯家族提供很大的帮助。在马赛、波尔多、雷恩等地，在"用圣火烧死他们"的呼喊声中，胡格诺派教徒承认自己的信仰是需要勇气的。早期宗教战争中，天主教不是一直都有组织的，天主教的力量也没有得到完全的发挥。毫无疑问，这主要是因为高级神职人员不在法兰西居住，对天主教教徒缺乏影响力。此外，省市级政府嫉妒具有独立

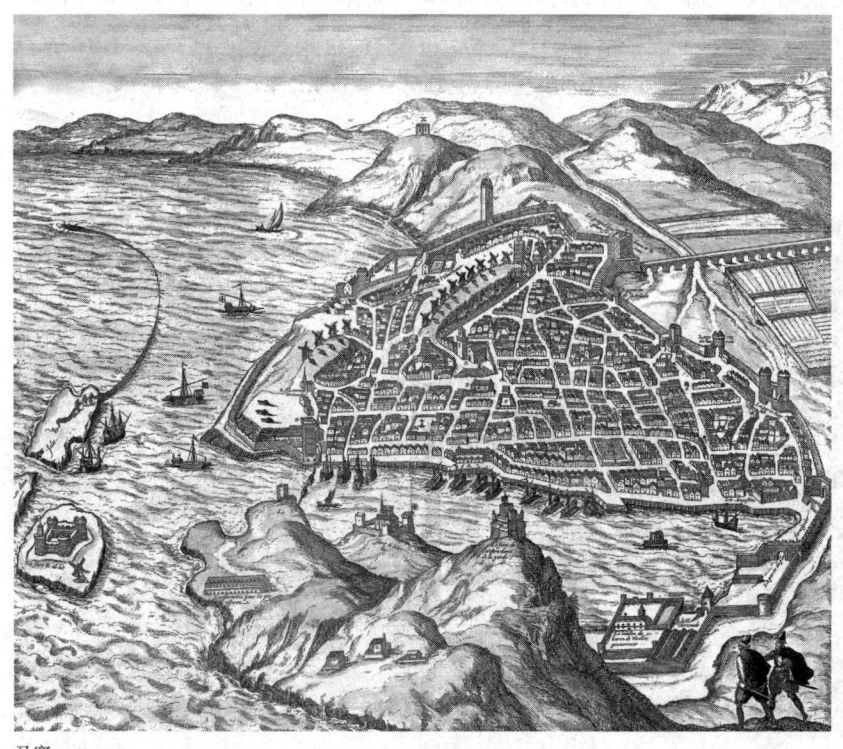

马赛

性的宗教组织。在波尔多，天主教模仿胡格诺派的组织形式，成立了一个天主教独立机构——辛迪加。辛迪加通过选举产生管理人员，筹集公共资金维持机构运转。但很快，辛迪加就因违反宪法而被强制解散了。在镇压和解散辛迪加事件中，让·德·蒙吕克起到了主导作用。然而，一个延续很久的传统宗教，通常比它表面上要强大。它也许很容易被逐渐蚕食，但很难被彻底撼动，有时甚至会催生出新的宗教力量。在法兰西，天主教不仅拥有宗教根基，还有很深的社会根基。天主教与人们所有传统和快乐都有联系。每个城镇都有它的主保圣人。从上至下，每一个机构似乎都建立在天主教的基础上。圣像破坏、废除节日——加尔文主义丑陋的一面唤醒了人们蛰伏的情感[①]。天主教机构很容易转变成政治和军事组织。和改革派相比，天主教组织的范围更加广泛。天主教组织虽然需要更长的时间来启动，但从内战开始时就非常有价值。神职人员和依赖神职人员的平信徒的人数非常庞大。除此之外，每个城镇都有由神职人员控制的行会或兄弟会。

然而，在1585年联盟成立之前，在历史上，天主教只采取了两次统一行动：圣巴塞洛缪大屠杀和1576年的天主教反政府运动。有人认为，圣巴塞洛缪大屠杀并非出于宗教动机，王室想要获得政治利益，巴黎人想要趁乱抢劫。然而，正是天主教市政当局组织、引导并支持巴黎暴民攻击新教教徒的。巴黎天主教机构一直渴望"吃胡格诺派教徒的肉，喝胡格诺派教徒的血"。天主教只需要收回控制暴民的手，放任不管，就可以达到最终目的。在其他发生屠杀的法兰西城镇中，宗教动机更加突出。因为屠杀是由天主教高级成员领导的。在其他地方，一些著名的胡格诺派教徒因被暂时监禁或软禁在家，保住了性命。在宗教冲突中，还经常发生掠夺财物的现象。圣巴塞洛缪大屠杀热度退去后，法兰西人出现了一段时间的麻木恍惚。部分原因是天主教教徒对自己的罪行感到震惊，有负罪感；部分原因是天主教教徒可能暂时找不到合适的领导人来

---

① 这就是奥尔良天主教暴力事件发生的原因。在奥尔良，胡格诺派教徒亵渎了城镇内外大约五十个教堂，而这些教堂原本对改革具有一定的同情心。——原注

领导新的、合理的运动。出于政治原因，法兰西王室缩手缩脚、瞻前顾后。吉斯家族不准备也不愿意独自承担这个重大流血事件——圣巴塞洛缪大屠杀的责任和后果。因此，圣巴塞洛缪大屠杀的唯一结果是许多发展势头强劲的胡格诺派组织被消灭了，而巴黎从此承诺实行改革。

1576年，三级会议与我们讨论的主题的关系更加密切了。除了胡格诺派，三级会议的矛头也指向了法兰西王室。部分原因在于法兰西国王亨利三世的《博略敕令》颁布了一些对异教徒有利的政策；部分原因在于法兰西王室越来越偏爱吉斯家族。吉斯家族精心操纵三级会议的选举。因为南方的胡格诺派和政治派害怕被法兰西王室征兵和被吉斯家族征税，所以没有派代表参加三级会议。这次的三级会议并不符合宪法，它不过是一个工具，用来表达一个完全独立于王室外的组织——天主教联盟的意见。天主教联盟否定了法兰西王室在《博略敕令》中给予胡格诺派的有利条件，还与西班牙进行了磋商。天主教的贵族联盟并不少见。1565年，让·德·蒙吕克和主教以省级三级会议的名义成立了吉耶讷协会。吉耶讷协会能够直接与西班牙国王议事。让·德·蒙吕克还在勃艮第建立了一个秘密协会——圣灵会。天主教联盟则是在香槟建立的，由吉斯公爵亨利一世担任领导人。值得注意的是，吉斯公爵亨利一世曾许诺，只要瓦卢瓦王朝的人仍然信奉天主教，就会为他们守护王位。1576年，天主教联盟的目的是，把孔代亲王亨利一世·德·波旁从佩罗讷的要塞中排挤出去。之后，天主教联盟扩大到了整个法兰西信奉天主教的地方。天主教联盟也是一个军事组织，选举委员会的决议是保密的，选出来的天主教联盟首领具有绝对权威。天主教联盟的代理人被派到外国王室，接受他国的帮助或者承诺给予他国援助。天主教联盟的代理人还被派到法兰西王室，探听消息后，向天主教联盟传递情报。天主教联盟的章程规定，国王权力从属于三级会议；三级会议拥有法兰克国王克洛维一世统治时期的所有权力，甚至还有更多特权。所有拒绝加入天主教联盟的人，都将被视为天主教联盟的敌人。天主教联盟向所有天主教教徒提供资金和武器。同时，所有天主教教徒必须发誓，任何人的命令都不能使他们背弃天主教联盟。天主教的贵族发誓，如果国王拒绝签署条约，他们就会反抗国王，并与敌国西班牙结盟。如果不是法兰西国王亨利三世后来让步，公共福利之战和1563年胡格诺派起义还会重演。吉斯家族扮演的是过去勃艮第家族和波旁家族的角色。

然而，天主教联盟的发展并不尽如人意，其失败的主要原因是贵族和民众之间的敌对关系。巴黎成立了一个类似天主教联盟的天主教协会。法兰西其他城镇已经厌倦了战斗，百姓根本不信任贵族。第三等级呼吁取缔异教和减少税收。然而，这两个目标无法同时实现。几个地区拒绝提供战争津贴。征税时，皮卡第城镇紧锁大门，拒绝其他地方的贵族进入。天主教联盟的唯一收获是，把孔代亲王亨利一世·德·波旁的势力排除在了皮卡第之外，从而阻止了孔代亲王亨利一世·德·波旁和尼德兰同宗教友采取联合行动的机会。

吉斯公爵亨利一世提高了自己在天主教联盟中的地位。在圣巴塞洛缪大屠杀中，吉斯公爵亨利一世确实做出了一些贡献。但这些贡献无法让他一开始就成为天主教联盟的领导人。1574年，吉斯公爵亨利一世的叔叔夏尔·德·洛林去世，消除了吉斯家族不受欢迎的一个因素，也使吉斯公爵亨利一世成了家族中地位最显赫的成员。之后，吉斯家族一点也没闲着。1576年，吉斯家族控制了五个地方的政府和十五个主教。地方行政长官、财政部门和市政当局中也有很多是吉斯家族的人。从那一刻起，吉斯家族的视线就再也没有离开过王冠。这种野心的滋生与1576年吉斯家族获取的势力有直接关系。

三级会议开始时，吉斯公爵亨利一世的敌人拿出了一份署名大卫的文件。文件谈到了卡佩家族篡位，谈到了查理曼大帝真正后裔的存在。于是，卡佩家族被置于不道德的境地，而之后的瓦卢瓦家族的继承权自然受到质疑。文件中提到了吉斯公爵亨利一世的计划，说他被提升为天主教联盟首领后，将消灭异端邪说，驱逐所有不服从的血统亲王；取得胜利后，将要扣押法兰西国王亨利三世并将其软禁在修道院；将统治法兰西王国，废除高卢派的自由主义。据说，该文件是大卫死后，有人在里昂的一个旧箱子里发现的。然而，天主教教徒坚称该文件是胡格诺派伪造的。法兰西驻马德里的新教牧师却不这样认为,他也察觉到了吉斯公爵亨利一世的阴谋,但消息渠道并非来自胡格诺派,而是出自一个独立的消息来源。

牧师罗西耶斯的家谱小册子,更加确凿无疑地证明了吉斯公爵亨利一世的野心。罗西耶斯很有地位,与吉斯家族一直关系密切。小册子中提到,即使是克洛迪奥的继承人墨洛维,也是一个篡位者。伊塔才是克洛迪奥的合法继承人,而查理曼大帝的后裔——布洛涅的尤斯塔斯家族继承了伊塔的头衔,后来洛林家族又继承了尤斯塔斯家族的血统。

值得注意的是,当时,人们反复讨论女性继承者。夏尔·德·洛林曾公开承认,他蔑视《萨利克继承法》。卡佩王朝时代,吉斯家族的继承权位于瓦卢瓦家族之前。作为阿朗松家族的后裔,吉斯家族的继承权也位于波旁家族之前。吉斯家族联姻非常看重王位继承权。洛林公爵夏尔三世娶了法兰西国王亨利

洛林公爵夏尔三世

克劳德·德·瓦卢瓦

二世的女儿克劳德·德·瓦卢瓦;吉斯公爵弗朗索瓦娶了路易十二的外孙女安娜·德埃斯特;吉斯公爵亨利一世曾希望迎娶法兰西国王亨利二世的小女儿瓦卢瓦的玛格丽特。

吉斯的玛丽嫁给了苏格兰国王詹姆斯五世;吉斯的玛丽之女玛丽·斯图亚特嫁给了年轻的法兰西国王弗朗索瓦二世;玛丽·斯图亚特的表弟梅克尔公爵菲利普·埃马纽埃尔娶了彭蒂耶夫尔家族的女公爵玛丽·德·卢森堡——布列塔尼公国的母系继承人。吉斯公爵亨利一世的妹妹凯瑟琳·德·洛林嫁给了蒙庞西耶公爵路易,成了蒙庞西耶公爵夫人。在蒙庞西耶公爵路易死后,查理·德·波旁向凯瑟琳·德·洛林求婚。在法兰西国王弗朗索瓦二世驾崩后，玛丽·斯图尔特曾想嫁给腓力二世的第一顺位继承人卡洛斯。

因此，吉斯家族的后代极有可能登上法兰西、英格兰、西班牙和苏格兰的王位宝座。这一切绝非偶然。1576年，天主教联盟在继承条款中把"瓦卢瓦家族的后代"改成了"王室家族的后代"，还在文件中隐晦地排除了波旁家族的继承权。更值得注意的是，在圣巴塞洛缪大屠杀后，胡格诺派似乎曾经考虑过让吉斯家族取代瓦卢瓦家族。这说明胡格诺派对吉斯家族的感情并不是只有厌恶。

1578年，一位消息灵通的托斯卡纳代理人萨拉奇尼写道，法兰西国王亨利三世对吉斯家族怀有敌意，是有重要原因的。法兰西国王亨利三世认为因为自己和兄弟没有孩子，吉斯家族把目光投向了王室继承权，所以他对吉斯家族采取了镇压措施。吉斯家族迎合了民众的不满情绪，激发了反抗国王的叛乱。

自天主教联盟成立以来，吉斯公爵亨利一世成为天主教不容置疑的领袖。吉斯公爵亨利一世意识到过去失败的原因后，除了革命，他开始借用民主的手段达到目的。他一边仍然与贵族，特别是年轻的贵族保持联系；一边在城镇中激起民众的不满情绪，并组织和引导这些不满的民众，强调他们可以在省三级会议中发泄对宪法的不满。吉斯公爵亨利一世主要在诺曼底、布列塔尼、勃艮第、香槟、吉耶讷和多菲内活动。不久，法兰西国王亨利三世就被直言不讳的代表弄得狼狈不堪，被威吓性的规劝弄得应接不暇。诺曼底发生了农民起义。诺曼底人的抱怨主要集中在三个方面：土地转让问题、不断增加的税收及食盐的强制购买。其中，要求购买的食盐数量远超购买者的需要和能力。有迹象表明，诺曼底的农民起义是一场更具革命性质的运动。欧尼斯三级会议要求，贵族和神职人员的报酬必须减少到原来的三分之一。在多菲内，吉斯家族激发了民众反抗国王和贵族的起义。

从1576年到1584年，政治不满情绪一直在默默滋生，只需要一股宗教狂热的"微风"，就能把全国的不满情绪燃成燎原大火。就在这时，法兰西国王亨

卡洛斯

利三世的弟弟安茹伯爵弗朗索瓦突然死亡。于是，纳瓦拉国王亨利三世成了法兰西王位的继承人。天主教不可能承认纳瓦拉国王亨利三世这位异教徒。因此，在天主教内部，不同政治力量开始联合，首先是吉斯家族与首都巴黎的政治力量。

# 第4章

# 天主教的胜利

**精彩看点**

巴黎联盟——天主教联盟的势力范围——路障日暴乱——法兰西国王亨利三世被救出——吉斯公爵亨利一世被谋杀——耶稣会教士——哲学原则——国王的选举——民众的呼声——四十人议会——吉斯公爵亨利一世之死——马耶纳公爵夏尔——伊夫里战役——西班牙军队的帮助——金融改革事业——农民起义——纳瓦拉国王亨利三世皈依天主教——天主教的最终胜利

1584年到1585年的冬天，巴黎联盟秘密成立。它由三位受欢迎的神父及律师弗朗索瓦·奥特芒联合发起。通过各种行业和贸易公司，巴黎联盟进行宣传，目的是镇压异端邪说和暴政，即排除纳瓦拉国王亨利三世的势力，驱逐法兰西国王亨利三世的亲信。极端天主教的神职人员和平信徒担心，法兰西王位可能会由一个异教徒继承。

　　1585年1月，为避免法兰西王位落入异教徒手中，吉斯家族的首领吉斯公爵亨利一世、西班牙委员会的委员塔西斯和莫雷奥，以及查理·德·波旁制订了一份秘密协议。秘密协议的条款包括：异教徒不得继承王位，任何为异教徒提供资助的人不得继承王位；消灭异端邪教；完全接受特伦特委员会。在腓力二世的支持下，查理·德·波旁被选为王位继承人。考虑到腓力二世的大笔资助，查理·德·波旁放弃了土耳其联盟，禁止与西印度群岛非法贸易，还援助西班牙收复了康布雷。名义上，康布雷由冒险家巴拉尼替凯瑟琳·德·美第奇代为管理。此外，查理·德·波旁还把卡萨斯-德安东尼奥交给了葡萄牙，把法兰西国王亨利二世的遗产——下纳瓦拉和贝阿恩割让给了西班牙。这样一来，法兰西的敌国——西班牙在比利牛斯山脉北部就获得了一个立足点。

　　这些新元素给由天主教贵族组成的旧联盟注入了新的活力。此时，天主

查理·德·波旁

教联盟具备了与胡格诺派联盟相同的三大要素：以查理·德·波旁和吉斯家族为代表的亲王，他们与王室关系密切；以原皮卡第天主教联盟成员为代表的战斗贵族；资产阶级。天主教的低级神职人员相当于胡格诺派的牧师，形成了第四大要素。无论是在胡格诺派还是在天主教中，底层的信徒都是极端分子。因为嫉妒儿子法兰西国王亨利三世的宠臣、厌恶纳瓦拉国王亨利三世，凯瑟琳·德·美第奇秘密支持吉斯公爵亨利一世，就像当初她支持孔代亲王路易·德·波旁一样[①]。

---

[①] 凯瑟琳·德·美第奇的女儿瓦卢瓦的玛格丽特与纳瓦拉国王亨利三世之间的婚姻并不幸福。作为母亲，凯瑟琳·德·美第奇本能上永远无法原谅纳瓦拉国王亨利三世。凯瑟琳·德·美第奇试图使同样有错的女儿和女婿达成和解，但没有成功。后来，据说她考虑让马奎斯·德·庞斯继承王位，马奎斯·德·庞斯是她女儿克劳德·德·瓦卢瓦和洛林公爵夏尔三世的儿子。——原注

尽管是宗教问题将天主教联盟推到了战争的边缘，但实际上天主教联盟是政治问题和宗教问题共同催化的产物。从政治角度看，查理·德·波旁的宣言和宗教战争前胡格诺派的宣言十分相似。查理·德·波旁的宣言要求恢复贵族和议会的所有特权、禁止用司法以外的方式罢免官员、征用物资并要求每三年举行一次三级会议。这些都是胡格诺派曾极力主张的政治权力。关于共和政体和联邦政府方面的诉求，要看各个城镇的态度。从某种程度上说，正如胡格诺运动源于波旁和沙蒂永家族想反抗吉斯家族的势力，天主教联盟成立的原因是吉斯家族想要反抗波旁家族的权力。意大利作家认为法兰西宗教战争纯粹是这些家族之间的王位争夺战，宗教不过是一个借口。

天主教联盟和胡格诺派联盟的势力范围南北相对，但并非泾渭分明。天主教联盟的势力范围从法兰西岛、勃艮第、香槟和皮卡第，一直延伸到诺曼底、布列塔尼，以及法兰西的中部省份。卢瓦尔河再次成为主要的分界线。天主教联盟控制了卢瓦尔河上游的主要城镇及北部的富庶地区，包括奥尔良、布尔日和昂热；向南占领了胡格诺派之前的要塞——里昂，深入了胡格诺派控制的领

昂热

土。天主教联盟还控制了普罗旺斯的大部分地区,其南部要塞图卢兹坐落在朗格多克。根据加斯帕尔·德·索尔克斯的计算,天主教联盟掌握了法兰西约三分之二的领土。法兰西没有一块完整的区域忠于王室。有时,因嫉妒天主教联盟,一些城镇坚持效忠国王;有时,有些地方长官宣誓忠诚,但不是效忠法兰西国王亨利三世,而是效忠法兰西国王亨利三世的宠臣。王室被迫在天主教联盟和胡格诺派之间做出选择。随着天主教的力量逐渐增强,让人无法挣脱的命运把各方势力都卷入了战争。纳瓦拉国王亨利三世被迫参战,付出了巨大代价。这是一场多方角逐的战争,王室军队和天主教联盟军队都反对胡格诺派和政治派。但王室军队和天主教联盟军队之间又彼此独立,天主教联盟军队甚至从王室军队手中夺取城镇。自然而然,四股势力中的极端分子最终赢得了胜利。纳瓦拉国王亨利三世在库特拉战胜了法兰西国王亨利三世的宠臣阿内·德·乔

库特拉战役

阿内·德·乔伊斯

伊斯,并杀死了他;吉斯公爵亨利一世没有理会法兰西国王亨利三世做出的让步,击破了强大的德意志后备军。但对法兰西国王亨利三世来说,和平比战争更加危险。他没有勇气交出宠臣埃佩农公爵让·路易·德·诺加雷·德·拉·瓦莱特。由于犹豫不决、无所作为,法兰西国王亨利三世越来越不受欢迎。1587年,玛丽·斯图亚特被斩首时,极端天主教的不满情绪达到了顶点。

玛丽·斯图亚特被押赴刑场

玛丽·斯图亚特在刑场聆听由伊丽莎白一世签署的死刑执行令,之后被处决

不满的结果是1588年的路障日暴乱。它成了法兰西革命史上仅次于圣巴塞洛缪大屠杀的重要事件,引人注目。它集合了政治性、戏剧性和预言性等多方面因素。在路障日暴乱中,吉斯公爵亨利一世和巴黎暴民完美联合。这也预示了瓦卢瓦王朝的最后命运及波旁家族的最终悲剧。如果不是一个研究法兰

路障日暴乱

西大革命的历史学家,把托斯卡纳大使关于路障日的报告抄写了下来,人们可能永远无法知道这个惊心动魄的故事。吉斯家族派了一万多人到巴黎。这些人利用各种借口在全城宣传,等待吉斯公爵亨利一世的到来,并想伺机抓住法兰西国王亨利三世。法兰西国王亨利三世接到警告,有一大批陌生人正在偷偷潜入巴黎,藏在天主教联盟成员的家里。于是,法兰西国王亨利三世命令十二组瑞士雇佣兵和六组法兰西人保护自己,避免陷入吉斯家族的阴谋陷阱中,并追捕这批陌生人。看到有瑞士雇佣兵在广场上站岗,吉斯公爵亨利一世怀疑这些人进入巴黎是要阻挠,甚至杀死自己。于是,他开始武装民众,派遣使者四处奔走游说民众,声称法兰西国王亨利三世打算在巴黎设立一个卫戍部队,并将残酷镇压民众。民众都带上了武器,在街道上竖起了路障,阻止瑞士和法兰西联军前进。这种情况一直持续到中午。

　　吉斯公爵亨利一世派人去见凯瑟琳·德·美第奇,建议她采取措施平息骚乱。凯瑟琳·德·美第奇尽其所能地劝说法兰西国王亨利三世,同时恳求各营房的上尉平息骚乱,让民众缴械投降。她还给一些人写信,给另一些人许诺。然而,她所有努力都是徒劳无功的。骚乱不断加剧,最后瑞士雇佣兵和民众之间发生了冲突,双方都开了枪。民众每击必中,瑞士雇佣兵死伤无数,因为瑞士雇佣兵没有路障做掩护,也没有巷战的经验。在街垒的掩护下,吉斯公爵亨利一世的士兵比较安全,能够迅速射击敌人,挫败了瑞士雇佣兵。面对节节逼近的巴黎暴民和吉斯公爵亨利一世的士兵,瑞士雇佣兵被迫退让,撤出了阵地。如果不是吉斯公爵亨利一世亲自平息骚乱,所有瑞士雇佣兵都要被杀光。法兰西国王亨利三世命令瑞士雇佣兵撤回到卢浮宫内。实际上,是可怜的法兰西国王亨利三世被围困在了卢浮宫内。法兰西国王亨利三世垂头丧气、痛苦不堪,看上去死气沉沉。夜幕降临时,士兵手挽手。法兰西国王亨利三世则为自己的命运悲叹,为吉斯公爵亨利一世的背叛感到痛苦。吉斯公爵亨利一世坚持必须遣散所有外国王室的军队,法兰西国王亨利三世应该只保留普通的法兰西军队。吉斯公爵亨利一世表达了和解的愿望,并写了一份请愿书。啊!这是怎样的一份请愿书呀!请愿书中,吉斯公爵亨利一世褒奖自己,贬低法兰西国王亨利三世。可怜的法兰西国王亨利三世不知道该如何是好,既不希望落入敌人的手中,也不想按照许多人希望的那样,派人向吉斯公爵亨利一世低头求情。最后,法兰西国王亨利三世告诉母亲凯瑟琳·德·美第奇,自己愿意去请求吉斯公爵亨利一世,想办法让人们平静下来。凯瑟琳·德·美第奇离开后,法兰西国王亨利三世坐着马车,从卢浮宫附近的一个大门出去,吩咐卫兵跟随。他一出来,就抬起头,摇了摇头,感叹道:"赞美神吧!我终于摆脱了束缚!"然后,他放声大笑,叫道:"希望好日子能随之而来。"法兰西国王亨利三世给妻子洛

洛林的路易丝

法兰西国王亨利三世逃离巴黎

林的路易丝写了封信,告诉她自己平安无事,现在已经自由了,并嘱咐她要保持镇静。听到这个消息后,洛林的路易丝及侍女放声大哭,哭声直冲云霄,她们因法兰西国王亨利三世死里逃生喜极而泣。

  法兰西国王亨利三世比法兰西国王路易十六幸运,没有像路易十六那样在革命期间,在瓦雷纳被抓。法兰西国王亨利三世意志并不坚定,对联合纳瓦拉国王亨利三世之事犹豫不决。面对天主教联盟提出的条件,法兰西国王亨利三世最终妥协了。后来,这些条件在布卢瓦三级会议上得到了批准。现在,吉斯公爵亨利一世是法兰西的实际统治者。暗杀吉斯公爵亨利一世被认为是一种弑君行为,是被压迫者破釜沉舟的一搏。然而,真正的民主不应该掌握在一人手里。在法兰西国王亨利三世的授意下,忠心耿耿的加斯孔卫兵诱杀了吉斯

第4章 天主教的胜利

公爵亨利一世。但法兰西国王亨利三世的所作所为和那个在浴室里刺死让-保罗·马拉的女人夏洛特·科尔代有何区别？

也许，人们认为1588年路障日暴乱是革命的开端，但吉斯公爵亨利一世被谋杀在法兰西历史上更关键。作为天主教的偶像，吉斯公爵亨利一世之死之于天主教，就如同加斯帕尔二世·德·科利尼之死之于胡格诺派。吉斯公爵亨利一世死后，领导权明显从贵族和政客手上转到了神父手上。战争早期，胡格诺派优势明显，天主教布道的影响力无法与胡格诺派相比。然而，需求最终产生了供给。学院派和怪诞派融合在一起，学院派促进了天主教的复兴，怪诞派助长了革命的残暴。巴黎人皮埃尔·德·勒埃图瓦勒的手稿日记，很好地体现了阿斯蒂主教弗朗切斯科·帕尼加罗拉的雄辩及罗斯、布歇的粗鄙滑稽。耶稣会

弗朗切斯科·帕尼加罗拉

阿格里帕·德奥比涅

教士被阿格里帕·德奥比涅称为"智慧之选"。耶稣会会士通常思想先进、充满智慧。与胡格诺派相比，耶稣会具备一定的优势。耶稣会会士可以向全法兰西最易受影响的会众——大城镇信仰天主教的群众布道。在巴黎教区所有神职人员中，只有三人不是天主教联盟成员；"四十人会议"是天主教最高军事政治委员会，其中至少有七名是受人爱戴却没有任何从政经历的神父。这证明了耶稣会的影响力很大。随着革命的发展，神职人员手中的权力增加，要求宣誓和颁发正统证书的做法变成了恐怖主义的引擎。1589年1月1日，圣巴泰勒米的神父林切斯特在做完布道后,号召大家举起双手,发誓用身体里的最后一滴血和口袋里的最后一分钱为吉斯家族报仇。他两次向坐在前面的圣餐主持教士阿莱喊道:"先生,举起你的手,高高举起,再高一点,好让大家都看到。"这种将可疑的成员在教众面前标记出来进行报复的做法,成为天主教联盟中极端布道者惯用的伎俩。

在城镇里,神父帮助天主教获得了最大的宗教和政治影响力。神父不仅是城市天主教的中坚力量,还宣传了革命思想和政治理念。布卢瓦的悲剧性最具戏剧性。但对法兰西君主制的未来而言,天主教联盟在巴黎的发展具有讨论价值。任何革命都要寻找哲学上的合理性。因为行动不能永远脱离思想。迄今为止,实际上,对瓦卢瓦王朝的任何攻击都是在质疑瓦卢瓦家族可能不具备正统的王位继承权。然而,现在,世袭权原则遭到了挑战。有人提出,君主不是凭血统或世袭的权力来统治国家的,而是凭借神的恩典而拥有权力,祝圣的仪式体现了"君权神授"。因此,君主制起源于宗教,君主制的主要职责也应为宗教服务——那就是维护天主教的信仰。王国的基本法律,不是议会的《萨利克继承法》,而是天主教联盟的《天主教联盟法》。然而,天主教宣传者几乎不可能忽视原始契约理论。因为原始契约理论非常诱人,且迄今为止,成果丰富。因此,必须把君主制的契约性和神圣性结合起来。布歇认为:"民众选举国王,选举权高于继承权,民众虽然选出了国王,但保留了自己的权力;民众对国王有生杀权;君主制不过是相互契约的结果。正因为如此,才会有改朝换代的情况,从墨洛温王朝到加洛林王朝,然后到了卡佩王朝。"人们认为,最初的契约不仅是国王和民众之间的契约,还是上帝、国王和民众之间的三方契约。如果国王违背了他与上帝或与民众的契约,民众无须继续效忠国王。从这些观点中,我们很容易追溯到法兰西宗教战争的宗教根源和政治根源。但天主教联盟并没有立即采纳该理论的全部内容。首先,天主教联盟承认王室的世袭权。世袭权不会因异教徒的反对而受到影响。因此,波旁家族的查理·德·波旁被认为有权继承王位。查理·德·波旁死后,世袭权不会因异教徒的反对而受到影响，这一理论得到了发展。王位继承权并不在于血统，而在于对天主教的忠诚。这样一来，一派别可能会声称吉斯家族的某位成员是最虔诚的天主教教徒，推举他做法兰西国王；另一派别可能会声称腓力二世为全世界最虔诚的天主教教徒，推举他做法兰西国王。和天主教教义相比，国籍又算得了什么呢？国王由选举产生，唯一的评判标准就是是否信仰天主教。

这一理论的逻辑是古老的教皇至上理论，即所有国王都认为教皇是上帝的代表，教皇是国王的唯一审判者。这是极端天主教改革派最早的表现形式。早在1561年，让·坦克雷尔就写了一篇论文，证明教皇有权废黜国王和皇帝。天主教联盟的民主主义与教皇西斯笃五世的教皇至上主义观点差异巨大。起初，在天主教联盟的问题上，教皇西斯笃五世犹豫不决，他可能会赦免法兰西

教皇西斯笃五世

国王亨利三世，甚至可能会承认亨利四世的法兰西国王身份。那么，究竟谁能决定法兰西的命运呢？不是教皇，而是民众。教皇可以赦免罪恶，但不能赦免民众的惩罚。不合格的君主可以步入天堂，但无法继续待在法兰西的王位上。宣示上帝旨意的应该是民众，而不是教皇。因为民众的呼声就是上帝的呼声。因此，天主教的民主主义理论很容易就过渡到了极端胡格诺派的理论上。极端胡格诺派的论点和阐释被借用。国王不是世袭的，而是由民众选举出来的；民众可以选举他，也可以罢免他。民众凌驾于国王之上，国王及其官员是民众的"牧师"。民众造就国王，而不是国王造就民众。民众是谁？不是聚集在布卢瓦的国家代表，而是聚集在巴黎的信众。要立刻废弃三级议会，民众必须站起来，用战争或暗杀的方式把国王赶走。国王与教皇之争再次上演。然而，这次民众取代了国王，教会取代了教皇。从民主的角度看，教会是信仰的聚集地。因此，天主教的极端分子再次与胡格诺的革命派联手。

上述理论被精心设计，用来煽动民众，被极端的宗教分子接纳。这些理论不受加尔文政治观点的限制，比胡格诺派的理论传播得更广，对教会革命和国家革命构成了威胁。反对天主教联盟的人被罢黜了圣职，巴黎教堂的空缺由民众选举填补，这是对赞助人——教皇和主教权力的蔑视。欧塞尔的主教被逐出了自己的教区。天主教联盟还威胁教皇并违抗教皇的命令。意大利阿斯蒂的主教弗朗切斯科·帕尼加罗拉拒绝从法兰西返回自己的教区；公使托马·卡耶坦公然违背教皇西斯笃五世的旨意。教皇西斯笃五世死后，被巴黎的神父"押到地狱的最底层"①。天主教联盟的主教试图控制他们"羊群"的过度行为，但发现无人服从。

天主教联盟在理论上具有革命性，并把这种革命性的理论应用到了实践中。1588年路障日暴乱前，天主教联盟就建立了领导机构——十六人会议。这

---

① 尼古拉·奥布里讲道："感谢上帝，把我们从一个邪恶的、有政治手腕的教皇——西斯笃五世手中救出来了。要是教皇西斯笃五世没死，巴黎的人们会听到我们反对教皇西斯笃五世的布道。大家也许对此会感到吃惊，但我们必须这么做。"——原注

个机构的成员从巴黎的十六个区招募而来,每个区都有一个革命委员会。在政治形式上,当时的天主教联盟是一个由个人组成的巴黎俱乐部,其成员并非是有地位的人,而是低级法律官员、商人和极端的民间传教士。据粗略估计,巴黎俱乐部大约有三百人。下一步是在法兰西其他天主教城镇成立相似的俱乐部。为了把俱乐部联合起来,很快成立了一个总理事会,各俱乐部派代表参加。这些俱乐部完全是独立发展的,与任何公认的或符合宪法规定的王室及地方机构毫无关联。天主教联盟具有极端革命组织的特点:一旦俱乐部按规定获得了宪法承认的地位,就会成立包含更多暴力成分的其他俱乐部。这些俱乐部将推动总部运转,而总部又推动天主教联盟运转。在这些俱乐部中,"耶稣圣名兄弟会"最负盛名,是天主教联盟的"高山"或"不败之师"[①]。

因此,天主教联盟的历史就是吸收或废除法兰西所有宪政组织的历史。对市政当局、三级会议、议会和国王来说,如果不能利用天主教联盟,就毁灭它。从一开始,天主教联盟就有军队和资金。在路障日暴乱前,天主教联盟就制订了抓捕国王及其顾问的阴谋。路障日暴乱早在一年前就已经计划好了。从一开始,天主教联盟就打算通过自己提名的人取代法兰西国王亨利三世。路障日暴乱当天,吉斯家族的人出现在民众面前,高喊"一个莱茵!",声称洛林人应该是神圣的民主之王。如果天主教联盟不能立即除掉法兰西国王亨利三世,就必须让法兰西国王亨利三世成为其中一员,从而利用君主制的力量控制全国。

路障日暴乱发生后,天主教联盟接管了市政当局。从1380年开始,一直存在的市政体系被推翻,重新实行自由选举。司法机关的基层公务人员取代了原来以贵族家族为核心的市政管理体系。通过巴黎的市政体系,天主教联盟获得了部分宪法地位。实际上,巴黎政府已经从法兰西国王亨利三世手中,落入到

---

① 奥尔良也有耶稣圣名兄弟会。尽管耶稣圣名兄弟会是联盟成员,却直接反对主教和有声望的人。在勒皮有一个类似的协会,对主教和有声望的人实行恐怖统治。事实上,大多数有天主教联盟的城镇都有反对天主教的人和组织。——原注

了天主教联盟手中。天主教联盟吸收了城镇民兵，用自己人取代了法兰西国王亨利三世的官员，占领了巴黎的要塞，还在巴士底狱安置了管理人员和驻军。天主教联盟还获得了夏特莱堡的王室管辖权。夏特莱堡是法兰西最古老的机构之一，实际上是君主制在首都巴黎的典型代表。天主教联盟通过夏特莱堡处理粮食供应和治安问题。在巴黎以外的地方，天主教联盟的强大组织使它能够操纵1588年的三级会议，使三级议会实际上成了天主教联盟的一个委员会。通过控制这个委员会，天主教联盟引导各城镇在选举中投票。三级会议虽然没有多少实用价值，但天主教联盟对其有非常大的投机兴趣。三级会议中，法律人士和官僚占据很大比重，其中第三等级中近一半成员是律师，其余主要是官员。天主教联盟通常缺乏真正的、不带偏见的普通公众舆论。法兰西选民偏爱推选小官僚作为三级会议的代表。三级会议争论的关键问题是，民众的意见和建议应该通过决议还是通过请愿进行。也就是说，王室的立法特权是否应该继续存在，还是说王室仅仅只能批准和执行三级会议的指令。在内政和外交事务上，国王都要服从民众代表。未经民众代表的同意，国王不得进行战争、议和、征税和赠礼。王室不得对选举施加影响。有争议的选举应由三级会议做决定。司法机关从属于立法机关。最高法院设有一个常驻的三级会议委员会，接受民众的申诉，防止出现违背民众意愿的决议。

  教会、司法、财政系统和王室的宠臣，是民众主要的攻击目标。民众要求废除机构组织成员的多元化倾向，禁止外国人、平信徒、女人、胡格诺派教徒担任有俸圣职。所有财政官员都应该接受严格的审查、交出不义之财。从王室收到过多礼物的人，必须退还礼物的三分之二。因为实际司法和财政官员的人数超过正常人数的二十至三十倍，所以应立即采取措施，逐渐减少司法和财政官员人数。为了防止各方觊觎王位，必须取消捐官制度。为了给贫苦的士绅提供生计，同时消除军队掠夺民众的借口，建议重新由国家支付正规骑兵的军饷。为此，三级会议准备批准一项人头税法令，但三级会议不愿将征收人头税的权利委托给国王，人头税必须由三级会议内部的委员会收取和支出。这些要求十分合理，但威胁到了众多有影响力阶层的利益。如果从贵族手中夺走圣俸和王室奖赏，他们靠什么生活呢？

现在，法兰西国王亨利三世已经罢免了大约六千名官员，这意味着将这些职位拱手让给了对手——天主教联盟；官僚机构大规模削减，相当于减少了王室税收。正如威尼斯的使节观察到的那样，想在法兰西经商，疏通法兰西的官僚机构是一笔无法避免的开销。在法兰西开展任何业务，即使是合法业务，也必须向法兰西官僚机构支付大笔费用和巨额酬金。这些款项被视为一种税收，用于投资国家项目。

三级会议做的一切努力，都因吉斯公爵亨利一世和弟弟吉斯枢机主教路易二世被谋杀而付诸东流。法兰西国王亨利三世解散了三级会议，首都巴黎再

吉斯枢机主教路易二世被杀

次成为革命中心。根据"君权神授"和"契约论",索邦神学院告诉巴黎人:法兰西国王亨利三世违背了与上帝和民众的契约,民众无须继续效忠法兰西国王亨利三世,民众对法兰西国王亨利三世拥有生杀大权。于是,巴黎暴民拆毁了法兰西王室的武器库,改变了那些会使路人想起背信弃义的瓦卢瓦王朝的街道名字。君主制受到了挑战,法兰西国王亨利三世处于危险中。

就像当初抵制胡格诺派一样,议会现在也敢于抵制天主教联盟。这自然导致了议会被废除。布西·勒·克莱尔曾经是一名小律师,现担任巴士底狱的管理者,是天主教联盟的灵魂人物。他进入会议厅,逮捕了议会几名重要的成员。两个金融法庭——助理法庭和审计法庭的官员在家中被捕。考虑到议会是在司法方面实施专政的有效工具,天主教联盟让倒戈的议员继续留任,让他们在巴纳贝·布里松的管辖下继续工作。这些倒戈的议员承诺会全力协助巴黎的

巴纳贝·布里松

天主教联盟，为反对国王和反对胡格诺派的战争做贡献，还承诺除非得到天主教联盟中亲王、高级教士、地方政府的同意，否则不承认任何条约和敕令。为表决心，有几名议员甚至用自己的鲜血在承诺书上签字画押。议会不再是王室的机构，王室印章已经完全无效，新的印章被造了出来。在各省议会中，只有艾克斯议会是自愿加入天主教联盟的。图卢兹议会的第一任议长让-艾蒂安·迪朗蒂和顾问雅克·达菲被天主教联盟谋杀。在绞刑架上，王室成员肖像画被打趣地挂到了雅克·达菲的鹰钩鼻上。这两人其实都是狂热的天主教教徒，其中，让-艾蒂安·迪朗蒂在屠杀胡格诺派教徒方面表现突出，负责建设他所在城镇的耶稣会和圣方济会。即便如此，这两名虔诚的天主教教还是反对天主教联盟颠覆王权的做法。在卡斯特尔，有一个独立法庭，天主教和新教法官各占半数。不久后，图卢兹议会中不愿颠覆王权的人被迫离开议会，成立了一个和卡斯特尔一样的独立法庭。革命迅速吞噬了所有的参与者。无论政权如何更替，每一个实施暴力的组织都发现自己已经落后于时代①。在鲁昂，反对极端主义的议会被一分为二；在布列塔尼，保王派议会继续在雷恩执政；在南特，一个由天主教联盟成员构成的议会成立了。

　　与此同时，天主教联盟的执行机构"十六人会议"在各省的首府被普遍采用，但其组成原则是按照阶层而非地区组成的。在图卢兹，议会被迫同意将所有市政权力移交给"十八人会议"。在勒皮，所有军政权力都归"二十四人会议"掌控。天主教联盟中最小城镇也有"十二人会议"或"六人会议"。对低层职业政治家而言，这是一个黄金时代。然而，对乡绅而言，即使自己是天主教教徒，也要为抵抗革命付出巨大的代价，比如韦莱的乡绅。法兰西南部的天主教教徒，就像以前朗格多克的胡格诺派和政治派一样，也完全断绝了与法兰西君主政体的联系。从乔伊斯家族中，朗格多克的天主教三级议会选出了自己的首领，提高了税收，向当维尔元帅夏尔·德·蒙莫朗西宣战，并与邻近地区的天主

---

① 在法兰西大革命中，红色恐怖之地（巴黎）和白色恐怖之地（图卢兹）以屠杀当地人闻名。——原注

教联盟首领结成了盟友。省三级会议制度历史悠久，似乎注定会因法兰西宗教战争而更加强大。

在紧急情况下，巴黎革命派放弃了一直制订党政纲领的三级会议，取而代之的是真正的统治机构——天主教的"四十人议会"，由马耶纳公爵夏尔领导。该机构要求拥有王室赦免权、圣职任免权、王室收入的收取权，以及王室的所有特权；他们还拥有所有国家机构官员的任命权。通过减轻税收、废除司法买卖行为，"四十人议会"争取到了民众的支持。对资金上的缺口，"四十人议会"通过洗劫保王派嫌疑分子和获取西班牙的补贴来解决，从而缓解了燃

马耶纳公爵夏尔

眉之急。然而,此时此刻,革命已经达到了顶峰,毁灭的种子已经萌芽。从表面上看,成功谋杀法兰西国王亨利三世是革命胜利的高潮,巴黎人欣喜若狂。蒙庞西耶公爵夫人凯瑟琳·德·洛林及其母亲内穆尔公爵夫人安娜·德埃斯特站在法政组织大楼的台阶上,发表着慷慨激昂的演讲,把代表"白痴侍从"的绿围巾围在了兴高采烈的巴黎市民的脖子上。暗杀法兰西国王亨利三世的雅克·克莱门特成了法兰西革命时期"坎特伯雷的圣托马斯",人们经常拜谒他的坟墓。那些朝圣归来后,被淹死的人也变成了英雄。为信仰而死,灵魂将获得解救。法兰西现在拥有了自己选举的国王——枢机主教查尔斯·德·波旁。纳瓦拉国王亨利三世从巴黎附近撤退。

然而,天主教联盟有一个危险的敌人——马耶纳公爵夏尔。马耶纳公爵夏尔属于天主教的温和派分子,不可能与天主教联盟中的极端分子永远保持立

雅克·克莱门特

场一致。法兰西国王亨利三世在世时,马耶纳公爵夏尔和天主教联盟之间还能相互容忍、保持同盟关系。因为他们的共同目标是对抗法兰西国王亨利三世。然而,1590年,新的法兰西国王人选查理·德·波旁在监狱去世。后来,法兰西王国的继承权问题使马耶纳公爵夏尔和天主教联盟分道扬镳。

吉斯公爵亨利一世之死,似乎让吉斯家族离王位更进一步。然而,对革命派而言,这一损失巨大、无法弥补。只有吉斯公爵亨利一世才能同时领导贵族和平民,只有他敢于利用平民的人数优势进行宗教战争。尽管法兰西国王亨利三世因刺杀吉斯公爵亨利一世付出了生命的代价,但他的暴力行为挽救了君主制。不幸的是,吉斯公爵亨利一世的儿子夏尔·德·洛林沦为阶下囚,而吉斯公

夏尔·德·洛林

爵亨利一世的继任者马耶纳公爵夏尔不具备领导革命的品质。吉斯公爵亨利一世生来就是个煽动家：他思维敏捷、反应迅速，但又耐心谨慎；他擅长甜言蜜语，又孔武有力，赢得了士兵和民众的喜爱；他在道德上毫无顾忌，不怕麻烦，甚至把麻烦视为一种享受。与之相反，继任者马耶纳公爵夏尔不是煽动家，和许多贵族一样，他不喜欢"十六人会议"及民主制度。马耶纳公爵夏尔是一个有能力但有些懒惰的军人、一名审慎的政客。就其地位而言，他过于谨慎，也过于诚实。巴黎人对马耶纳公爵夏尔总是百般嘲讽，因为他只能在势力范围内发动战争，军事行动常常受到妻子萨瓦的亨丽埃特和情妇的劝阻。"一个从马上摔下来需要四个士兵来帮他重新登上马背的'勇士'，可不是纳瓦拉国王亨利三世的对手。纳瓦拉国王亨利三世甚至不会在换衣服或洗漱上浪费时间。"

马耶纳公爵夏尔和巴黎人之间还没有公开的冲突，但双方都意识到冲突不可避免。因为马耶纳公爵夏尔是政治家、联盟的贵族成员、高级法官，所以来自市政家庭的他有很多反对者，包括"十六人会议"、神职人员、修士、暴民，尤其是门多萨和伊巴拉代表的西班牙王室。伊巴拉几乎成了极端天主教教徒的领袖。

马耶纳公爵夏尔发起了进攻。他曾经引入贵族和议会的元素改变了委员会的成分，现在他干脆直接废除了委员会，建立了依附于他的枢密院。他强调，"四十人议会"这种共和体制，既不符合传统，也不利于国家。委员会被认为是一个违反宪法的组织，理由是其代表来自各省，却以国家的名义发表言论，让巴黎革命变成了全国性革命。此后，所有文件都省略了委员会的名称。委员会的废除代表了联邦制的结束。每个城镇都必须自保，战争将由士兵来决定。未来更多的是宗教和个人问题，而不是宪法问题。

然而，革命也有反动的时刻。在伊夫里战役中，纳瓦拉国王亨利三世围攻巴黎，再次使巴黎成为全法兰西的焦点。在巴黎，极端的"不投降党"走上了前线，由凯瑟琳·德·洛林及西班牙大使和教皇使节恩里科·卡埃塔尼率领。巴黎经历了一场恐怖的大饥荒，1570年的饥荒与之相比，简直不值一提。有一段时间，巴黎还能定量供给穷人一些面包，配上一块猫肉或狗肉。然而，猫、狗、田鼠和老鼠很快就没了，甚至连动物皮毛也被吃光了，蜡烛和油脂都成了奢侈品。凯瑟琳·德·洛林建议人们从墓地里挖出死人的骨头磨成粉，这个建议造成了更多人的死亡。人们要求凯瑟琳·德·洛林献出她的宠物狗，喂给穷人。她回答说，这是她留给自己最后的晚餐。一些女士宣称，她们宁可吃自己的孩子，也不愿妥协、打开城门、承认异端。那些深陷苦难的平民对她们的话信以为真。德意志雇佣兵沿着街道追捕孩子，就像过去饥饿的孩子追杀猫狗一般。皮埃尔·德·勒埃图瓦勒讽刺地写道，一切都是毁灭性的，布道除外——因为布道可以让饥饿者填饱肚子。神职人员在讲坛上布道，日复一日地谴责巴黎政客，认定他们犯有谋杀罪。恩里科·卡埃塔尼接待了一个由一千三百名神父和僧侣组成的教团，他们把胳膊放在肩上，束着长袍，列队前行。苏格兰神父帕

恩里科·卡埃塔尼

特里克·汉密尔顿扮演着军士长的角色,不时叫他们停下来唱赞美诗,然后发出接连质问,表达人们与日俱增的不满。其中一位牧师宣称,如果解剖他的会众成员,会发现每个人的心中都有"异端"的种子。武装暴徒叫嚣着要填饱肚子或者恢复和平。原本空白的墙壁上写满了用木炭写的反对"十六人会议"和西班牙人的讽刺诗。

帕尔马公爵亚历山大·法尔内塞率领西班牙军队及时赶到,拯救了巴黎。随着他的到来,"十六人会议"恢复了权力,并要求重新恢复被马耶纳公爵夏尔解散的委员会,认定委员会是唯一的、至高无上的机构,从而含蓄地放弃了三级会议的主导权。他们声称应该用特别法庭取代议会,并强迫马耶纳公爵夏尔接受西班牙和那不勒斯驻军。"十六人会议"还要求整顿议会,恢复巴黎的大

帕尔马公爵亚历山大·法尔内塞

议会和印章，摧毁巴黎周围的所有城堡和堡垒。于是恐怖统治开始了。佩尔蒂埃神父布道说："议会不可能公正，是时候向议会开刀了。"极端天主教长期推行的政策就是残杀政治派。布歇的布道充满了血腥和屠杀，他喊道："必须杀死政治派的所有人，我要亲手掐死贝阿恩的新教走狗。不是政治派死，就是天主教亡。"罗斯尖叫道："只有重现圣巴塞洛缪大屠杀才能治愈法兰西的顽疾。"

一个由十人组成的秘密委员会被任命为极端天主教的执法者。每个季度都有一份写满计划处决名字的"红色名单"。红色名单上的不同字母代表不同的姓名。例如，字母C代表沙斯，字母D代表达格，字母P代表庞迪①。当时的政治氛围如同圣巴塞洛缪大屠杀一般，议会首先遭到了攻击。在围城期间，如果不是有多菲内总督内穆尔公爵夏尔·埃马纽埃尔的帮助，"十六人会议"就会首

内穆尔公爵夏尔·埃马纽埃尔

---

① 巴黎日记作家和收藏家彼雷·德·勒埃图瓦勒看到自己的名字被标注为D。——原注

先遭遇不幸。当巴黎解封时,恢复权力的"十六人会议"马上绞死了议会的第一任议长——政治派的巴纳贝·布里松和另外两个人,让他们的尸体暴露在绞刑架上。

西班牙和那不勒斯的驻军认为时机还未成熟,拒绝参与对巴黎政治派的大屠杀。当有人向那不勒斯的上校请求援助时,上校说:"希望所有异教徒都在异端裁判所接受审判。"当梅斯特被邀请回到议会时,他回答说:"除非屠杀巴纳贝·布里松的凶手上绞刑架,否则我不会回去!"拉吕是"十六人会议"中最重要的一位成员,他抗议天主教的残忍,并离开了天主教。民众并不觉得政治派罪大恶极,看着绞刑架上那些被吊死的尸体,他们目瞪口呆,被吓坏了。大主教皮埃尔·德·贡迪认为离开巴黎是明智之选。凯瑟琳·德·洛林也挣脱了恐怖分子,想办法把马耶纳公爵夏尔召回了巴黎。

进入巴黎后,马耶纳公爵夏尔迫使布西·勒·克莱尔交出了巴士底狱;未经审判,马耶纳公爵夏尔就下令处死了"十六人会议"中的四位领导人;他禁止委员会开会;取缔了所有的秘密俱乐部;重组议会。上层资产阶级武装了起来,反抗任何有可能反动的势力,甚至与纳瓦拉国王亨利三世和谈。马耶纳公爵夏尔粗暴地限制神职人员参政议政,要求神职人员只能组织或参与和神学有关的活动。据说,"他知道如何摧毁索邦小世界"①。布道者竭力使天主教教徒活跃起来,但徒劳无功,甚至天主教内部也出现了分歧。意大利传教士弗朗切斯科·帕尼加罗拉谴责巴黎人连死人尸骨都不肯放过的嗜血报复心,连最暴力、最荒唐的罗斯也表现出了妥协的迹象,行事作风开始缓和。在1593年的三级会议中,除了神职人员,"十六人会议"中几乎无一人幸存。第三等级的十二名巴黎议员中,有八名是政治派。天主教联盟仍然存在,以便选出一名信奉天主教的王室继承人。然而,巴黎的动荡已经结束,只剩下王位继承问题。

此外,也不乏对宪法的抱怨和不满。最初,金融改革事业由奥尔良和蓬图

---

① 索邦小世界是指受索邦神学院思想影响的巴黎人。——译者注

瓦兹三级会议支持。现在,金融改革事业得到了各省天主教三级会议的支持,并且得到了天主教联盟城镇代表的响应。勃艮第的三级会议拒绝增加盐税,除了三十年前征收的税项,他们拒绝寻找任何新的税收来源,即使是为了他们自己。当加斯帕尔·德·索尔克斯的儿子让·德·索尔克斯对他们说"你们将面临入侵"时,议会代表回答"我们情愿在家乡迎战敌人,也不愿征收新税"。在三级会议上,有人提出,为了雇佣更多的德意志长矛兵,需要新增一个军事补贴款项。这个提议遭到了三级会议很多代表的拒绝。鲁昂的代表收到指示,在三级会议上,给出拒绝增加军事补贴款项的理由。理由是雇佣外国士兵会对国内正规军造成压迫。在法兰西国王路易十一统治时期,对外国雇佣兵的抱怨就已经出现。现在,鲁昂的代表借用了同样的理由。他们还号召保护农民和庄稼;清除议会中的异端分子;撤销多余的行政机构和官职;消灭司法和财政办事处官职的买卖现象;没有诺曼底省级三级会议的同意不得增加额外的人头税。兰斯镇还要求镇压宪兵的过激行为,整顿作为法兰西国王弗朗索瓦一世试验品的民步兵团和军队,把赋税降低至法兰西国王路易十二时期的标准。特鲁瓦第三阶层的观点更加激进,提出了一个代议制方案:新选出的国王应该配备一个选举委员会,选举委员会由天主教贵族和高级官员组成,接受常务委员会的例行检查。常务委员会由每个省份、每个阶层的三名代表组成,每三年在省级三级会议上选举产生。法兰西的主权属于民众。因为只有征得民众代表的同意才能征收人头税。亚眠镇要求剥夺国王的立法权,未经三级会议同意,不得颁布任何法令。除了司法部门,过去国王的立法权几乎从未受过质疑。也有迹象表明,神职人员和第三等级之间存在联盟关系。欧塞尔的神职人员抱怨,部分针对教会征收的税项违背了宪法规定,并要求取缔前几届政权设立的司法机关,将一般税收降至合理范围。从各方面可以看出,第三等级嫉妒贵族和官员的权力。大家要求拆毁所有不必要的堡垒和城堡,禁止乡绅保留卫戍部队,认为行政长官无权征收物资、金钱或强迫劳役,行政长官也不应该干涉司法和财政事务。

信奉天主教的法兰西人意识到，选举新国王给他们提供了一个很好的机会。他们有可能通过强制实行协议，削减法兰西国王的权力。但因为参与王位之争可以获得巨大的利益，充满诱惑，所以改革派逐渐忽视了其他的政治诉求。对改革前景来说，这是不幸的。革命和君主制确实是不相容的，法兰西还没有做好完全放弃君主制的准备。如果没有西班牙的帮助，反抗纳瓦拉国王亨利三世的行为是无法持续下去的。然而，除非腓力二世或其女儿伊莎贝拉·克拉拉·尤金妮亚的要求得到满足，否则西班牙不愿给予法兰西金钱援助。天主

伊莎贝拉·克拉拉·尤金妮亚

教极端分子准备满足他们的要求。索邦神学院宣布：无论是保留还是放弃君主制，都必须将国家从异端邪说中拯救出来。原来的"十六人会议"准备把法兰西国王交给腓力二世，拥护腓力二世为法兰西的新国王。新国王将承认《特伦特法令》，把西班牙的异端裁判所引入法兰西。腓力二世将先于法兰西国王路易十四，"夷平分隔法兰西和西班牙的比利牛斯山脉"，统治共和制的法兰西。他将组织四年一度的三级会议；实施自由的司法制度；减少苛捐杂税；把巴黎变成第二个马德里。天主教极端分子的反国家性质得到了充分体现。然而，法兰西大多数人拒绝"把法兰西让给西班牙"。各城镇的天主教联盟成员几乎一致要求选出一位法兰西血统的天主教国王。胡格诺派和政治派不断讽刺西班牙和极端天主教的金钱交易，"与所有伊比利亚人一起，使犹太社会永存"的讽刺涂鸦经常出现在巴黎的白墙上。后来，这句话成了全法兰西人的座右铭。伴随着反对外来者的呼声，战争还没开始便已结束。西班牙人接替了意大利人和洛林人，成了法兰西民众最排斥的外国势力。

异端裁判所

萨瓦公爵夏尔·埃马纽埃尔一世

然而,法兰西新国王该从哪里找呢?似乎只能从边境地区的混血世家中挑选候选人。依靠和法兰西国王弗朗索瓦一世的关系,萨瓦公爵夏尔·埃马纽埃尔一世和他的亲戚内穆尔公爵亨利一世成了候选人[1]。洛林家族至少有五位候选人——洛林公爵夏尔三世、吉斯公爵弗朗索瓦、马耶纳公爵夏尔、马耶纳公爵夏尔的儿子洛林的亨利及梅克尔公爵菲利普·埃马纽埃尔。选举新国王使

---

[1] 如果夏尔·埃马纽埃尔一世不能获得王位,君主制的法兰西将面临被肢解的风险。在普罗旺斯,夏尔·埃马纽埃尔一世被正式承认为伯爵。一旦他保住了自己的领地,普罗旺斯就会脱离法兰西,在名义上重新并入神圣罗马帝国。他已经从法兰西夺走了法兰西境内最后一片意大利领土——萨卢佐。——原注

议会内部出现了分裂；天主教联盟内部也出现了不和的声音。显然，洛林家族不是真正的热爱法兰西，其成员都在玩弄自己的把戏。在所有候选人当中，菲利普·埃马纽埃尔最有毅力，也最足智多谋。但他不受家族重视，使他灰心丧气。然而，只有他一个人成功地点燃了农村下级阶层的热情。他在布列塔尼的抵抗是天主教联盟军事记录中最值得称道的一件事，结束了布列塔尼和法兰西之间长达一个世纪的联合。

　　天主教联盟的极端形式瓦解了天主教，而马耶纳公爵夏尔瓦解了天主教联盟。真正的伟大复兴的力量，在于巴黎和洛林的团结，在于宗教革命和个人政治因素的结合，而马耶纳公爵夏尔分裂了自己的家族，破坏了这次结合。他把信奉天主教的法兰西变成了一个公共防御体系。一个又一个城镇沦为纳瓦拉国王亨利三世的势力范围。值得怀疑的是，这些城镇里的大多数人也许并非真正的天主教联盟成员，就像他们过去也并非是真正的胡格诺派教徒一样。宗教热情一度把不同的政治因素融合在一起。这些政治因素自相矛盾、互相对立，一直阻碍着宗教改革或宪法改革。临时的联合越紧密，最终的分歧就越大。贵族正在迅速脱离革命，一方面，爱国之心促使其反抗西班牙的统治；另一方面，贵族的利益与第三等级的利益并不一致。据说，在1593年的三级会议中，整个巴黎及其辖区可能只有两位贵族代表参加会议，其他地区只有一位贵族代表前来。有充分的证据表明，贵族害怕更深层次的革命。

　　在组成的政治要素和最终的政治理论方面，天主教联盟与胡格诺派起义有相似之处。因此，天主教联盟也复制了胡格诺派一些极端的地方表现形式。当时，有两种倾向同时出现：第一种倾向是社会团体的解体；第二种倾向是最低阶层社会地位的上升。前者主要发生在城市，后者主要发生在农村。人们担心这两种倾向可能会结合起来，从而产生可怕的后果，就像1358年法兰西北部农民暴动——札克雷起义或1525年德意志农民起义。随后，农民起义确实发生了。在天主教联盟神父的领导下，农民在诺曼底起义，反抗贵族。加斯帕尔·德·索尔克斯写道："我们冲了进去，烧毁了村庄。虽然只有几百人在行动，但有成千上万的人在观望。他们在等待结果。只要有一点成功的迹象,圣火就能燃遍整个法兰西。"然而,农民缺乏领袖,只有吉斯家族敢于依靠农村的民主力量。过去,吉斯公爵亨利一世曾经鼓励多菲内的加尔文教农民起义;现在,他在布列塔尼的堂兄[①]菲利普·埃马纽埃尔正在领导下级阶层反抗王室贵族,即使这些贵族也是天主教教徒。加斯帕尔·德·索尔克斯说:"农民的想法就是按照瑞士人的方式生活——不纳税,不付地租,不为他们的领主服务。"免费获得土地,由另一个阶级纳税——这是农村革命不变的纲领。因为城乡二元制,瑞士联邦几乎走向分裂。早期的法兰西大革命也因传统斗争而遭遇种种困难,现在存在着同样的问题,很难联合各方家族势力。但最重要的是,法兰西农民缺乏武装实践。法兰西过去一直没有组建国家步兵,正是为了防止农民革命。德意志的农民更加危险,因为他们组成了强悍的德意志长矛兵。

一直以来,天主教都没有好好利用人数上的优势。天主教联盟确实把城市的下级阶层也拉进了革命。然而,加斯帕尔·德·索尔克斯认为,革命失败的原因是不敢武装农民,应该模仿瑞士的革命,用长枪武装农民,从而消灭胡格诺派及法兰西的贵族。

长袍贵族受到三级会议的威胁,还遭受到法兰西暴民的迫害。无论在战争中还是在革命中,长袍贵族都已经丧失了重要地位。这些长袍贵族一向同情国王,他们体现爱国主义的方式就是宣称维护立宪主义精神,强调《萨利克继承法》是国家的根本法律。丧失社会地位的,还有那些在民主社会中无法站稳脚跟的外交官都是西班牙外交使团的对手。一旦失去对手,这些外交官也会失去地位。资产阶级的利益也受到了影响。革命期间,他们被剥夺了控制市政当局的权力,商务贸易也遭到了破坏。大部分主教团很早就团结在王权周围,而天主教联盟是由教区人员组建、由修士推进活动的。前者倾向于民主的高卢主义,神职人员由普选产生;后者倾向于民主的教皇至上主义。两者都破坏了

---

[①] 吉斯公爵亨利一世的父亲洛林公爵安托万和菲利普·埃马纽埃尔的父亲吉斯公爵克劳德是兄弟。——译者注

主教制度。这再一次证明，在法兰西，教会无法脱离王权。现在，天主教联盟对等级制度的威胁程度不低于胡格诺派牧师，天主教联盟的地位变得荒唐可笑，它的政治生命已经结束，宗教活力仍然顽强。在这个时候，正如政治问题会使天主教联盟分裂一样，宗教问题也威胁着波旁家族的团结。枢机主教夏尔二世·德·波旁-旺多姆和苏瓦松伯爵夏尔·德·波旁正在组建第三党派，坚决维护波旁家族的权力，但同意按照国家的要求，在家族中保留一个分支继续支持天主教。

对纳瓦拉国王亨利三世而言，机会和危险并存。他皈依天主教不是因为惧怕吉斯家族或西班牙人，而是因为他认识到三级会议表达了大多数人的意愿

枢机主教夏尔二世·德·波旁-旺多姆

纳瓦拉国王亨利三世进入巴黎

和情感。他一旦拖延皈依天主教，情况将变得十分危险。1593年的三级会议几乎一事无成，但成功迫使纳瓦拉国王亨利三世放弃了自己的胡格诺信仰。

纳瓦拉国王亨利三世皈依天主教解救了巴黎的政治派，但此刻依然存在风险。因为革命派仍然控制着巴黎，外国军队仍然驻扎在巴黎。法兰西境内，第一批代表投降的白围巾是带着恐惧和颤抖在寒冷的黎明中出现的，后来投降的人数逐渐增多。当纳瓦拉国王亨利三世从新港进入时，一次徘徊不去的、针对政治派的大屠杀危机终于过去了。

群众将首都巴黎献给了纳瓦拉国王亨利三世，而巴黎将整个王国献给了纳瓦拉国王亨利三世。再次引用加斯帕尔·德·索尔克斯的话："占领巴黎或捕获国王，内战就胜利了一半！"如今，纳瓦拉国王亨利三世占领了巴黎，天主教控制了纳瓦拉国王亨利三世。这不正是胜利吗？

天主教联盟的失败意味着民主的失败，也意味着其他有王室继承权的贵族的失败。有王室继承权的贵族是国王的宿敌。对天主教而言，这却是一种收获。因为天主教联盟遏制了最终会分裂法兰西教会的破坏力量。对权威体系来说，16世纪的传教士和18世纪的哲学一样危险。的确，在未来，天主教联盟传教士和胡格诺派牧师的继任者，将一起出现在革命的历史舞台上。

  最后，胜利的既不是教皇至上主义的天主教联盟，也不是加尔文主义的胡格诺派，而是全国的天主教教徒。天主教教徒坚持自己的国王必须信奉天主教；弥撒和教会财产得到普遍恢复；胡格诺派崇拜被排除在天主教狂热地区之外。从此，天主教毫无争议地成了国教。在这场宗教冲突中，天主教保守派获得了最终的胜利。

# 第5章
# 凯瑟琳·德·美第奇之死

**精彩看点**

法兰西贵族——宗教信仰超越民族——对凯瑟琳·德·美第奇的评价——凯瑟琳·德·美第奇之死

在整个宗教战争中，国王十分屈辱，这是不幸的，也是错误的。君主政体的光辉暂时暗淡了下来，这是现实需要产生的必然结果。卡佩王朝建立在对外战争的基础上，并在对外战争中发展起来。卡佩王朝是法兰西团结一致、反对外敌的象征。对建立在对外战争基础上的卡佩王朝来说，和平的到来是一个危险的信号。法兰西贵族放荡不羁，无论是防御还是进攻，法兰西贵族都可以在战争中找到发泄天性的渠道。战争可以把封建割据的贵族紧紧聚集在王权周围。不仅如此，由于与国王十分亲近，为了个人或阶层利益，法兰西贵族必须控制国王。如果无法做到这一点，法兰西贵族就会回归以前的独立状态。西班牙战争结束后，法兰西出现了和英格兰同样的战后问题。这些问题使法兰西国王查理七世、法兰西国王路易十一和摄政王法兰西的安妮统治时期的财政状况十分紧张。尽管法兰西贵族普遍不满，但在战争期间，除了波旁家族的治安官夏尔三世犯下叛国罪，没有其他贵族背叛法兰西。然而，可以肯定的是，在和平时期，每位心怀不满的贵族都有可能与任何能进入自己领地的外国势力相互勾结，密谋叛国。

宗教问题使法兰西王室已有的困难增加了数十倍。过去，王室与贵族冲突时，官僚机构和中产阶级大多站在王室一边。然而，现在，无论是天主教教徒，还是改革派教徒，都没有意识到自己的领袖有了派系之分，只把宗教领袖看作

法兰西国王查理七世

法兰西国王路易十一

摄政王法兰西的安妮

治安官夏尔三世

是宗教的拥护者。此外,宗教超越了民族和国籍,只要拥有同样的宗教信仰,即使国籍不同、民族相异,都能互助合作。在奥尔良三级议会上,政治家米歇尔·德·洛皮塔尔在演讲开头说:"现在,信仰同一个宗教的英格兰人和法兰西人之间的'爱情',比两个不同信仰的法兰西人之间的'爱情'还要浓烈。"胡格诺派把英格兰人带到了勒阿弗尔,承诺给予其加来城。在法兰西,德意志骑兵和长矛军大量涌现。胡格诺派还同意把法兰西国王亨利二世征服的地区、三个主教区、还有洛林的军事要塞交给巴拉丁。从一开始,天主教贵族就和西班牙相互勾结,导致法兰西几乎肢解。当教派发生冲突时,法兰西国王无法使国家团结起来。于是,那些真诚热切的民众不得不向自己宗教的领袖求助——吉斯家族或科利尼家族。加斯帕尔二世·德·科利尼曾经说过,他在四天内培养

米歇尔·德·洛皮塔尔

的军队比国王四个月培养的军队还要好。吉斯公爵亨利一世在培养军队方面也是如此。当王权与两大贵族交锋时，每个贵族的实力都比王权强大。

当革命风暴来袭之际，瓦卢瓦王朝的王室成员和法兰西的君主制一样软弱无力。对凯瑟琳·德·美第奇的批评者，法兰西国王亨利四世评价道："一个可怜的女人。她的丈夫死了，留下几个小孩，还有两个家族密谋篡夺王位——我们家族和吉斯家族……我很惊讶，在这些不利条件下，她竟然还能把瓦卢瓦王朝的统治维持这么久。"在法兰西人中，既有凯瑟琳·德·美第奇的对手，

寡居的凯瑟琳·德·美第奇与她的几个孩子

也有她的辩护者。各个时代的法兰西人似乎都特别反感意大利人,而凯瑟琳·德·美第奇正好是意大利人。所有关于凯瑟琳·德·美第奇的负面消息都来自法兰西。凯瑟琳·德·美第奇一直是法兰西罪恶的替罪羊。天主教、胡格诺派和所有阶层蒙羞时,一切耻辱都落到了凯瑟琳·德·美第奇的头上——在所有人中,她也许是唯一一个始终如一地维护法兰西利益的人。我们可以把叛国罪归于科利尼家族或吉斯家族,但不能归于可怜的凯瑟琳·德·美第奇。凯瑟琳·德·美第奇的名字常常与无耻、不道德、毒杀等词汇联系在一起。通过胡格诺派的小册子和吉斯家族的布道,这些诽谤或控诉代代相传。但这些诽谤或控诉,很难让人信服。我们有充分的理由相信,无论在法兰西国王亨利二世在世时,还是驾崩后,凯瑟琳·德·美第奇都完全忠诚于丈夫亨利二世,即使亨利二世根本不值得她爱。在埃莉诺·德·鲁瓦耶死后,有传言说,凯瑟

埃莉诺·德·鲁瓦耶

琳·德·美第奇希望嫁给孔代亲王路易。如果这是真的,那么同时代的许多女性也抱有同样天真的幻想。没有任何证据可以证明是凯瑟琳·德·美第奇下毒,害死了丈夫亨利二世。在16世纪的欧洲,人们生活自由、随意,卫生条件很差,容易感染疾病。自然死亡不符合"法兰西的潮流",只有无足轻重的人才会被记录成自然死亡。因此,上流社会的人只要不是死于暴力,都会被传成死于毒杀。然而,凯瑟琳·德·美第奇也许应该为一个重大而残忍的罪行负责,那就是圣巴塞洛缪大屠杀。

凯瑟琳·德·美第奇的外表并不迷人。法兰西人把凯瑟琳·德·美第奇和亨利二世的婚姻看作是近亲结婚,认为她庸俗不堪。她那突出的眼睛和嘴唇使人想到了教皇利奥十世①。凯瑟琳·德·美第奇个子不高,但身材壮实,过于

教皇利奥十世

---

① 教皇利奥十世和凯瑟琳·德·美第奇同属于美第奇家族。——译者注

肥胖。为了改变体形，她经常步行锻炼，累坏了所有随从。路易吉·利波马诺写道："持续的运动，给了她良好的胃口。她运动量翻倍时，饭量也相应增加。"凯瑟琳·德·美第奇经常消化不良，之后又患上了痛风。吃饭时，她喜欢唠叨个没完，还十分爱笑，尤其爱听别人对她的诽谤之词。她心地善良，从不去找那些可耻小册子的作者，也不惩罚他们。她唯一怀恨在心的事，就是加布里埃尔·德·洛吉斯无意中杀死了自己的丈夫亨利二世，还把折断的长矛举在盾牌上炫耀。她很慷慨，经常赠送礼物或发放救济品。实际上，她不能拒绝赠送礼物或发放救济品。即使她不同意某项庞大资金的申请，也会给予承诺，不会让申请者空手而归。作为一名女性，她受过良好的教育，具有一定的文学修养，一直保持着美第奇家族对建筑和艺术收藏的喜爱。但她坎坷的生活经历没有给她很多学习的时间和空间。她天生乐观开朗，性格随和。积极乐观的性格支撑她度过了人生好几次重大考验。路易吉·利波马诺说，凯瑟琳·德·美第奇从来没有，哪怕一次，真正地生气过。

凯瑟琳·德·美第奇十分善妒，这是她过早结婚的结果，也是她被丈夫亨利二世和长子弗朗索瓦二世冷落的结果。她渴望成为重要人物，于是插手法兰西的一切事务。她喜欢听到法兰西人把所有好结果都归功于她，把所有坏结果都归于糟糕的顾问。然而，她的一切努力都是徒劳的。因为用弗朗索瓦·安东尼奥·科雷尔的话来说："如果有任何事被法兰西人拒绝，是她的错；如果有任何事失败了，也是她的错。"

凯瑟琳·德·美第奇虽然喜欢听人奉承，但不相信任何人。这是正确的，因为她已经被骗太多次了。比起法兰西人，她更信任自己的意大利追随者。这使她在法兰西更加不受欢迎。她的宗教观念带有典型的美第奇家族特色，迷信色彩强烈，相信护身符和预言。在凯瑟琳·德·美第奇的宫殿里，到处可以发现这些迷信的痕迹。她尊重现有体制，蔑视宗教狂热，无法理解宗教的力量。她认为所有问题都可以通过外交和妥协来解决。和尼科洛·马基雅维利一样，凯瑟琳·德·美第奇相信宗教应该作为政府的引擎，帮助政府运转。用加

阿尔巴公爵费尔南多·阿尔瓦雷斯·德·托莱多

斯帕尔·德·索尔克斯的话说:"胡格诺派的作用就像水蛭,用来吸取各方仇恨和不满。"她的施政原则体现在鼓励宗教融合的和平协议上。她不想让宗教情绪影响国内稳定。她告诉阿尔巴公爵费尔南多·阿尔瓦雷斯·德·托莱多,"鼓励宗教融合的结果非常好"。法兰西国王亨利三世同样鼓励宗教融合,也取得了成功。毕竟这是阿尔芒·让·迪·普莱西的政策,也是法兰西国王路易十四的早期政策。

凯瑟琳·德·美第奇虽然不坏,但道德标准不高。她非常喜欢自己的孩子,却因溺爱而惯坏了他们。她的侍女们也没有什么好名声。法兰西人认为，凯瑟琳·德·美第奇利用侍女，来达到政治目的。法兰西人把那个时代的道德堕落归咎于凯瑟琳·德·美第奇这个意大利人的影响[①]。但实际上，法兰西人本身的道德水平也不高。无论如何，至少凯瑟琳·德·美第奇统治下的法兰西不比之前法兰西国王统治的差。

凯瑟琳·德·美第奇的能力有点不好估量。法兰西人可能夸大了她的邪恶，意大利人则高估了她的美好。然而，她的勤奋是毋庸置疑的。法兰西没有哪位国王比她更努力地为国家工作。除了路易十一世，也没有哪位国王亲自访问过法兰西这么多地方。从巴黎到内拉克，旅行让凯瑟琳·德·美第感到快乐和轻松。在众多对凯瑟琳·德·美第奇能力的批评中，偏见最小的可能是威尼斯人。在早期职业生涯中，马尔坎托尼奥·巴尔巴罗曾写道："她是一个典型的佛罗伦萨人，一位聪明的女商人。"弗朗索瓦·安东尼奥·科雷尔补充道："她不是一位预言家，而是一个女人，还是一名外国人。在法兰西，她没有值得信赖的朋友，总是听不到真话，又天性胆怯。面对麻烦，连男性贵族都会失去理智。然而，凯瑟琳·德·美第奇解决了麻烦。在她的统治下，君主政体在法兰西仍然受到所有人的尊重。这都应归功于她。"

法兰西国王亨利四世对凯瑟琳·德·美第奇有着同样的看法。他认为正是由于凯瑟琳·德·美第奇的谨慎和狡猾，才击溃了波旁家族和吉斯家族的阴谋，使她的三个儿子轮流执政。然而，法兰西需要的是一位男性天才，而非一位女性商人。这并不是凯瑟琳·德·美第奇的错。

凯瑟琳·德·美第奇在政治上的失败，部分是由于原本拥有绝对权力的神圣罗马帝国开始衰落。作为王室的代表，她不喜欢那些钳制王权的大家族和代议制体制。教皇克莱门特七世在法兰西和西班牙之间扮演的角色，正是凯瑟琳·德·美第奇在波旁家族和吉斯家族之间扮演的角色。她希望扶持

---

[①] 由于文艺复兴的影响，意大利人对基督教的态度日趋冷漠。人们普遍认为当时的意大利人普遍缺乏道德约束。——译者注

教皇克莱门特七世

较弱一方，制衡较强一方，在两个家族之间保持平衡。但因为勇气不足，凯瑟琳·德·美第奇只能被迫支持强者。其结果是她既没有得到强者的敬畏，也无法得到弱者的感激。教皇克莱门特七世造成了意大利的两大悲剧——罗马之劫和佛罗伦萨陷落。同样，凯瑟琳·德·美第奇也造成了法兰西的两大悲

第5章 凯瑟琳·德·美第奇之死　153

罗马之劫——叛军袭击罗马

罗马之劫——叛军洗劫罗马

剧——圣巴塞洛缪大屠杀和吉斯公爵亨利一世之死。从某种程度上说，凯瑟琳·德·美第奇的确对吉斯公爵亨利一世之死负有一定责任。她高估了自己对儿子——法兰西国王亨利三世的影响力，从而使法兰西国王亨利三世伤害了她的吉斯家族的朋友。她自认为没有她的意见和帮助，法兰西国王亨利三世什么也做不了。然而，正如加斯帕尔·德·索尔克斯说的，"一位聪明的领袖不会事事听从母亲"。事实上，多年来，凯瑟琳·德·美第奇也一直怀疑最爱的孩子——法兰西国王亨利三世是不是已经脱离了自己的掌控。但后来发现法兰西国王亨利三世的懒惰和轻率可以使她掌握很大的权力。从法兰西国王亨利三世上台到路障日暴乱，她一直不停地与各个政党领袖达成和解，甚至调解了法兰西国王亨利三世和兄弟之间的矛盾，缓和了女儿瓦卢瓦的玛格丽特和纳瓦拉国王亨利三世之间的关系。托斯卡纳的一位使节不止一次地写道，"如果没有凯瑟琳·德·美第奇，塞纳河早就流满鲜血了"。这些事使凯瑟琳·德·美第奇产生了错误的自我认识，她认为自己能阻止法兰西国王亨利三世诱杀吉斯公爵亨利一世的暴力计划。

凯瑟琳·德·美第奇心地善良，热衷于妥协、和解，身体又出了状况，这一切导致了她的死亡。1589年1月6日，在信中，托斯卡纳代理人卡夫里亚纳很好地描述了这个故事。他写道："前一天，王太后被确诊的胸膜炎已转为了肺炎，还有可能会中风。新年第一天，天气寒冷，狂风呼啸。在法兰西国王亨利三世的要求下，她去见了查理·德·波旁并宣布释放他。查理·德·波旁对她说了几句刺耳的话，让她十分难过。于是她不听医嘱，在寒风中痛哭了很久。查理德·波旁说：'夫人，如果不是您欺骗我们，做了无数担保，花言巧语把我们骗到这儿来，吉斯公爵亨利一世和吉斯枢机主教路易二世就不会死，我也不会被囚禁。'听了这些话，凯瑟琳·德·美第奇很受伤。痛哭后，她回到房间，病又犯了。她的病几乎没有好转，更谈不上彻底地被治好。"写到这里，可敬的卡夫里亚纳崩溃了。"请原谅我。我不能再写了，因为我实在太悲伤了。每当想起这位伟大的王太后，我善良的女主人，我的眼泪就流个不停。如果你不能完全理解

凯瑟琳·德·美第奇驾崩

这封信,请原谅我。下次我会重新写一封,满足你的要求。"他在信中哭喊:"让我们活下去的所有一切,都随她一起死去了!"比凯瑟琳·德·美第奇更优秀、更出名的王太后,也未曾拥有这么令人感动的墓志铭。

# 第6章
# 法兰西国王亨利三世的不幸

**精彩看点**

法兰西国王亨利三世的性格——国王对宗教战争的四种方法——法兰西的司法制度——法兰西的行政部门——婚姻的交易——英格兰与法兰西的友好关系——法兰西与西班牙的友好关系——奥兰治亲王威廉一世的打算——拿骚的路易——预谋

在凯瑟琳·德·美第奇的三个儿子中，唯一有存在感的就是法兰西国王亨利三世。他既可悲又可鄙。法兰西国王亨利三世有品位，又有才华，却患上了遗传疾病，还有"堕落"的倾向①。他是一名虔诚的天主教教徒，拥有骑士精神，诚实可信。然而，他所有优良品质都因缺乏意志力而被抹杀——他的爱好广博而不专精。他像女人一般，喜欢戴耳环，满头鬈发。对待宠臣，他像一名心怀爱慕之心的少女。这让人很难不怀疑他的身心状况。然而，他曾在雅纳克和蒙孔图尔打过仗，也从不畏惧攻击和打倒吉斯家族的人。当雅克·克莱门特刺向他时，他从伤口处抽出匕首，刺进了雅克·克莱门特的下巴。没人能比法兰西国王亨利三世更清楚地知道，自己不适合当国王。法兰西国王亨利三世的理想生活是退休和愉快的社交②。但当他被迫处理国家事务时，他也显示出了智慧和能力。他两次挫败了三级会议，两次智胜了吉斯家族。在蒙受耻辱的情况下，他表现出了敏捷和尊严，挽救了自己的地位和颜面。法兰西国王亨利三世展现出的矛盾性，使与他同时代的人充满了好奇。他在饮食上十分节省，却在跳舞等享乐事物上挥霍无度。他还狂热地引进禁欲主义，大量资助苦行修道。他的不幸是自己的错误造成的。然而，我们很难不同情他。命运使他无法过上自己想

---

① 有传言说，法兰西国王亨利三世是同性恋。——原注
② 加斯帕尔·德·索尔克斯写道："法兰西国王亨利三世认为的幸福，就是成为一名年收入一万英镑的富裕绅士。"——原注

法兰西国王亨利三世的宫廷生活

要的生活，这使法兰西国王亨利三世十分痛苦。由于自己的行为，他与母亲凯瑟琳·德·美第奇渐渐疏远，几乎从出生起就开始憎恨自己的兄弟，甚至不信任自己的亲信。可以说，法兰西国王亨利三世的一生是孤独的一生。日复一日，年复一年，他不停地工作，努力保住自己的王位，但为时已晚。还不到三十六岁时，法兰西国王亨利三世的头发和胡须已经变白，牙齿也掉了。法兰西国王亨利三世用自己的权力和技巧诱杀了吉斯公爵亨利一世，以沉着的态度宣布了吉斯公爵亨利一世的罪行，下定决心成为真正握有实权的国王，这一切都表明法兰西国王亨利三世终于觉醒了。如果他能继续乘胜追击，一半法兰西人都会为他鼓掌。但他松懈了下来，没有继续坚定地朝着既定目标前进。不到一周的时间，支持者就意识到法兰西国王亨利三世"迷路"了，并预言他可能会被谋杀。这些人想通过引导法兰西国王亨利三世对抗宗教中的"海妖锡拉"和"海怪卡律布狄斯"。至于如何行动，仍有待考虑。

应对宗教斗争，国王通常会采用四种方法。前两种方法可能是专业的，后两种方法可能是非专业的。第一种方法，国王可以纯粹扮演法官或调解人的角色，使天主教和胡格诺派之间达成协议，并使协议强制被执行。第二种方法，国王可以担任国家的军事领袖，转移国内人民的注意力，团结天主教教徒和胡格诺派教徒反对外国人。第三种方法，国王可以成为派系领袖，要么掌控危险的一方，消除自身危险；要么加入较弱的一方。在危险方和较弱方之间建立平衡。第四种方法，国王把第三方提升到与前两方同等的地位，让第三方成为法官或调解人。最后一种方法贯穿于整个法兰西宗教战争的始终。

第一种方法是米歇尔·德·洛皮塔尔提出的，第二种方法是加斯帕尔二世·德·科利尼提出的。不幸的是，法兰西国王亨利三世尽管有过采取专业方法的冲动，曾想过采用前两种方法解决宗教斗争，但他最终倾向于，或被迫采用了后两种非专业的方法。内战爆发前，在圣日耳曼会议上，米歇尔·德·洛皮塔尔曾指出："竟然建议国王担任一方领袖去消灭另一方，简直是可恶。"他反复向凯瑟琳·德·美第奇强调自己的观点。凯瑟琳·德·美第奇似乎真的接受了米歇尔·德·洛皮塔尔的观点。最后，凯瑟琳·德·美第奇促成了所有宗教政策的基础——《一月敕令》。虽然《一月敕令》最终没能执行，但这并不是凯瑟琳·德·美第奇的过错。安博瓦兹和平后，凯瑟琳·德·美第奇又恢复了米歇尔·德·洛皮塔尔的政策，派遣最温和的保王派到各省执行和平条款。她带领年轻的法兰西国王亨利三世，取得整个法兰西的进步，并一直努力维护君主制的司法体制。然而，法兰西国王亨利三世仍需要司法人员表达王室意愿，需要行政人员执行王室指令。但议会是最不适合表达王室意愿的。议会代表来自法兰西的各个城市。他们容易受城市居民情绪的支配，缺乏统一立场，没有专业水准的观点。在英格兰，发生宗教纠纷时，司法机构名誉扫地。其原因是君主体制强于司法体制，司法机构屈从于王权。法兰西发生宗教纠纷时，司法机构失败的原因是它既不服从于王权，自身又不够强大。司法制度原来是法兰西的骄傲，法兰西为之付出了巨大代价。但在法兰西宗教战争中，司法制度失去了信誉。在普通法庭中，胡格诺派教徒无法获得正义。因此，胡格诺派经常呼吁建立天主教和新教法官各占半数的新型法庭。由于宗教冲突，一些冷静、专业的司法官员辞职了。这进一步增加了法兰西王室统治的困难。亨利·德·梅姆说，夜晚，凯瑟琳·德·美第奇蒙面，造访他家，努力劝说他重回法院工作。凯瑟琳·德·美第奇说："是时候帮助国家了。当国家面临风暴来袭，关在自己的家园里安闲度日，可不是一个好公民该做的。"

法兰西王室几乎无法掌控行政部门。只有一些士兵和政治家，比如弗朗索瓦·德·切佩奥和米歇尔·德·卡斯泰尔诺会执行国王的命令。像让·德·蒙吕克和加斯帕尔·德·索尔克斯这样的宗教盲信者，为了维护国家和平，可以吊死胡格诺派教徒或天主教教徒。但战争爆发后，他们根本无法压制自己的宗教情

米歇尔·德·卡斯泰尔诺

奥地利的伊丽莎白

感。行政部门能否执行王室命令，完全取决于省长、副省长及低级官员的人品，取决于他们有没有服从王室命令的习惯。然而，在圣巴塞洛缪大屠杀后，无论是绞杀还是和解的命令，在每个省和每个城镇，都得到了不同程度的服从和执行。战争期间，法兰西王室聘用的职业军人能够很好地执行国王的命令。然而，由于职业军人的生计依赖于战争，背后牵扯着很多利益，他们不可能忠贞不渝、公正无私地帮助法兰西实现国家和平。

法兰西王室无法依赖司法体系解决宗教争端。凯瑟琳·德·美第奇让儿子法兰西国王查理九世迎娶神圣罗马帝国皇帝马克西米利安二世的女儿——奥地利的伊丽莎白。当时，凯瑟琳·德·美第奇很可能是希望把马克西米利安

萨克森选帝侯约翰·腓特烈一世

二世长期坚持的司法和调解体系引入法兰西[①]。然而,马克西米利安二世拥有德意志最有权势的亲王——萨克森选帝侯约翰·腓特烈一世的支持。凯瑟琳·德·美第奇只能获得米歇尔·德·洛皮塔尔的帮助。第二次宗教战争的爆发可能与法兰西王室无关,完全是胡格诺派或天主教造成的。对整个过程,法

---

[①] 后来,该司法体系在法兰西国王亨利三世统治时期被大力推行。——原注

兰西王室一无所知，还差点被抓了起来。此后，法兰西国王查理九世放弃了专业的方法，服从了自己内心的意愿。这一变化的标志是1568年米歇尔·德·洛皮塔尔隐退。后来，法兰西国王查理九世虽然受到让·博丹哲学理念的影响，但没有真正采用纯粹的司法理论。此后，最能体现司法理论的是法兰西国王亨利三世在1580年签订的《弗莱和约》。法兰西国王亨利三世推行司法体系主要是为了维护国家的和平和社会稳定。对他而言，和平意味着有闲暇和娱乐。可惜的是，当时的法兰西王国已经失去控制。法兰西国王亨利三世的心愿无法实现。

第二种方法被应用于法兰西的国际关系和对外战争中，从国际政治史可窥见一斑。法兰西国王亨利二世统治时期，法兰西与西班牙、英格兰打成了平手。然而，法兰西的内部分裂，使法兰西比敌国更弱。无论信仰哪种宗教的军人，都希望通过外部战争来治愈内部伤口。信奉天主教的弗朗索瓦·德·切佩奥曾说过："在圣但尼那场绝望而可疑的战斗中，唯一获胜方是西班牙王国。"提出联合西班牙政策的功劳应归功于凯瑟琳·德·美第奇。第一次宗教战争后，凯瑟琳·德·美第奇领导天主教和胡格诺派把英格兰人赶出了勒阿弗尔，从而巩固了和平。然而，这仅仅是一场防御战，无法带来永久的和平。凯瑟琳·德·美第奇无意与英格兰决裂。因为她和英格兰女王伊丽莎白一世有许多共同利益，最主要的原因是她们都厌恶苏格兰女王玛丽一世。这种厌恶一方面是出于个人嫉妒，另一方面出于政治利益。对两人来说，阻挠玛丽一世和西班牙王室继承人卡洛斯联姻至关重要。人们认为，一旦西班牙和苏格兰联合，必定会吞并英格兰，法兰西则会被西班牙控制。不仅如此，在法兰西境内，凯瑟琳·德·美第奇得听从吉斯家族的摆布。因此，如果对英格兰全面开战，法兰西是自取灭亡。《特鲁瓦条约》重新建立了法兰西与英格兰的友好关系。

这种和平绝不意味着敌视西班牙。在对付胡格诺派时，法兰西宫廷得到了西班牙军队的帮助。巴约讷的著名会谈标志着法兰西和西班牙的关系更加密切。法兰西的代表是凯瑟琳·德·美第奇和法兰西国王亨利三世，西班牙的代表是西班牙皇后、凯瑟琳·德·美第奇的女儿瓦卢瓦的伊丽莎白和阿尔瓦公爵费尔南多·阿尔瓦雷斯·德·托莱多。不久前,凯瑟琳·德·美第奇与异教徒达成了和解,因此腓力二世与凯瑟琳·德·美第奇有些疏远了。凯瑟琳·德·美第奇大概是想通过两国会谈,安抚腓力二世,使其断了与法兰西极端天主教教徒之间的危险联系。最重要的是,为了进一步扩大在欧洲王室的利益,她想

瓦卢瓦的伊丽莎白

奥地利的乔安娜

将二女儿瓦卢瓦的玛格丽特嫁给西班牙的第一顺位继承人卡洛斯,让儿子法兰西国王亨利三世迎娶腓力二世的守寡妹妹——葡萄牙太子妃奥地利的乔安娜。然而,凯瑟琳·德·美第奇与西班牙王室的这种关系直接导致了新的内战爆发。因为胡格诺派教徒认为,巴约讷会谈已经商量好了镇压自己的措施。的确,镇压胡格诺派是巴约讷会谈的重要内容之一。

有一种情况似乎无法避免:法兰西与西班牙越亲密,法兰西内部就越混乱。腓力二世对法兰西宫廷施加压力，不只是因为作为一名狂热的天主教教徒。他知道尼德兰人在宗教和政治上的不满情绪正在缓慢燃烧，担心胡格诺派的任何成功都会点燃这种不满情绪。因此，腓力二世希望法兰西政府能够一劳永逸地解决好宗教问题，致力于天主教事业，否则胡格诺派一定会利用尼德兰的不满情绪挑起争端。在叛乱之前，费尔南多·阿尔瓦雷斯·德·托莱多就曾向凯瑟琳·德·美第奇抱怨，不该在马赛接待奥斯曼帝国特使，敦促她赶紧镇压胡格诺派。从叛乱开始，西班牙驻巴黎大使的主要任务就是破坏新教教徒和奥斯曼帝国人之间的密谋活动。亨利·德·朔姆贝格是一位能干的"征兵官"，也是一名新教教徒。一方面，他常被雇佣去商谈新教联盟事宜；另一方面，他也常被派去为天主教事业招募德意志骑兵。早在1566年，胡格诺派的叛乱就有迹可循。胡格诺派教徒对法兰西王室十分不信任。直到1570年，胡格诺派和天主教的斗争才告一段落。此时，法兰西才真正意识到停止内战的重要性，这就是《圣日耳曼和约》的秘密。现在，机会来了，也许可以挽回法兰西国王弗朗索瓦一世统治期间的损失，使法兰西再次支配勃艮第家族的全部领地，并再次联合意大利对抗西班牙霸权。法兰西和英格兰的水手想要得到西班牙殖民地的财富，希望通过排挤西班牙，扩大自身的商业利益。法兰西的商业和贸易主要掌握在胡格诺派手中。新的商业机会可以提供给胡格诺派更多的就业机会，从而转移胡格诺派对宗教冲突的注意力。腓力二世总是挫败凯瑟琳·德·美第奇的计划。无论是出于个人的原因，还是因为法兰西和西班牙之间的利益，两者经常产生矛盾，难以规避。1566年，在佛罗里达，西班牙人屠杀了法兰西殖民者。腓力二世拒绝把妹妹奥地利的乔安娜嫁给法兰西国王亨利三世，拒绝让儿子卡洛斯迎娶法兰西国王亨利三世的妹妹瓦卢瓦的玛格丽特，还阻止了瓦卢瓦的玛格丽特与葡萄牙国王塞巴斯蒂安的联姻。腓力二世还从法兰西国王查理九世手中"偷走"了他的未婚妻——神圣罗马帝国皇帝马克西米利安二世的长女奥地利的安娜，以此来安慰自己——他的妻子瓦卢瓦的伊丽莎白死了。腓力二世威胁要把锡耶纳并入他的意大利领地，试图让瑞士背叛

雅纳克战役

与法兰西王室的联盟。法兰西国王查理九世好战善妒，他嫉妒弟弟亨利·亚历山大①在雅纳克战役和蒙孔图尔战役取得的成功，想要在更大的战场上获胜，使亨利·亚历山大的成功黯然失色。然而，关于国际局势，法兰西国王查理九世需要考虑很多问题。比如说，自己能在多大程度上公开干预腓力二世和臣民之间的冲突？在这种干预下，法兰西胡格诺派教徒会在多大程度上受到影响？英格兰对法兰西入侵佛兰德斯的态度如何？尼德兰的反叛者如何看待被天主教控制的法兰西政府？

毫无疑问，奥兰治亲王威廉一世十分欢迎法兰西帮助自己。他从一开始就意识到，仅仅依靠新教力量无法帮助尼德兰摆脱西班牙的控制。新教的地理分布过于分散，无法形成一个伟大的新教联盟体系。在尼德兰，暴乱包含了最不可调和的因素。尼德兰的资产阶级奉行伊拉斯派的国家万能论，忌恨外国

---

① 也就是法兰西国王亨利三世。——原注

势力的干涉，无法和外国势力采取联合行动。在地方防卫战中，他们表现出很强的自我牺牲精神。贵族资产阶级以下的阶级是城市平民。他们有的是天主教教徒，有的是加尔文教徒。农村大多数人口是加尔文教徒，特别是在尼德兰北部的内陆省份。在尼德兰的商业中心——安特卫普，天主教、路德教、加尔文教和再洗礼派混杂在一起。路德教教徒通常倾向于与天主教教徒联合；加尔文教的下层教徒倾向于与再洗礼派联合。城市民主派主要聚集在佛兰德斯和布拉班特的制造业中心。他们用暴力手段改变了贵族和天主教教徒的政治信仰和宗教信仰，形成了地方联邦政府。城市民主派主要是上层资产阶级，偶尔也有贵族，如在布鲁日。城市民主派通常是加尔文教徒。在尼德兰，他们被称为伊拉斯派。在艾诺、阿图瓦、林堡和卢森堡，以乡村人口为主。这些地方的贵族通常是天主教教徒，倾向于君主制而非联邦制，憎恨格朗维勒地方联邦政府的统治。然而，这些地方附近的城镇，如阿拉斯、里尔和瓦朗谢讷，有大量的加尔文教教徒，受到了临近地区马斯特里赫特、列日和康布雷改革派的声援。

  能让上述地区联合起来的唯一办法就是共同对抗西班牙的驻军和压迫，唯一能利用的资源就是西班牙的政治对手，以及一场有关政治而非宗教的欧洲战争。

# 第7章
# 瞬息万变的局势

**精彩看点**

局势的改变——伊丽莎白一世的政策——法兰西的外交政策——安茹公爵弗朗索瓦——奥兰治与法兰西的关系——无敌舰队的失败——凯瑟琳·德·美第奇的宗教信仰——法兰西国王亨利三世信仰的改变——第三党派——纳瓦拉国王亨利三世——耶稣会——法兰西人的无奈

荷兰人虽然更想和英格兰结盟，但遭到了奥兰治亲王威廉一世的反对。英格兰和西班牙关系复杂，它们之间不存在政治敌对关系，只是宗教立场不同。英格兰很难彻底摆脱和西班牙之间的关系，两国"分手后马上能够重归于好"。英格兰一旦干预西班牙的宗教事务，就意味着英格兰政府中的宗教分子——弗朗西斯·沃尔辛厄姆和莱斯特伯爵罗伯特·迪德莱占据了上风。然而，英格兰一般尽量避免进行纯粹的宗教干预，不想完全和新教建立联系。在政治上，法兰西和西班牙是天生的对手；在宗教上，两国也存在矛盾。法兰西虽然在表面是一个传统的天主教国家，但存在大量的新教元素。胡格诺派主要影响了法兰西南部，对法兰西北部没有构成威胁。无论是从宗教还是非宗教因素考虑，英格兰都有可能会帮助法兰西。一旦法兰西和西班牙的关系破裂，尼德兰就有机会独立，因此奥兰治亲王威廉一世更愿意和法兰西结盟。

以前，法兰西王室和奥兰治亲王威廉一世之间进行过谈判。与奥兰治亲王威廉一世联系的人是凯瑟琳·德·美第奇和阿内·德·蒙莫朗西。

1563年到1564年，奥兰治亲王威廉一世就开始与凯瑟琳·德·美第奇通信。1566年，佛兰德斯发生了一系列破坏圣像运动。之后，奥兰治亲王威廉一世一直与凯瑟琳·德·美第奇、阿内·德·蒙莫朗西保持书信往来。在法兰西宫廷，弗朗索瓦·德安德洛·德·科利尼充当了尼德兰丐军的代理人角色。

1567年，第二次宗教战争爆发后，奥兰治亲王威廉一世拒绝加入孔代家族一方。1568年，奥兰治亲王威廉一世被费尔南多·阿尔瓦雷斯·德·托莱多逼进了法兰西境内，却未受到法兰西王室军队的攻击。当时，法兰西王室军队可以轻易将他打败。在凯瑟琳·德·美第奇与奥兰治亲王威廉一世的谈判中，西班牙大臣费尔南多·阿尔瓦雷斯·德·托莱多也参与其中，不断交涉。1568年到1569年，法兰西国王查理九世带有侵略性的天主教政策，迫使奥兰治亲王威廉一世与胡格诺派结盟。但奥兰治亲王威廉一世与胡格诺派结盟，是因为懦弱，并非真的想反对法兰西国王查理九世。在《圣日耳曼和约》中，奥兰治亲王威廉一世发挥了重要作用。后来，他失去了胡格诺派对自己的好感。

　　从这一刻起直至去世，奥兰治亲王威廉一世与法兰西王室的联系从未间断。然而，他那位爱冒险的弟弟——拿骚的路易，影响了国际局势，使国家之间

拿骚的路易

夏尔·德·泰利尼

出现战争的危险。一段时间以来,拿骚的路易一直与罗歇尔人一起劫掠西班牙商船。加斯帕尔二世·德·科利尼的女婿夏尔·德·泰利尼把拿骚的路易带去,拜见法兰西国王查理九世。在法兰西国王查理九世面前,拿骚的路易讲述了反西班牙战争的计划,听起来前景很好,令人向往:佛兰德斯和阿图瓦将再次并入法兰西;德意志的亲王会被布拉班特、海尔德、卢森堡和林堡的许诺诱惑;英格兰会被荷兰和西兰岛的许诺诱惑;两国将与法兰西并肩作战,共同遏制西班牙霸权。

英格兰的态度不确定。与西班牙交战时,法兰西必须与英格兰结盟。但英格兰最害怕的是法兰西进攻安特卫普。伊丽莎白一世清楚地表示,她宁愿在安特卫普见到西班牙人,也不愿见到法兰西人。对伊丽莎白一世而言,即使占领了尼德兰和西兰岛,也无法弥补法军驻扎在佛兰德斯和大城市斯凯尔特带来的危险。对英格兰更有利的方案是,尼德兰拥有独立主权,由一位和英格兰女王结婚的法兰西亲王统治。以前,凯瑟琳·德·美第奇曾提议法兰西国王查理九世与伊丽莎白一世联姻。这次,她计划安排亨利·亚历山大迎娶伊丽莎白一世。但由于亨利·亚历山大本人强烈反对,计划失败了。1572年,《布卢瓦条约》使英法之间确实达成了一个协议。但它只形成了一个防御性的英法联盟,并没有阻止英格兰政府听取费尔南多·阿尔瓦雷斯·德·托莱多的商业提议。

与此同时,事态迅速发展。被驱逐出多佛的丐军舰队,突然占领了布里尔和弗卢辛。离开宫廷后,在法兰西国王查理九世的秘密援助下,拿骚的路易夺取了蒙斯和瓦朗谢讷两处天主教据点。伊丽莎白一世不甘落后,允许英格兰志愿者前往弗卢辛帮忙。在意大利和德意志,法兰西使节忙得不可开交。他们与奥斯曼帝国使节商定了一个行动计划。与此同时,期待已久的波兰君主突然出

丐军占领布里尔

菲利波·迪·皮耶罗·斯特罗齐

现空缺。在波兰和德意志,作为君主候选人的亨利·亚历山大受到了欢迎。法兰西似乎成了反对哈布斯堡王朝联盟的领头羊。后来,西班牙王室发现法兰西国王查理九世援助拿骚的路易。西班牙和法兰西之间的战争不可避免。法兰西和瑞士公开征召军队。征召的军队由加斯帕尔二世·德·科利尼指挥。菲利波·迪·皮耶罗·斯特罗齐率领的法兰西舰队正准备驶往英吉利海峡。胡格诺派纷纷涌向巴黎。然而,凯瑟琳·德·美第奇的女儿——瓦卢瓦的玛格丽特和纳瓦拉国王亨利三世在巴黎结婚,延迟了一触即发的法西战争。婚礼仪式十分

教皇格列高利十三世

隆重。在没有教皇格列高利十三世批准的情况下,婚礼提前举行了。这点很值得注意。之后,加斯帕尔二世·德·科利尼被暗杀及圣巴塞洛缪大屠杀,终止了法西战争的进程。圣巴塞洛缪大屠杀源自各方互相斗争,在这里只能简要描述一下。当时,法兰西有三股势力互相斗争——贵族、宗教和王室。吉斯家族和科利尼家族宿怨已久。因为加斯帕尔二世·德·科利尼被认为谋杀了吉斯公爵弗朗索瓦,所以两个家族的仇恨进一步加深。巴黎天主教教徒对胡格诺派有着深似海的仇恨。胡格诺派想要政府放松对新教的压制。凯瑟琳·德·美第奇也存在个人情感和政治倾向。

　　那么，凯瑟琳·德·美第奇当时怎么被成功说服，突然决定放弃她煞费苦心取得的外交成果呢？她天生喜欢玩弄外交权术，却又害怕战争。因此，每当她侵略性的政策引起冲突后，她就会因畏惧而退缩。她对失败的估计是正确的。弗朗索瓦·德·拉·努被赶出了瓦朗谢讷。在一次伏击中，让利斯勋爵皮埃尔·布拉特向拿骚的路易提供的援助物资被击得粉碎。损害法兰西国王查理九世声誉的信落到费尔南多·阿尔瓦雷斯·德·托莱多的手中。经验丰富的皮卡第省长和勃艮第省长告诉凯瑟琳·德·美第奇，他们没有物资可以与西班牙作战。从热那亚传来消息：西班牙军队正在意大利集结，准备进攻法兰西南部省份。威尼斯派出了最有经验的使节米基耶利，恳求法兰西国王查理九世不要与西班牙决裂，以便能够成功阻挡奥斯曼帝国人。然而，凯瑟琳·德·美第奇特别容易受到意大利外交官的影响。最重要的是伊丽莎白一世的态度。伊丽莎白一世的支持是反哈布斯堡家族联盟的基础。但伊丽莎白一世的态度模棱两可。有人认为，她准备把弗卢辛出卖给西班牙人。

　　除此之外，凯瑟琳·德·美第奇也有个人考量。她非常热衷扩大自己在全国的影响力。然而，一旦发生法西战争，作为一名女性和外交家，她的影响力会荡然无存。事实上，很早之前，她的影响力就开始减弱了。不顾凯瑟琳·德·美第奇的劝阻，加斯帕尔二世·德·科利尼让法兰西国王查理九世陷入宗教战争，使法兰西国王查理九世脱离了凯瑟琳·德·美第奇的控制。加斯帕尔二世·德·科利尼是凯瑟琳·德·美第奇最不喜欢的家族领导人。她认为孔代亲王路易·德·波旁死后，胡格诺派能够存在完全依赖于加斯帕尔二世·德·科利尼。因此，只要加斯帕尔二世·德·科利尼死了，那些疯狂的内战计划应该就会停止，她就能恢复对法兰西的控制。

　　事态瞬息万变，谁也无法预料事情的发展。毫无疑问，自从出现很多麻烦后，凯瑟琳·德·美第奇就开始预谋牺牲胡格诺派首领的计划。在巴约讷时，费尔南多·阿尔瓦雷斯·德·托莱多和蒙庞西耶公爵路易都曾敦促过她，赶紧处理掉四五个胡格诺派首领。有证据证明，自从听了别人的建议后，谋杀胡格诺派首领的想法就常在凯瑟琳·德·美第奇脑中回荡。之前，她已经错过了许多机会。这次，如果不是因为冲动，凯瑟琳·德·美第奇可能也无法下定决心。举棋不定的想法永远不会变成现实。通常，凯瑟琳·德·美第奇是冷静、具有政治头脑的。这次，她突然失去了理智，一时被嫉妒和恐惧控制，派人暗杀海军上将加斯帕尔二世·德·科利尼。如果躲在窗帘后面的暗杀者开枪击中了加斯

加斯帕尔二世·德·科利尼遇刺

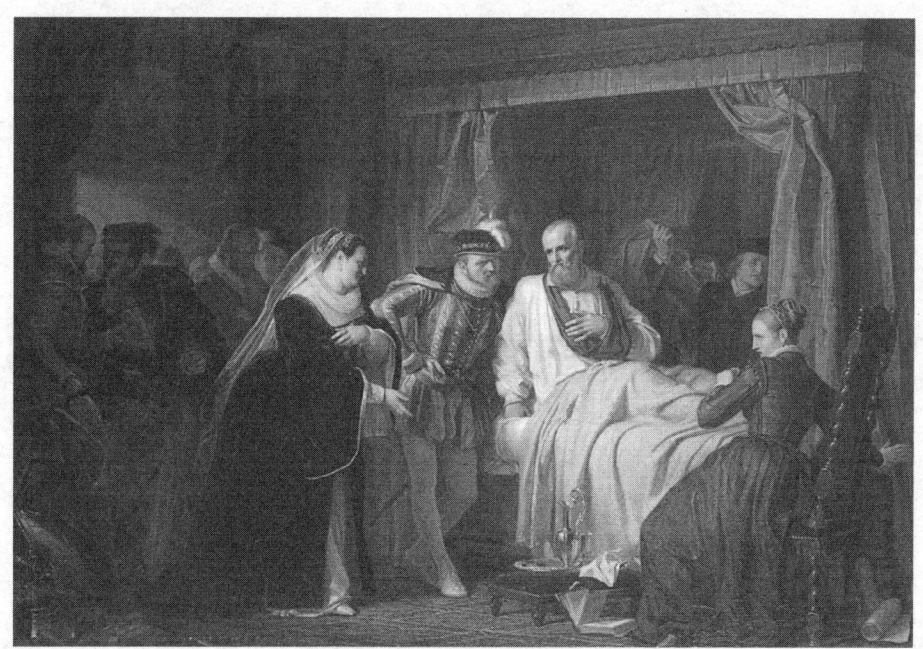

凯瑟琳·德·美第奇与查理九世来探望被刺的加斯帕尔二世·德·科利尼

帕尔二世·德·科利尼，这场悲剧可能会以加斯帕尔二世·德·科利尼的死亡而告终。然而，加斯帕尔二世·德·科利尼当时正巧弯下身去调整马镫，他虽然身受重伤，但躲过了致命一击。

胡格诺派公然威胁法兰西王室，要求伸张正义，抓捕谋害加斯帕尔二世·德·科利尼的凶手。法兰西国王查理九世十分愤怒，答应要严惩凶手。凯瑟琳·德·美第奇既慌张又恐惧，害怕真相被发现，于是决心用胡格诺派的鲜血来掩盖自己的罪行。吉斯家族对科利尼家族的个人仇恨，以及巴黎人对天主教的偏执狂热，是凯瑟琳·德·美第奇或任何人可以随时利用的。查理九世的自尊心使他急于摆脱加斯帕尔二世·德·科利尼的控制。凯瑟琳·德·美第奇的困难之一，就是要激发查理九世对新教叛乱的恐惧，同意刺杀新教主要领导人的计划。

这似乎是圣巴塞洛缪大屠杀发生的最主要的原因。然而，胡格诺派认为，从巴约讷会谈开始,一场针对胡格诺派的阴谋就已经初见端倪。胡格诺派教徒来到巴黎的那一刻,整个欧洲都有一种可怕的预感。有两位威尼斯使节,较有经验的一位相信圣巴塞洛缪大屠杀早有预谋;另一位则认为大屠杀执行得太不完美、太不合时宜、太拙劣,完全是一时冲动的结果。可以肯定的是,当时法兰西王室还没有决定未来的政策,在几天内提出了三项相互矛盾的声明。全世界都知道,虽然法兰西王室一直试图调和吉斯家族和科利尼家族的冲突,但两个家族之间的冲突最终还是爆发了。此后,法兰西王室的密令下达各省。法兰西国王查理九世决定消灭胡格诺派。最后公布的消息是,法兰西国王查理九世被迫先发制人,预先阻止了一场反对自己的政治阴谋。但除了科利尼家族,胡格诺的温和派与法兰西王室的关系不会有任何变化。这对国际政治局势产生了立竿见影的影响。教皇格列高利十三世和西班牙国王腓力二世认为法兰西现在已经是天主教国家;伊丽莎白一世拒绝了凯瑟琳·德·美第奇的示好,转向了西班牙;神圣罗马帝国皇帝把他的恐惧转化为了外交手段,向波兰和德意志强调亨利·亚历山大在这场悲剧中扮演的角色。

然而,凯瑟琳·德·美第奇没有泄气,她从来没有打算彻底改变法兰西的内外政策。她已经重握缰绳,前进方向与过去一致,却降低了速度,不再像过去那样冒进了。在法兰西以外的地方,她的确成功了。几个月后,亨利·亚历山大登上了波兰的王位,受到了隆重的接待,德意志的加尔文教徒沿路护送。神圣罗马帝国的一位使节在巴黎到处奔走,没有达成目标,最后被很不礼貌地打发走了。法兰西、英格兰和新教教徒联合在一起,再次让腓力二世感受到了威胁。

三个月后,伊丽莎白一世同意担任查理九世的女儿——法兰西的玛丽·伊丽莎白的教母,并接受了安茹公爵弗朗索瓦的追求。之后不到一周,奥兰治亲王威廉一世再次与法兰西王室谈判。奥兰治亲王威廉一世曾经谴责法兰西王室"永远无法从圣巴塞洛缪大屠杀的血泊中洗净双手",现在却从法兰西王室手中拿走了补贴。然而,圣巴塞洛缪大屠杀的罪行必将受到惩罚。因为国内的

伊丽莎白一世接受安茹公爵弗朗索瓦的追求,两人互换戒指

分裂，法兰西在国际上取得的成功变得毫无意义。当法兰西军队进攻拉罗谢尔和桑塞尔失败时，世界再也不惧怕法兰西了。当时，在法兰西南部的大部分省份，无论是天主教教徒还是新教教徒，都不准备再效忠法兰西王室了。

  法兰西国王查理九世的驾崩及亨利·亚历山大从波兰归来使法兰西王室的外交政策更加复杂。凯瑟琳·德·美第奇虽然仍然有很大的影响力，但不再拥有绝对权威了。因为亨利·亚历山大继承了法兰西王位后，除了自己的母亲

驾崩前的查理九世

凯瑟琳·德·美第奇，还请了其他的顾问。此外，亨利·亚历山大和弟弟安茹公爵弗朗索瓦之间的关系由嫉妒升级为仇恨。对宗教信仰，安茹公爵弗朗索瓦并不执着。他转向胡格诺派的原因是，他认为胡格诺派更加活跃，有他们的帮助可以让自己在法兰西拥有独立的权力，并在国外拥有主权。安茹公爵弗朗索瓦假装鄙视法兰西宫廷的奢华之风，以国家的军事领袖自居，对拥有独立信仰的职业军官簇拥着自己感到高兴。他嫉妒心强、任人唯亲、自私自利。他既任性急躁，又优柔寡断，经常采用一些冒险的计划，然后又突然改变。凯瑟琳·德·美第奇野心勃勃，一直想为安茹公爵弗朗索瓦争取一个欧洲的王位。但她痛苦地发现，安茹公爵弗朗索瓦和法兰西国王亨利三世之间不能和平相处，每一次争吵都可能扩大胡格诺派和天主教之间新的裂痕。因此，她把安茹公爵弗朗索瓦推到了尼德兰，同时避免了与西班牙人发生公开冲突。法兰西国王亨利三世总是摇摆不定，一方面嫉妒弟弟安茹公爵弗朗索瓦的成功，渴望摆脱他，想抓住反西班牙政策给法兰西王室带来的机会；另一方面，他又反对国外的加尔文教徒联合对抗天主教势力。因此，在1574年到1584年这十年间，很难说清在法兰西王室与尼德兰的密谋中，法兰西国王亨利三世扮演了怎样的角色。无论如何，现在，安茹公爵弗朗索瓦成了人们关注的焦点，而不是法兰西国王亨利三世。安茹公爵弗朗索瓦一直毫无建树，却备受外交人员的喜爱，成了外交黄金时代的"金牛犊"。

对奥兰治亲王威廉一世来说，安茹公爵弗朗索瓦不可或缺。奥兰治亲王威廉一世希望形势能迫使安茹公爵弗朗索瓦信仰新教并采取宗教宽容政策。因为安茹公爵弗朗索瓦在法兰西的地位，完全取决于他是否能够掌控胡格诺派和政治派的联合力量。奥兰治亲王威廉一世希望在尼德兰联合天主教和新教的力量。事实上，他别无选择。法兰西人无法容忍英格兰占领西佛兰德斯和阿图瓦；瓦隆贵族也不愿意屈服于奥兰治亲王威廉一世的统治；法兰西南部省份大多是天主教教徒。除了天主教首领，他们不会服从任何人。尼德兰国内的宗教势力越大，奥兰治亲王威廉一世在尼德兰的影响力就会越小。这一切使奥兰治亲王威廉一世和安茹公爵弗朗索瓦的命运紧密相连。宗教问题和革命问题越不突出，法兰西和尼德兰的关系就越紧密。

圣巴塞洛缪大屠杀造成了奥兰治和法兰西王室关系的短暂破裂。之后，在法兰克福商定的条款中，尼德兰的南部省份给了法兰西。这标志着尼德兰和法兰西谈判的开始。奥兰治亲王威廉一世和胡格诺派的前茹阿尔女修道院长——波旁的夏洛特联姻。这常常被认为是奥兰治亲王威廉一世与胡格诺派

波旁的夏洛特

路易斯·德·雷克森斯-苏尼加温

和解的标志。然而，这次联姻是由凯瑟琳·德·美第奇协商促成的，她不仅负责新娘波旁的夏洛特的嫁妆，还承诺与新娘的父亲蒙庞西耶公爵路易和解。1572年和1576年，法兰西和西班牙交往密切，奥兰治亲王威廉一世急切地想要和法兰西加强关系，和法兰西谈判时提供了更加优厚的条件。英格兰人的嫉妒心仍然是个难题。尽管伊丽莎白一世与安茹公爵弗朗索瓦商谈了婚约，但从圣巴塞洛缪大屠杀到1576年，甚至到1578年年底，伊丽莎白一世都更倾向于支持西班牙，尤其是在路易斯·德·雷克森斯-苏尼加温和外交时期。伊丽莎白一世认为圣巴塞洛缪大屠杀后，法兰西肯定会出现一场支持玛丽一世的天主教运动。事实上,亨利·亚历山大即位后,曾公开表示要恢复玛丽一世的地位。因此,伊丽莎白一世不仅倾向支持西班牙,而且非常关注法兰西的极端胡格诺派和帕拉蒂诺选帝侯腓特烈三世的儿子——爱冒险的约翰·卡西米尔[①]。伊丽莎白一世希望通过斡旋,使尼德兰恢复到过去的状态——被宗主国西班牙控制。因为在西班牙的控制下,尼德兰政府宽容而软弱。这样一来,尼德兰就不会干涉英格兰的贸易发展,从而满足英格兰垄断国际贸易的野心。然而,奥地

帕拉蒂诺选帝侯腓特烈三世

---

[①] 约翰·卡西米尔想要领导欧洲加尔文教联盟。——原注

奥地利的胡安

利的胡安成了尼德兰的新总督，与苏格兰女王玛丽一世之间有秘密往来；安茹公爵弗朗索瓦和腓力二世之间也存在密谋和联系。这一切让伊丽莎白一世感到不安。1578年，伊丽莎白一世与安茹公爵弗朗索瓦正式订婚。

如果说对英格兰的恐惧阻止了法兰西进一步掌控尼德兰，那么对西班牙的恐惧也震慑了法兰西。安茹公爵弗朗索瓦曾考虑过与西班牙王室联姻，从而掌控尼德兰。这可能是因为在1576年到1577年的布洛瓦三级会议上，安茹公爵弗朗索瓦短暂支持天主教。安茹公爵弗朗索瓦的选择是要么和西班牙联姻获得极端天主教教徒的帮助，要么与伊丽莎白一世分享战利品来实现自己的计划。直到临死前,面对这两种选择,安茹公爵弗朗索瓦都犹豫不决。安茹公爵弗朗索瓦曾两次登上尼德兰的历史舞台。艾诺的天主教厌恶佛兰芒的新教教徒,又不愿意让佛兰芒的新教教徒重回西班牙的势力范围,于是邀请安茹公爵弗朗索瓦来到了尼德兰。对此,奥兰治亲王威廉一世和尼德兰三级会议持观望态度。因为安茹公爵弗朗索瓦无法保证法兰西王室会帮助尼德兰。伊丽莎白一世惊慌失措,于是资助约翰·卡西米尔牵制法兰西。因此,反西班牙的三股势力之间暗地里互相敌视。法兰西王室牵涉其中的程度尚不可知。长期以来,人们一直怀疑安茹公爵弗朗索瓦是否会与奥地利的胡安联手反抗三级会议。然而,奥地利的胡安之死打消了人们的怀疑。瓦隆人和佛兰芒人之间爆发了战争。安茹公爵弗朗索瓦威胁要领导瓦隆人建立一个独立的瓦隆公国。然而,安茹公爵弗朗索瓦的军队解散了——他的加尔文教雇佣兵溜过防线加入了约翰·卡西米尔的军队;他的法兰西天主教教徒投奔了尼德兰南部的天主教。1579年,安茹公爵弗朗索瓦和约翰·卡西米尔双双失踪。宗教问题再次成为一切问题的焦点。事实证明,不可能在支持天主教的同时反对西班牙。在乌得勒支联盟中,新教省份的势力得到巩固。在阿拉斯联盟中,阿图瓦和艾诺合并后,重新效忠西班牙。

帕尔马公爵亚历山大·法尔内塞的成功和阿拉斯联盟的出现,促使奥兰治的外交政策倾向于法兰西。1581年,尼德兰各省宣布不再承认西班牙国王腓力二世为尼德兰的统治者。根据《普莱西条约》,尼德兰的主权属于安茹公爵弗朗索瓦及其后代。但安茹公爵弗朗索瓦及其后代必须保证,如果有一天他们继承了法兰西王位,不会将尼德兰并入法兰西,或者通过与西班牙的婚姻将尼德兰并入西班牙。如果想达成《普莱西条约》,安茹公爵弗朗索瓦必须得到法兰西国王亨利三世的支持和承认,而他的确做到了。

法兰西国王亨利三世承认了弟弟安茹公爵弗朗索瓦在尼德兰的主权,并答应为其秘密提供军队。作为补偿,安茹公爵弗朗索瓦许诺将阿图瓦给予法兰西国王亨利三世。法兰西似乎已经开始进行对外扩张了。毕竟伊丽莎白已经和

克拉图修道院院长东安尼奥

安茹公爵弗朗索瓦订婚,伊丽莎白一世不再反对尼德兰独立。尼德兰成了一个独立的公国,这将打破欧洲的天主教体系。为了帮助神秘的葡萄牙王位的觊觎者克拉图修道院院长安东尼奥,一支法兰西舰队驶向了葡萄牙。

  安茹公爵弗朗索瓦试图让西班牙国王腓力二世承认自己布拉班特公爵的头衔,还想要提高胡格诺派的赋税,但最后均以失败告终。由于安茹公爵弗朗索瓦是法兰西天主教教徒,荷兰和西兰岛从未真正承认过他。最初,安茹公爵弗朗索瓦受到了尼德兰人的热烈欢迎。但后来,非教会派的新教教徒对他傲慢无礼,使他及其军队的天主教信仰更加坚定。同时,他还失去了艾诺和阿图瓦的天主教徒的支持。因为这些天主教教徒被召回了西班牙。英格兰的嫉妒使安茹公爵弗朗索瓦的计划不断受阻。因此,他设法用暴力来巩固自己的地位,企图突袭安特卫普和其他城镇。法兰西国王亨利三世或凯瑟琳·德·美第奇知道安茹公爵弗朗索瓦的突袭计划,并派遣了大量的增援部队。这是征服尼德兰南部省份的一次尝试,它将迫使西班牙妥协。

可惜的是,在安特卫普,安茹公爵弗朗索瓦惨败。法兰西海外扩张之路由盛转衰。经过长期谈判,直到奥兰治亲王威廉一世和安茹公爵弗朗索瓦去世,尼德兰主动提出想让法兰西成为自己的宗主国。但法兰西国王亨利三世拒绝了这个提议。因为宗教再次成为一切问题的焦点。尼德兰问题曾三次转移了法兰西国内矛盾,阻止了胡格诺派战争,帮助促成了《博略敕令》《贝尔热拉克和约》《弗莱和约》的形成与颁布。然而,风暴重新聚集——天主教联盟发动战

安茹公爵弗朗索瓦被赶出安特卫普

争。战争的主要原因是法兰西王室干预了新教教徒反抗天主教国家西班牙的战争。

　　法兰西王室试图领导法兰西人对抗外国人，从而转移国内矛盾，结果却激化了法兰西的内部矛盾。由于法兰西援助尼德兰的计划失败，使尼德兰被西班牙控制。即使奥兰治亲王威廉一世还活着，也挽救不了尼德兰南方各省。然而，尼德兰的失败不像法兰西那样彻底。至少，尼德兰独立战争破坏了法兰西和西班牙之间的关系。西班牙国王腓力二世操纵天主教联盟，就是为了报复法兰西援助尼德兰。法兰西宫廷害怕西班牙更加直接的攻击。当法兰西宫廷的人注视着法兰西海岸附近的无敌舰队时，他们被吓坏了。人们普遍认为，在天主教联盟的帮助下，西班牙的目的是占领法兰西的港口。对无敌舰队的毁灭，法兰西的保王派欢欣鼓舞。即使是信奉天主教的巴黎人，也忍不住嘲笑失败的无敌舰队。街上贴满了告示，上面写着："在离法兰西海岸不远的地方，无敌舰队失踪了，任何向西班牙大使馆提供关于它下落的人，将得到五克朗的奖励。"

　　托斯卡纳代理商卡夫里亚纳写道："上帝看我们饱受内战折磨，延缓了我们的毁灭，让腓力二世的计划落空。他的无敌舰队搁浅在奥克尼，最后破烂不堪地回到了西班牙。除了自身，无敌舰队没有伤害到世界上任何人。"

　　对法兰西王权的威胁并未消失。但此时，握着权杖的是一位有能力的国王——法兰西国王亨利四世。亚历山大·法尔内塞两次入侵法兰西，实际上是对法兰西王室干涉西班牙镇压尼德兰起义的反击。正是安茹公爵弗朗索瓦的入侵挽救了尼德兰的北部省份，在尼德兰没有足够抵抗力量的情况下，分散了西班牙镇压尼德兰起义的兵力。不仅如此，安茹公爵弗朗索瓦的入侵还挽救了法兰西国王亨利四世的事业和法兰西的改革。因为当时，大部分法兰西人终于意识到，他们卷入了一场对外战争中，国家利益暂时高于宗教矛盾。不久，法兰西将有能力再次转守为攻。法兰西国王亨利四世制订的政治体制不是新的起点，只是被激烈的内战推迟了，是法兰西三十年外交政策的必然结果。

　　法兰西国王亨利四世与安茹公爵弗朗索瓦、凯瑟琳·德·美第奇的目标不

法兰西军队远征亚速尔群岛

同。与其说他们的目标不同,不如说他们的能力不同。在凯瑟琳·德·美第奇从西班牙手中拯救葡萄牙的唯一一次尝试中,她的船在亚速尔群岛被毁,援救行动以失败告终。虽然她能力有限,总是因紧张不安而摇摆不定、背信弃义,但从某种程度上说,正是因为她的反复努力才使西班牙在尼德兰遭遇挫折、备受屈辱。

　　法兰西王室成员担任某一宗教的首领,这种情况并不少见。然而,国王和王后的个人宗教情感容易影响臣民,造成宗教冲突。在历史上,神圣罗马帝国皇帝查理五世、苏格兰女王玛丽一世和英格兰女王伊丽莎白一世的个人信仰对宗教改革的结果都产生了很大影响。然而,法兰西国王的个人意见对宗教改革的发展几乎没有太大影响力。因为他们从来没有主动把自己置于任何宗教领导的地位。在法兰西宗教战争开始前,凯瑟琳·德·美第奇似乎想要通过领导新运动来制衡吉斯家族的权力。加尔文教的赞美诗和教义成为宫廷的时尚。据说,让·德·蒙吕克的布道违背了天主教的传统,把阿内·德·蒙莫朗西逼到了吉斯家族的一边。凯瑟琳·德·美第奇还建议教皇做出让步,建议教皇下令移除祭坛上的圣像，修改洗礼仪式，以两种方式授予圣餐礼，废除私人弥撒及圣礼，用法语唱赞美诗。在胡格诺派的第一次起义中，凯瑟琳·德·美第奇曾鼓励胡格诺派。这点毋庸置疑。然而，后来，凯瑟琳·德·美第奇和年轻的法兰西国王亨利三世极不情愿地被拉进了天主教阵营。吉斯公爵亨利一世被杀，没有人比凯瑟琳·德·美第奇更高兴，因为这使法兰西王室摆脱了宗教团体的束缚。阿尔瓦公爵费尔南多·阿尔瓦雷斯·德·托莱多一直要求法兰西王室向天主教宣誓忠诚，但凯瑟琳·德·美第奇顶住了来自西班牙的压力。在第二次宗教战争中，胡格诺派的行为让凯瑟琳·德·美第奇十分恼火。因此，凯瑟琳·德·美第奇和儿子法兰西国王查理九世在第三次宗教战争中一度倾向支持天主教。然而，为了摆脱不利的处境，凯瑟琳·德·美第奇很快给予了胡格诺派很好的条件，比胡格诺派预想的条件还要好。之后，由于担心法兰西国王查理九世与改革派的关系过于密切，凯瑟琳·德·美第奇煽动了圣巴塞洛缪大屠杀。但她从未承认自己效忠天主教。即使圣巴塞洛缪大屠杀后所有伟大的天主教领袖都被消灭了，可以更安全地利用天主教的势力，凯瑟琳·德·美第奇也没有考虑过成为天主教领袖。只要有机会，她就让法兰西国王查理九世摆脱纯粹的宗派领导人身份。凯瑟琳·德·美第奇的政治立场独立，渴望成为中间派。胡格诺派自然无法信任她。

法兰西国王亨利三世本来是一个热忱的、有时甚至有些狂热的天主教教徒，本来可以担任天主教领袖。和安茹公爵弗朗索瓦一样，他作为天主教领袖取得了很大的成功，一直受到一位重要人物——加斯帕尔·德·索尔克斯的指导。自然而然，法兰西国王亨利三世希望成为天主教的领袖，尤其是在夏尔·德·洛林去世后。有人怀疑过凯瑟琳·德·美第奇有意通过两个儿子分别担任胡格诺派和天主教的领袖，从而同时控制天主教和胡格诺派。但就在这个时候，宗教矛盾再次成为国内的主要矛盾，凯瑟琳·德·美第奇的政治意图无法实现。从表面上看，天主教十分强硬，但最终成了妥协的一方。在《博略敕令》中，胡格诺派获得了许多有利条件，而法兰西国王亨利三世失去了天主教领袖的身份。后来,天主教教徒觉醒了,最终形成了天主教联盟。法兰西国王亨利三世要么亲自领导天主教联盟,要么证明自己是一名狂热的天主教教徒,使天主教联盟没有成立的理由。也就是说,他必须"出价高于天主教联盟"。在布洛瓦三级会议上,法兰西国王亨利三世希望三级会议能正式批准他成为天主教的领袖,从而证明他有粉碎异教的决心。在此之前,他成功阻止了天主教联盟彻底控制布洛瓦三级会议,但在最后一刻还是功亏一篑。这主要有三个方面的原因:天主教可以为战争筹到资金,而王室不行;法兰西国王亨利三世失去了天主教狂热分子的信任;吉斯公爵亨利一世吸引了天主教教徒。因此,法兰西国王亨利三世被迫加入天主教联盟。加入天主教联盟后,他也曾希望有机会领导天主教联盟,但一切努力都是徒劳的。此后,他看到了其他选择,那就是放弃天主教领袖的地位,保持中间立场。为此,他做出了一些努力,其标志是《弗莱和约》。然而,实现自己的想法需要承认纳瓦拉国王亨利三世是法兰西的王位继承人,这让法兰西国王亨利三世觉得自己有失去王位的风险。路障日暴乱迫使法兰西国王亨利三世把自己的命运和天主教联盟绑在了一起。但这意味着独立王权的终结,国王不再是一个自由行动者。法兰西国王亨利三世希望通过谋杀吉斯公爵亨利一世及其弟弟吉斯主教路易二世摆脱这一困境。这场谋杀使他不再受控于党派,开始领导天主教和胡格诺派,推行宗教宽容,合法继承事业。然而,就在此时,在法兰西历任国王中,这个最信奉天主教的人却被狂热的天主教教徒暗杀了。

  为制衡波旁家族和吉斯家族而建立的第三党派,第三党派是是君主政体可利用的重要资源。这是加斯帕尔·德·索尔克斯从一开始就怂恿凯瑟琳·德·美第奇采取的策略,这也是在类似的紧急情况下,法兰西国王,如查理五世、查理七世和路易十一采用的措施。在王宫建立第三党派是法兰西国王亨利三世政策的关键,部分原因是为了制衡权臣;或者说,建立第三党派在制衡权臣方面起到了一定作用。加斯帕尔·德·索尔克斯认为,君主政体只能在一等以下的贵族中获得支持。一等以下的贵族具有很大的地方影响力,尚未受到宫廷生活的腐蚀，能够出现一流的士兵和政治家。然而，法兰西国王亨利三世选择第三党派的标准并非如此。他是根据个人美貌、衣着品位，或者是根据风靡宫廷的决斗术选出第三党派成员的。这些人既没有军政才能，也无法代表地方势力给予国王支持。此外，第三党派建立在一个错误的原则上：它建立在国王的个人喜爱上，而非建立在对国王的忠诚上。法兰西国王亨利三世与宠臣之间的关系，与他和少数追随他的职业将军和政治家之间的关系是完全不同的。这些宠臣不仅在政治上无法起到任何作用，还使人们对法兰西王室郁积已久的厌恶情绪燃烧成了熊熊大火。法兰西国王亨利三世不仅没有把新力量掌握在自己手中，还把自己仅存的力量都交给了别人。被赋予权力的埃佩农公爵让·路易·德·诺加雷·德·拉·瓦莱特，和阿内·德·茹瓦约斯公爵成了法兰西新贵，其势力甚至超过了天主教和胡格诺派的领袖。

埃佩农公爵让·路易·德·诺加雷·德·拉·瓦莱特

竞争对手库特拉的阿内·德·茹瓦约斯公爵死后，让·路易·德·诺加雷·德·拉·瓦莱特的力量变得十分强大。他的身份不仅仅是埃佩农公爵和法兰西贵族，还是海军上将和步兵上校，控制着诺曼底、普罗旺斯、昂古莱姆、圣东日、布洛涅和梅斯等地的地方政府。因为法兰西国王亨利三世认为他是最安全的看守人，所以他手里握有"法兰西的钥匙"。他是议会里唯一的绅士贵族，唯一能够左右法兰西国王亨利三世意见的人。在法兰西宫廷，让·路易·德·诺加雷·德·拉·瓦莱特的权力非常大，就像在他的领地一般，每位大使必须通过他，才能有机会与法兰西国王亨利三世会面。显然，即使现在第三党派忠于法兰西国王亨利三世，终有一天，第三党派成员也会像那些年长的大贵族一样，对法兰西国王亨利三世的统治造成威胁，也对法兰西国王亨利三世的继任者造成威胁。然而，第三党派是即将分崩离析的君主政体最后的依靠。

出于个人偏好选出的第三党派成员容易被宗教或政党力量吞噬。阿内·德·茹瓦约斯公爵最终背叛了法兰西国王亨利三世，投靠了天主教联盟。阿内·德·茹瓦约斯公爵的家族成了天主教联盟最极端的支持者之一。此外，有人怀疑让·路易·德·诺加雷·德·拉·瓦莱特与胡格诺派、南方政治派关系密切，特别是与当维尔元帅夏尔·德·蒙莫朗西的关系非同一般。然而，实际上，他们之间有的只是纯粹的私人关系。这种关系在法兰西宫廷很常见。凯瑟琳·德·美第奇也有几位和自己私人关系较好的大臣。安茹公爵弗朗索瓦的封地十分辽阔。和法兰西国王亨利三世的宠臣一样，安茹公爵弗朗索瓦身边的宠臣令人讨厌。除了不同政治团体之间的相互倾轧，每个政治团体的内部也经常明争暗斗。在"丝绸与鲜血"①的法兰西宫廷里，明争暗斗正在吸干法兰西的热血。加斯帕尔·德·索尔克斯写道，明争暗斗夺取的生命比战争还多。

从表面上看，法兰西国王亨利三世的第三党派和保王派的构成非常相似。但人们清楚地知道两者的区别。如果天主教和胡格诺派联手镇压政治

---

① "丝绸"代表着法兰西王室奢侈的生活；"鲜血"代表着法兰西的宫廷斗争。——译者注

派,那么结果不可想象。然而,弗朗索瓦·德·拉·努建议天主教和胡格诺派联手镇压第三党派。吉斯公爵亨利一世也提出了类似的建议。巴黎对待真正的保王派,比如政治派和所谓的保王派,又如第三党派,态度大相径庭。革命爆发时,政治派只是受到监视,法兰西国王亨利三世的宠臣却被直接关进监狱。法兰西的三级会议和省级三级会议都发出了呼声,要求惩戒第三党派。夏尔·德·蒙莫朗西的敌人也认为,夏尔·德·蒙莫朗西在朗格多克的统治基础不同于让·路易·德·诺加雷·德·拉·瓦莱特在诺曼底和普罗旺斯的统治基础。法兰西国王亨利三世驾崩后,失去了庇护的第三党派成员在法兰西宫廷的地位一落千丈,与其他政治或宗教团体的地位差别更加明显,包括让·路易·德·诺加雷·德·拉·瓦莱特在内的很多原第三党成员最后都放弃了法兰西王室,加入了天主教联盟或胡格诺派的阵营。然而,在个别案件中,政治派和第三党派的界限并不清晰。"凭借他们的果实,就可以认出他们来。"①法兰西国王亨利四世最可靠的追随者是政治派,最麻烦的对手是第三党派。法兰西国王亨利三世的错误在于,他不喜欢温和的天主教教徒,而温和的天主教教徒已经在法兰西南部建立了一个独立组织——政治派。温和的天主教教徒本应该是保王派或第三党派,但法兰西国王亨利三世的行为使他们被迫与其对立。由于法兰西国王亨利三世的态度,法兰西北部和中部没有坚定支持法兰西王室的人或组织。直到革命爆发,法兰西北部和中部才慢慢出现了坚定的保王派人士。因此,当危机来临时,君主政体的田野里一片荒芜,它既救不了自己,也救不了臣民。1588年6月,托斯卡纳·卡夫里亚纳写道:"整个国家都武装起来了。农民绝望了,他们封锁了自己的村庄,加强防御,抵御天主教联盟军队和胡格诺联盟军队,最后饿死在村庄内。各个城市都组建了共和制地方政府,围绕在

---

① 出自《圣经》的马太福音第七章第十六节,全句是:"凭借他们的果实,就可以认出他们来。荆棘上岂能摘葡萄呢?蒺藜里岂能摘无花果呢?凡好树都结好果子,坏树结坏果子。好树不能结坏果子,坏树也不能结好果子。"在《圣经》中,果实是一个常见的隐喻,代表一个人信仰的外在表现,即一个人的行为。——译者注

吉斯家族的周围。贵族被分裂,权力在不同派系间流转。正义已经完全死亡。法兰西分成了两派,一个是联盟派,一个是波旁王朝的拥护者。前者控制了卢瓦尔河的一边,后者控制了另一边。法兰西国王亨利三世一无所有,孤身一人,无法恢复秩序。"

随着法兰西国王亨利三世驾崩,法兰西王室优柔寡断的政策终于结束了。无论法兰西的内部情况如何,一旦与外国人开战,爱国者必然会聚集在法兰西王室的周围。纳瓦拉国王亨利三世不只是胡格诺派的领袖,他的军队中既有胡格诺派教徒也有天主教教徒。人们认为他对宗教教义并不感兴趣。敏锐的观察家早已预见他放弃异端只是时机问题。尽管他是胡格诺派教徒,但他也是杰出的政治家,是所有"宁愿国家安全,也不愿灵魂得救"的人的领袖。贝赞特先生曾说,宗教改革之所以失败,是因为文艺复兴人士、哲学家、学者、神学家和具有广泛现代观点的人都抛弃了宗教改革,而在纳瓦拉国王亨利三世身上,他们找到了思想的共鸣。更重要的是,严肃的人无法同情瓦卢瓦宫廷令人厌恶的伦理、毫无目的的流血和无聊的轻浮行为;智慧的人厌恶法兰西国王亨利三世的偏执盲从和反复无常,更讨厌天主教联盟的宗教狂热和蒙昧无知。与这些具有现代思想的人一样,纳瓦拉国王亨利三世拥有更加宽容的理念。他虽然不是学者,但他言谈举止得体、能文能武。他把波旁家族的高贵优雅和加斯孔家族的诙谐结合在一起。在他的急件、宣言、信中,大多是胜利的消息。被逐出教会后,他放肆的回答却赢得了教皇西斯笃五世的同情。早在进入巴黎前,他调侃天主教联盟的俏皮话便在街头巷尾广为流传,被人们喜爱。讽刺是一种真正的力量,大家曾经讽刺过瓦卢瓦王室,讽刺过凯瑟琳·德·美第奇,讽刺过法兰西国王亨利三世,却无人讽刺这位"付出多于所得"的勤劳国王——纳瓦拉国王亨利三世。因此,大家开始转而讽刺天主教联盟。这一刻,人民的意见终于胜过了刀剑。当然,刀剑也是纳瓦拉国王亨利三世的重要工具。他是法兰西战场上最优秀的将军,无人可比。他的副手比龙男爵阿尔芒·德·贡托和莱斯吉埃公爵弗朗索瓦·德·博内的作战能力也十分优秀。在战术上,亚历山大·法尔

比龙男爵阿尔芒·德·贡托

莱斯吉埃公爵弗朗索瓦·德·博内

内塞更胜一筹；但在战略上，并非如此。亚历山大·法尔内塞把纳瓦拉国王亨利三世从巴黎和鲁昂都赶了出去。可当亚历山大·法尔内塞一转身，纳瓦拉国王亨利三世率军再次逼近。纳瓦拉国王亨利三世以有限的兵力控制了整个巴黎，体现了其优秀的战术才能，也说明了巴黎的消极怯懦。把握时机很重要。对时机的把握，纳瓦拉国王亨利三世似乎有一种本能。在大多数情况下，他胆大无畏，并为此遭受了一些批评。但正是他性格中的胆大无畏使他拿下了法兰西的粮食要道——巴黎、沙特尔、鲁昂和马恩河，以及军事要道——奥尔良、卢瓦尔河、亚眠河和索姆河。荣誉不全是纳瓦拉国王亨利三世一个人的。当时，法兰西军队也非常出色。无论是胡格诺派、政治派，还是职业军人，大都站在了纳瓦拉国王亨利三世一边。天主教联盟的民兵表现得很差，围攻时只会躲在后面。在德意志雇佣兵的最后一次进攻中，胡格诺派骑兵展现了极佳勇气和军事技能。尽管军队中的德意志雇佣兵被击败，但胡格诺派士兵毫发无伤，绕着法兰西跑了一圈。纳瓦拉国王亨利三世的军队在巴黎近郊驻扎，露营位置分散，人数仅有一万五千人。然而，巴黎的六万士兵宁愿忍饥挨饿，也不敢出城与纳瓦拉国王亨利三世的军队作战。

纳瓦拉国王亨利三世利用金钱开疆拓土、游说谈判和签订协议。他很有手段，可以一手收买敌人，一手勒死敌人。他通常喜欢收买敌人，各个击破，而不愿与天主教联盟的官方代表直接谈判。因为一旦和官方代表谈判，他就必须面对与自己同等的力量。他的方法迂回复杂，但效果更好。他以政府的利益为代价，用总督职位或税收来收买政治对手。"把恺撒的东西交给恺撒。"这是对巴黎联盟总督、巴黎市长把权力交给纳瓦拉国王亨利三世时的讽刺性评价。更加狂热的天主教教徒说："我们献出了巴黎，不是出卖了巴黎。"

纳瓦拉国王亨利三世做出了宗教妥协，牺牲了胡格诺派的利益。首都巴黎从此再无胡格诺派。他答应把一切都给法兰西人，让外国人一无所得。他不会把法兰西的任何东西出卖给他国，只会出卖自己的资源，甚至自己的良心。天主教教徒虽然指责他，但对他心存感激。

巴黎人愿意接受纳瓦拉国王亨利三世,于是他得到了巴黎。得到了巴黎,也就意味着得到了整个法兰西。然而,他即将统治的法兰西是怎样的一个国家呢?马耶纳公爵夏尔和西班牙军队占领了勃艮第和法兰西东部许多要塞;香槟被吉斯家族控制,洛林家族对香槟也虎视眈眈;法兰西国王亨利二世统治时期,洛林家族已经拥有了三个主教区;萨瓦公爵夏尔·埃马纽埃尔一世正威胁着多菲内,并被普罗旺斯的一部分地区接受;马赛拥有一个独立的共和制的地方政府,与西班牙关系暧昧;里昂是内穆尔公爵亨利·德·萨瓦统治下的独立公国;托斯卡纳公爵斐迪南一世·德·美第奇抵押了普罗旺斯以外的岛

托斯卡纳公爵斐迪南一世·德·美第奇

屿,并威胁要将他的安全区扩展到陆地;有人建议神圣罗马帝国教皇,让普罗旺斯成为阿维尼翁的附属地;在天主教区的朗格多克和吉耶讷的维拉尔,阿内·德·茹瓦约斯公爵有独立的影响力;依靠西班牙的援助,菲利普·埃马纽埃尔正在建立一个独立的布列塔尼公国;西班牙出其不意地袭击了法兰西北部面向陆地和海洋的门户——亚眠和加来。

驱逐外国人和让诸侯臣服花费了法兰西国王亨利四世近四年时间。诸侯的臣服往往意味着,诸侯虽然名义上是亨利四世的臣民,但在地方享有独立的管辖权。例如,天主教联盟成员阿内·德·茹瓦约斯公爵被留在朗格多克担任总督,与坚定的保王派夏尔·德·蒙莫朗西共同管理辖区。与敌人和解意味着与盟友疏远。由于要求把普罗旺斯给予吉斯家族,让·帕里佐·德·拉·瓦莱特发动了叛乱。加斯帕尔·德·索尔克斯写道,城镇的目标是保持地方政府的独立性,而贵族的目标是四帝共治制。

当西班牙人攻占加来后,法兰西的财力已经快要枯竭了。一个可靠的信息证实了大贵族的野心。大贵族提议:贵族只需保留对国王的效忠,国王应该放弃国家政体,实行封建军事制度。胡格诺派教徒组成了君主政体下的一个"国中国"。这个类似于共和国的政体对君主制"心存敌意",对君主制的支持者"满怀敌意"。天主教认可法兰西国王亨利四世的国王地位,但要求法兰西国王亨利四世和贵族、城镇之间签订一系列条约。君主政体被比作"一颗熟透了的石榴",人们可以看到它的所有颗粒。更糟糕的是,整个法兰西都破产了,财政入不敷出。瓦卢瓦王朝的债务堆积如山,还要补贴英格兰、尼德兰、瑞士和德意志。过去,为了收买天主教联盟控制下的城镇和贵族天主教教徒,法兰西花费了大量金钱。

然而,法兰西君主制复兴的时刻已经到来。法兰西国王亨利四世的即位恰逢其时。尤其值得注意的是,法兰西国王亨利四世并非出身于旧王朝,不像瓦卢瓦家族那样,因挥霍无度而招致仇恨,因无所作为而招致蔑视。当时,保皇主义成了一种时尚。反君主制的理论已经过时,被胡格诺派抛弃,和天主教联盟一起被摧毁。君主制与革命力量战斗到了最后一个回合,试图和革命力量一起同归于尽,但最终君主制取得了胜利。虚荣和恐惧使贵族围绕在王权周围。贵族意识到应该恢复君主制并驱逐外国人,于是他们变成了狂热的保王派和爱国主义者。法兰西的贫困促使乡绅起义,但起义带来的破坏大于收益。要求恢复往日特权的呼声,得到的却是覆灭的威胁。通过叛乱要求拥有更多权力,其代价可能是失去现在仅有的特权。因为被法兰西王室的恩赐诱惑,贵族重新忠于法兰西王室。贵族因城市居民要求实现民主和农民起义吓得龟缩于法兰西王室的保护伞下。

在王权面前,法兰西两大对立的立宪机构——三级会议和议会沉默了。民主代议制失去了它的魔力。人们注意到,在法兰西动乱期间,三级会议前所未有地频繁召开,却毫无结果。艾蒂安·帕基耶是反对三级会议的一位专业人

艾蒂安·帕基耶

士,他写道:"这是一种愚蠢而过时的想法,却在最聪明的法兰西人间广为流传。法兰西人认为没有什么比议会更有力量挽救人民了。事实正好相反,无数例子可以证明,给法兰西人带来最大伤害的恰恰是议会。"此外,连三级会议的支持者加斯帕尔·德·索尔克斯也承认,"代议制无法改变法兰西,只有革命才有可能改变这个国家"。当法兰西国王亨利四世需要召开会议解决国家财政问题时,他更乐意组织一场贵族会议,而非体现代议制的三级会议。

掌握司法体制的议会确实比其对手三级会议更"长寿"。然而,议会的地位被严重动摇。艾蒂安·帕基耶注意到,为了在巴黎召开议会,国王结束布洛瓦三级会议的同时,革命派也结束了国家会议。权威的中央法院受到了极大的侮辱。一个未经授权的机构竟然随意要求中央法院开庭和闭庭。中央法院还曾两次被几个下属机构清洗。一位中央法庭庭长被关进了监狱,一位中央法庭庭长被绞死。更丢脸的是,后者在任职期间,曾向两个公证人秘密申辩,声称中央法庭不是合法机构,自己在法庭的所有行为都是无效的。在革命派的逼迫下,议会一再颁布违背自己良心和利益的法令。毫无疑问,议会是懦弱无能的,虽然偶尔有一些英勇的行为,但毫无作用。司法的统一性已经被打破。就像英格兰被占领时期一样,在巴黎和图尔,存在三个不同的司法机构——王室法院、司法法庭和金融法院。省级议会也遭受了同样的打击。在第戎,吉斯公爵亨利一世被谋杀的消息传出后,保王派成员被关进了监狱。在诺曼底和布列塔尼,存在着相互对立的法院,每个法院都要求独享权力。图卢兹的议会不体面地向暴徒投降,王室武装被击垮,议长和辅佐法官被谋杀。议会被分裂成了三个独立法庭[①],蒙受了无法维护司法公正的耻辱。

法兰西的司法部门的确给予了法兰西国王亨利四世不少帮助。这种帮助一部分是因为司法人员和律师对法兰西国王亨利四世的喜爱,一部分是因为他们对教派势力的恐惧。胡格诺派教徒和天主教教徒对司法人员和律师的反

---

[①] 保王派法庭位于贝济耶;温和派法庭位于卡斯泰萨尔拉赞;极端派法庭位于图卢兹。此外还有一个旧教和新教法官各占半数的独立法庭,胡格诺派教徒加入其中。——原注

对声最大。法兰西国王亨利四世用一句恰如其分的话说,"我的祖先惧怕议会,并不爱它;与之相反,我爱议会,并不惧怕它"。事实的确如此,议会虽然极不情愿,在法兰西国王亨利四世的要求下,最终还是被迫登记了《南特敕令》。实际上,《南特敕令》中的向议会人员征税的条款并未在议会通过,但还是在大法官法庭通过了。①

对那些更忠诚、更专业的人士而言,每天的烦恼之一,就是要与那些在王室委员会中担任要职的"政治暴发户"打交道。然而,这是他们背叛革命必须付出的代价。

在这场宗教冲突中,至少高卢派教会收获很大:一方面,它击败了胡格诺派和教皇,它坚持新国王要信奉天主教,迫使法兰西国王亨利四世公开放弃了新教信仰;另一方面,法兰西主教团甚至奉行极端天主教的索邦神学院,都公然违抗教皇指令。法兰西国王亨利四世直接站在了教皇主权理论的对立面,借此统治了法兰西。建立独立的高卢派教堂的梦想几乎要实现了。人们谈到建立法兰西宗主教区,恢复1483年的《布尔日协定》,由王室委员会负责基督教体系的任命工作,并管理教会财政。人们甚至希望,有一个可以制订教义和纪律来调和天主教和胡格诺派关系的全国委员会。然而,法兰西的高卢主义与立宪主义紧密相连。《布尔日协定》限制了教皇权力,也束缚了国王的手脚。推行高卢主义意味着三级议会将占据主导地位,或者至少是教会贵族和世俗贵族占据主导地位。此外,对教皇的敌意给了天主教联盟一个与西班牙作战的借口、一个与王室为敌的借口。就像拿破仑·波拿巴一样,法兰西国王亨利四世发现自己真正的兴趣并非对抗罗马天主教制,而是对抗1516年的《政教协议》。

面对高卢教会,法兰西国王亨利四世束手束脚,就像他面对胡格诺派一样。因此,法兰西国王亨利四世对高卢教会和胡格诺派采用了同样的措施。他曾经试图从胡格诺派中分离出一股支持王室的宗教势力,并通过一项资助计

---

① 对官员收入设立波莱特税,或称年度税。考虑到这一点,国王放弃销售官职,而官员可以把自己官职传给子孙后代,使官职变为家族的世袭财产。——原注

划,用来控制胡格诺派大臣。如今对付高卢派,法兰西国王亨利四世打算采用类似的方法,在国教中加入一股独立依附王室的宗教势力。法兰西国王亨利四世想起了耶稣会,让·沙泰尔暗杀亨利四世未遂后,耶稣会被驱逐出法兰西。耶稣会在法兰西的地位,取决于王室的恩典。没有支持耶稣会的法兰西人,议会、索邦神学院、主教团都反对耶稣会。瓦卢瓦王朝时期,耶稣会曾被认为是

让·沙泰尔暗杀亨利四世

多明我会的标志

波旁王朝的"宗教警察"。到了波旁王朝时期,耶稣会自然不会再是法兰西王室的威胁。当时,耶稣会被驱逐的原因是因为同情西班牙人。现在,耶稣会已经失宠于西班牙,甚至受到对手多明我会修会宗教审判的威胁。耶稣会的神权民主理论,对一位受教皇承认、被民众认同的国王而言,是无害的。耶稣会的极端形式遭受过挫折。现在,主导耶稣会的是温和派。

法兰西国王亨利四世是最具有民族主义倾向的国王,个人并没有显著的宗教信仰。在政治上,他扮演了反对天主教的民族主义者;在宗教上,他通过普世天主教的"双子星"——教皇和耶稣会来保护自己的利益。

一切都服务于君主制,可以无视党派,无视原则。法兰西贵族甚至波旁家族都变成了国王的"装饰品",而非政府的必要元素。法兰西国王亨利四世的顾问维勒鲁瓦领主尼古拉·德·纳维尔说:"当一个国家有两个派别时,国王必须依附于强者。"但法兰西国王亨利四世答道："不，我要同时统治这两个派别。"法兰西国王亨利四世选择大臣，不问大臣的党派和出身，但能力和忠诚是必备的条件。在三个主要官员中，有胡格诺派的苏利公爵马克西米利安·德·贝蒂纳；从前的保王派尼古拉·德·纳维尔，他后来成为天主教联盟成员；还有马耶纳公爵夏尔的首席顾问皮埃尔·让南。这些人并未被要求改变宗教信仰和立场。君主制的最后一个制约因素王室委员会也名存实亡，因为法兰西国王亨利四世一般单独征求大臣的意见，却常常对大臣的意见不予采纳，对这些意见还常常不予采纳。在中央，君主集权的管理体系十分完整；在法兰西的南方，由于宗教独立、地方特权强硬、贵族野心勃勃，法兰西的南部成了王权专制主义的"突破口"。

天主教联盟和胡格诺派经历过同样的历程：利益受损的城镇、贫困的贵族和野心勃勃的亲王结成了联盟；不同阶层和利益团体之间相互嫉妒；天主教联盟和胡格诺派制订了相似的宪法改革计划，使用了相同的支持君主制的借口；最后，同样向国王发动了战争。天主教联盟和胡格诺派的矛盾可以追溯到"鸢尾花贵族"间的派系斗争，它们都有自己的封建意图和民主目的，也都为外国盟友牺牲了本国利益。天主教联盟和胡格诺派都没有放弃自己的宗教原则，但都放弃了自己的政治诉求，与历史潮流背道而驰。

宗教斗争毕竟没有从根本上改变宪法，只是进一步暴露了社会矛盾，进一步激化了社会矛盾。无论是认为其他阶层和机构明显优于君主政体，或者认为君主政体优于其他，都是错误的。令人厌恶的凯瑟琳·德·美第奇把三个无能的儿子留在了王位上，而第四个儿子的死被认为是一场国家的灾难，为革命提供了合理的理由。这一事实证明，王权是多么强大。法兰西波旁王朝的创建者法兰西国王亨利四世被天主教和胡格诺派反对。绝大多数法兰西人发誓，绝不接受新武装专制主义的提倡者——法兰西国王亨利四世。但法兰西人最终还是接受了他。

法兰西人并不满意，但他们已经很疲倦了，只能无力地转向最古老的政治

维勒鲁瓦领主尼古拉·德·纳维尔

皮埃尔·让南

理论——政府存在的目的就是维持和平。用失望的天主教联盟成员兼宪政主义者加斯帕尔·德·索尔克斯的一句话来表示："生活在伟大的王室而非暴君之下——这已经算是幸运的了。"

# 附录1　阿内·德·蒙莫朗西

## 童　年

阿内·德·蒙莫朗西出生于法兰西尚蒂伊，父亲是蒙莫朗西的威廉，母亲是安妮·波。蒙莫朗西的威廉很受法兰西国王弗朗索瓦一世的重用。

蒙莫朗西的威廉

## 法兰西国王弗朗索瓦一世统治时期

1515年1月,弗朗索瓦即位,称法兰西国王弗朗索瓦一世。阿内·德·蒙莫朗西成为法兰西宫廷中具有影响力的人物。1515年,弗朗索瓦一世重申法兰西对米兰的主权,阿内·德·蒙莫朗西跟随弗朗索瓦一世进入意大利,并在马里尼亚诺战役中崭露头角。

1516年,阿内·德·蒙莫朗西被任命为巴士底狱的管理者,并成为诺瓦拉的总督。1518年,为了赎回图尔奈,弗朗索瓦一世欠了英格兰国王亨利八世一大笔债务,阿内·德·蒙莫朗西成为人质之一留在了英格兰。1519年5月,阿内·德·蒙莫朗西回到法兰西,参加法兰西和神圣罗马帝国之间的一次短暂的

马里尼亚诺战役

金缕地会盟

和平会议。然而,这场和平会议以失败告终。1520年,阿内·德·蒙莫朗西参加了法兰西和英格兰之间的"金缕地会盟"。在英格兰和法兰西的关系恶化后,他负责与英格兰进行外交谈判。

1521年8月,阿内·德·蒙莫朗西指挥了梅济耶尔防卫战,抵抗德意志帝国军队的进攻。1521年,阿内·德·蒙莫朗西还指挥了瑞士军队在意大利的战争。1522年4月27日,阿内·德·蒙莫朗西的军队在的拉比科卡战役中战败。但他作战勇猛,被任命为法兰西元帅,以表彰他的勇气。

1523年到1525年,阿内·德·蒙莫朗西在法兰西北部抵御英格兰军队的进攻。那时,英格兰已经和神圣罗马帝国结盟。1524年,阿内·德·蒙莫朗西再次和弗朗索瓦一世加入争夺米兰的战争。1525年2月24日,在帕维亚战役中,一支由意大利人、西班牙人和德国人组成的联合军队打败了法兰西军队,并俘虏了阿内·德·蒙莫朗西和弗朗索瓦一世。阿内·德·蒙莫朗西再次和弗朗索瓦一世被送到了西班牙。但不久后,阿内·德·蒙莫朗西被释放了。1526年,阿内·德·蒙莫朗西代表法兰西参与了《马德里条约》的谈判和签约过程。作为人质的弗朗索瓦一世用两个儿子,亨利,也就是后来法兰西国王亨利二世及布列塔尼公爵弗朗索瓦三世交换了自己的自由,而阿内·德·蒙莫朗西当时负责照顾弗朗索瓦一世。1530年，阿内·德·蒙莫朗西把亨利和布列塔尼公爵弗朗索瓦三世送回了法兰西。

1526年3月23日，阿内·德·蒙莫朗西被任命为法兰西王室的总管，负责管理王室和国王的私人事务。1527年，阿内·德·蒙莫朗西娶了萨伏伊的勒内的女儿——萨伏伊的马德莱娜为妻。阿内·德·蒙莫朗西支持弗朗索瓦一世建立联盟，对抗神圣罗马帝国皇帝查理五世。1527年，阿内·德·蒙莫朗西和枢机主教托马斯·沃尔西一起组建了以弗朗索瓦一世和亨利八世为代表的英法联盟，引

布列塔尼公爵弗朗索瓦三世

签订《康布雷和约》

发了一场反对神圣罗马帝国的新战争。最后,这场战争以《康布雷和约》的签订而告终。

1536年,弗朗索瓦一世不顾阿内·德·蒙莫朗西的劝告,入侵萨伏伊公国,宣称拥有萨伏伊公国的所有权,同时向查理五世施压,要求他归还米兰。该行为引发了查理五世的报复。神圣罗马帝国军队从意大利北部入侵了普罗旺斯。当时,阿内·德·蒙莫朗西不再管理法兰西的宫廷事务。弗朗索瓦一世重新任命阿内·德·蒙莫朗西为朗格多克总督和法兰西东南部中将,率领法兰西军队保卫了普罗旺斯。之后,阿内·德·蒙莫朗西撤出了普罗旺斯的艾克斯,集结军队在阿维尼翁附近。1536年秋,查理五世被迫把军队撤回热那亚,解除对马赛的围攻。之后,阿内·德·蒙莫朗西在皮卡第和弗朗索瓦一世会合。在荷兰战役结束时,阿内·德·蒙莫朗西率领军队解放了都灵。

1537年，阿内·德·蒙莫朗西率领法兰西军队进攻荷兰的阿图瓦，并占领了荷兰很多城镇。1538年2月10日，弗朗索瓦一世任命阿内·德·蒙莫朗西为法兰西治安官。大约在这个时候，阿内·德·蒙莫朗西委托宫廷艺术家罗索·菲奥伦蒂诺制作《圣母怜子图》。《圣母怜子图》现藏于卢浮宫。

与大多数人的态度不同，阿内·德·蒙莫朗西开始支持法兰西与神圣罗马帝国讲和，重启了与神圣罗马帝国的谈判，并鼓励教皇保罗三世创建相关的和平协议。1538年7月，阿内·德·蒙莫朗西成功促使弗朗索瓦一世和查理五世在艾格莫尔特会面。作为结盟的标志，弗朗索瓦一世希望查理五世把米兰交给自己的一个儿子。但查理五世却把米兰留给了自己的儿子西班牙国王腓力二世。这导致了谈判失败。阿内·德·蒙莫朗西失去了弗朗索瓦一世的宠爱。弗朗索瓦一世开始宠信阿内·德·蒙莫朗西的竞争对手——枢机主教弗朗索瓦·德·图尔农和克劳德·德阿内博尔及伊坦佩斯女公爵安妮·德·皮赛罗·德埃利。

弗朗索瓦一世和查理五世在艾格莫尔特会面

1541年6月，阿内·德·蒙莫朗西从法兰西宫廷退休。阿内·德·蒙莫朗西失去了朗格多克总督的职位，也被禁止行使其他权力，但他继续与法兰西皇子亨利，也就是后来的法兰西国王亨利二世保持通信联系。

## 法兰西国王亨利二世统治时期

1547年3月，亨利即位，称法兰西国王亨利二世。阿内·德·蒙莫朗西重返政坛。亨利二世恢复了阿内·德·蒙莫朗西过去所有的官职，并遣散了伊坦佩斯女公爵安妮·德·皮赛罗·德埃利及其追随者。

伊坦佩斯女公爵安妮·德·皮赛罗·德埃利

1548年，阿内·德·蒙莫朗西镇压了法兰西西南地区，尤其是波尔多的叛乱。1549年到1550年，阿内·德·蒙莫朗西在布洛涅率兵打仗。1550年3月24日，阿内·德·蒙莫朗西劝服布洛涅投降。作为奖赏，阿内·德·蒙莫朗西被亨利二世封为男爵。1551年，阿内·德·蒙莫朗西被亨利二世封为蒙莫朗西公爵。不久之后，阿内·德·蒙莫朗西率军在法兰西东北地区作战，夺取了梅茨、图勒和凡尔登。

## 法兰西国王弗朗索瓦二世统治时期

　　1557年8月10日，阿内·德·蒙莫朗西试图解救被围困的圣康坦，却被西班牙哈布斯堡军队打败，成为俘虏。直到1558年10月，《卡托-康布雷西和约》签订后，阿内·德·蒙莫朗西才被释放。获释后，十五岁的弗朗索瓦二世对阿

围攻圣康坦

弗朗索瓦·德·蒙莫朗西

内·德·蒙莫朗西漠不关心。因为此时吉斯家族已经取代了阿内·德·蒙莫朗西,成了弗朗索瓦二世的新宠。阿内·德·蒙莫朗西不得不把他的王室总管职位让给吉斯公爵弗朗西斯。但作为补偿,阿内·德·蒙莫朗西的儿子弗朗索瓦·德·蒙莫朗西被任命为法兰西元帅。阿内·德·蒙莫朗西居住在自己的领地上。

## 法兰西宗教战争时期

1560年,查理即位,称法兰西国王查理九世。阿内·德·蒙莫朗西再次担任法兰西宫廷职务。然而,年轻的查理九世受到了信奉新教的波旁家族的影响,于是信奉罗马天主教的阿内·德·蒙莫朗西离开了宫廷。1561年4月,阿内·德·蒙莫朗西与过去的敌人——吉斯公爵弗朗西斯，以及圣安德烈元帅雅克·德阿尔邦结盟，组成了三头同盟，即保卫天主教的联盟。

1562年，在德勒战役中，阿内·德·蒙莫朗西起了重要作用。战争初期，阿内·德·蒙莫朗西的骑兵溃败，阿内·德·蒙莫朗西被俘。但最终，阿内·德·蒙莫朗西的军队赢得了战斗。德勒战役是16世纪最血腥的战争之一。1563年3月19日，阿内·德·蒙莫朗西参与了《安博瓦兹条约》的谈判。1567年，胡格诺派鼓动修改《安博瓦兹条约》的内容，要求签订一份更加公平的协议。

## 去 世

1567年11月10日，七十四岁的阿内·德·蒙莫朗西率领法兰西军队在圣但尼取得胜利。但他在战争中受了致命伤，1567年11月12日，因伤去世。

# 附录2 加斯帕尔二世·德·科利尼

加斯帕尔二世·德·科利尼是法兰西贵族和海军上将。他参与另外法兰西宗教战争,是胡格诺派领袖,也是法兰西国王查理九世的密友和顾问。

## 血 统

加斯帕尔二世·德·科利尼出身于勃艮第的一个贵族家庭。他的家族的贵族血统可以追溯到11世纪。自法兰西国王路易十一统治开始,科利尼家族一直为法兰西国王服务。加斯帕尔二世·德·科利尼的父亲加斯帕尔一世·德·科利尼,被称为沙蒂永元帅。1495年到1515年,加斯帕尔一世·德·科利尼在意大利战争中服役。1516年,他被任命为法兰西元帅。加斯帕尔一世·德·科利尼和妻子路易丝·德·蒙莫朗西,也就是阿内·德·蒙莫朗西的妹妹,生了三个儿子:奥代·德·科利尼、加斯帕尔二世·德·科利尼和弗朗索瓦·德安德洛·德·科利尼。这三人在法兰西第一次宗教战争中都扮演了重要的角色。

## 早年生活

1519年,加斯帕尔二世·德·科利尼出生在卢万河畔的沙蒂永。二十二岁时，加斯帕尔二世·德·科利尼来到法兰西宫廷，与吉斯公爵弗朗索瓦成了朋友。1543年，在战役中，加斯帕尔二世·德·科利尼崭露头角，在蒙梅迪围攻战中负伤。1544年，加斯帕尔二世·德·科利尼参加了意大利战役。他曾在昂吉安伯爵弗朗索瓦、法兰西国王查理八世、法兰西国王路易十二和法兰西国王弗朗索瓦一世麾下任职。最后，他在切雷索莱战役中被封为爵士。回到法兰西后，

切雷索莱战役

克劳德·德阿内博尔

加斯帕尔二世·德·科利尼参加了多个军事行动。1547年4月,他被任命为步兵上校,展示了自己的强大能力和智慧。

1547年,加斯帕尔二世·德·科利尼与夏洛特·德·拉瓦尔结婚。1552年,克劳德·德阿内博尔死后,加斯帕尔二世·德·科利尼被任命为海军上将。1557年,加斯帕尔二世·德·科利尼受命守卫圣康坦。面对围城,加斯帕尔二世·德·科利尼表现出了极大的勇气、决心和人格力量。但最终,圣康坦失守了,他被关在埃克勒斯的要塞。交了五万克朗的赎金后,加斯帕尔二世·德·科利尼重获自由。

在弟弟弗朗索瓦·德安德洛·德·科利尼的影响下,加斯帕尔二世·德·科利尼成了一名胡格诺派教徒。据说，1558年9月4日，新教改革的领袖约翰·加尔文给加斯帕尔二世·德·科利尼写了第一封信。弗朗索瓦·德安德洛·德·科利尼和加斯帕尔二世·德·科利尼是16世纪法兰西贵族中最热心、最坚定的胡格诺派支持者。

加斯帕尔二世·德·科利尼一直努力秘密保护胡格诺教徒。他试图在国外建立殖民地，为胡格诺派教徒提供庇护。在朋友和同事海军中将尼古拉·迪朗·德·维莱甘农的领导下，他组织了一批胡格诺派教徒远征巴西。1555年，尼古拉·迪朗·德·维莱甘农在里约热内卢建立了殖民地，即法兰西南极洲。1567

约翰·加尔文

让·里博

年，尼古拉·迪朗·德·维莱甘农和加斯帕尔二世·德·科利尼被葡萄牙人驱逐出法兰西南极洲。1562年，让·里博试图在西班牙属佛罗里达建立殖民地卡洛琳堡，加斯帕尔二世·德·科利尼是这次殖民活动的主要赞助人。

1566年和1570年，安德烈·德阿尔巴尼亚向加斯帕尔二世·德·科利尼提交了探索南美洲的计划书。加斯帕尔二世·德·科利尼慎重考虑了安德烈·德阿尔巴尼亚的探险计划。但1572年，加斯帕尔二世·德·科利尼在圣巴塞洛缪大屠杀中被杀害，一切化为泡影。

## 国内冲突

法兰西国王亨利二世驾崩后，加斯帕尔二世·德·科利尼与孔代亲王路易成了胡格诺派的先锋，主张法兰西应该推行宗教宽容政策和进行其他改革。1560年，在枫丹白露的显贵会议上，加斯帕尔二世·德·科利尼和吉斯公爵弗朗索瓦发生了激烈的冲突。1562年，当内战开始时，加斯帕尔二世·德·科利尼一直犹豫不决。经过长时间的考虑，他最终决定拿起武器，并做好了随时和谈的准备。在所有这些战争中，加斯帕尔二世·德·科利尼都没有表现出过人的才华。但他自始至终都十分谨慎和顽强，被称为"不幸的英雄"。

从1562年到1563年，在第一次宗教战争中，加斯帕尔二世·德·科利尼在德勒战役中指挥骑兵作战。德勒战役是宗教战争以来的首次大型战役。在德勒战役中，胡格诺派首领孔代亲王路易和天主教联盟首领阿内·德·蒙莫朗西都被对方军队俘虏。加斯帕尔二世·德·科利尼成功躲过了追捕，并组织骑兵有条不紊地撤退。

1569年，第三次宗教战争开始，在雅纳克战役中，孔代亲王路易战败并死亡。加斯帕尔二世·德·科利尼成为胡格诺派军队中唯一的领袖。1569年6月25日，在拉罗什勒阿贝耶战役中，加斯帕尔二世·德·科利尼率军取得了胜利。1569年10月3日，在蒙孔图尔战役中，加斯帕尔二世·德·科利尼的军队战败。1570年，加斯帕尔二世·德·科利尼参加了胡格诺派和天主教联盟的谈判，签订了《圣日耳曼和约》。1571年，加斯帕尔二世·德·科利尼与杰奎琳·德·蒙贝尔·德昂特勒蒙结婚，返回了法兰西宫廷，并迅速得到了法兰西国王查理九世的青睐，成为这位软弱、易受操纵的国王的亲密导师。

为了把查理九世从母亲凯瑟琳·德·美第奇和吉斯家族的控制下解救出来，加斯帕尔二世·德·科利尼向查理九世提议，组建一支由查理九世亲自指挥的军队，军队既包含天主教教徒也包含胡格诺派教徒。查理九世对加斯帕尔二世·德·科利尼特别尊敬，而且胡格诺派越来越大胆，这使凯瑟琳·德·美第奇感到不安。

拉罗什勒阿贝耶战役

## 暗杀和大屠杀

信奉新教的纳瓦拉国王亨利和查理九世的妹妹瓦卢瓦的玛格丽特在举办婚礼。大批胡格诺派名流汇聚巴黎，使巴黎的政治和宗教局势变得异常紧张。1572年8月22日，也就是婚礼结束后的第二天，加斯帕尔二世·德·科利尼在街上被莫瑞特领主夏尔·德·卢维耶刺杀。莫瑞特家族听从吉斯家族的命令。然而，子弹只射中了加斯帕尔二世·德·科利尼右手的一根手指，打伤了他的左手肘。在随后的混乱中，夏尔·德·卢维耶逃跑了。

不清楚是谁雇佣或怂恿了夏尔·德·卢维耶刺杀加斯帕尔二世·德·科利尼的。历史学家们通常认为有三种可能性：吉斯家族、凯瑟琳·德·美第奇，或者代表西班牙国王腓力二世的费尔南多·阿尔瓦雷斯·德·托莱多。法兰西国王查理九世派医生为加斯帕尔二世·德·科利尼治疗伤口，甚至还亲自探望了

纳瓦拉国王亨利与瓦卢瓦的玛格丽特的婚礼

他。但凯瑟琳·德·美第奇禁止查理九世和加斯帕尔二世·德·科利尼之间有任何私人谈话。

天主教教徒担心，胡格诺派会因加斯帕尔二世·德·科利尼遭遇刺杀而采取报复行动，于是决定先发制人，暗杀胡格诺派的领袖，这就是著名的圣巴塞洛缪大屠杀。加斯帕尔二世·德·科利尼是天主教的主要暗杀目标之一。1572年8月24日晚上，吉斯家族领导一群人袭击了加斯帕尔二世·德·科利尼的住所。加斯帕尔二世·德·科利尼的几名随从相继被杀。吉斯公爵亨利一世的仆人夏尔·达诺维茨或者是让·夏尔·德伊诺维茨，一剑刺穿了加斯帕尔二世·德·科利尼的胸膛，并把他从窗户推了出去，扔到了吉斯公爵亨利一世的脚下。吉斯公爵亨利一世的另一个手下砍下了加斯帕尔二世·德·科利尼的头颅。

历史学家芭芭拉·B.迪芬多夫写道："西蒙·维戈尔曾说，'如果法兰西的统治者想要加斯帕尔二世·德·科利尼的命，不杀加斯帕尔二世·德·科利尼就是违抗命令'。"通过这句话，巴黎最受欢迎的牧师西蒙·维戈尔为圣巴塞洛缪大屠杀辩护。

加斯帕尔二世·德·科利尼的相关文件被凯瑟琳·德·美第奇没收并烧毁。根据皮埃尔·德·布尔代耶的说法，其中有一部内战史写得非常好，十分公允，值得出版。

## 婚姻与子女

加斯帕尔二世·德·科利尼的第一位妻子是夏洛特·德·拉瓦尔。加斯帕尔二世·德·科利尼和夏洛特·德·拉瓦尔有三位子女。大女儿路易斯·德·科利尼先后嫁给了夏尔·德·泰利尼和奥兰治亲王威廉一世。儿子弗朗索瓦·德·科利尼是吉耶纳的海军上将，他是法兰西国王亨利四世最忠诚的仆人之一。法兰西国王路易十三时期，弗朗索瓦·德·科利尼成了法兰西元帅。夏尔·德·科利尼是香槟的陆军中将。

皮埃尔·德·布尔代耶

路易斯·德·科利尼

夏尔·德·泰利尼

法兰西国王路易十三

加斯帕尔二世·德·科利尼的第二位妻子是杰奎琳·德·蒙贝尔·德昂特勒蒙。她是恩特蒙特和劳纳格林的女伯爵。加斯帕尔二世·德·科利尼和杰奎琳·德·蒙贝尔·德昂特勒蒙有一个女儿贝亚特丽斯·德·科尼利。后来，贝亚特丽斯·德·科尼利成了恩特蒙特的女伯爵。

# 附录3　纳瓦拉国王安托万

1555年,通过与让娜·德阿尔布雷的婚姻,纳瓦拉获得了纳瓦拉王位,称纳瓦拉国王安托万。1537年,安托万成了波旁家族的首领。获得纳瓦拉国的王位后,他成了波旁家族历史上的第一位君主。纳瓦拉国王安托万是法兰西国王亨利四世的父亲。

让娜·德阿尔布雷

## 家庭背景

安托万生于法兰西皮卡第的拉费尔,父亲是旺多姆公爵夏尔·德·波旁,母亲是弗朗索瓦·德阿朗松。安托万是胡格诺派领袖孔代亲王路易的哥哥。

## 婚姻和子女

1548年10月20日,安托万在穆兰迎娶了纳瓦拉国王亨利二世和玛格丽特·德·纳瓦拉的女儿——让娜·德阿尔布雷。1555年5月,亨利二世驾崩后,安托万成了纳瓦拉国王,同时成了富瓦、阿马尼亚克、比戈尔、佩里戈尔的伯爵,以及贝阿恩子爵。据说,让娜·德阿尔布雷深爱纳瓦拉国王安托万。安托万和

纳瓦拉国王亨利二世

玛格丽特·德·纳瓦拉

凯瑟琳·德·波旁

让娜·德阿尔布雷共育有五个子女，分别是博蒙特公爵亨利、法兰西国王亨利四世、马尔勒伯爵路易、马德莱娜·德·波旁、凯瑟琳·德·波旁。1572年，法兰西国王亨利四世娶了亨利二世和凯瑟琳·德·美弟奇的女儿——瓦卢瓦的玛格丽特。1599年，凯瑟琳·德·波旁嫁给了洛林公爵亨利二世。

安托万和情妇路易斯·德·拉·贝劳迪埃有一个儿子——鲁昂的大主教夏尔·德·波旁。

## 宗教信仰

安托万似乎没有任何真正的宗教信仰，他几次公开改变宗教信仰。想重新皈依天主教时，安托万与妻子让娜·德阿尔布雷分居，并威胁要与妻子离婚。

## 宗教战争

　　法兰西国王查理九世时期,凯瑟琳·德·美第奇摄政。1561年,凯瑟琳·德·美第奇任命安托万为法兰西中将。1562年,让娜·德阿尔布雷允许胡格诺派教徒洗劫旺多姆教堂,安托万威胁要把让娜·德阿尔布雷送去修道院。于是,让娜·德阿尔布雷前往贝阿恩躲避。1562年,鲁昂之围期间,安托万为天主教而战,在战争中被杀。

# 附录4　吉斯公爵弗朗索瓦

吉斯公爵弗朗索瓦，原名弗朗西斯·德·洛林二世，是茹安维尔的第一位亲王，后成为吉斯公爵和欧马勒公爵，是法兰西将军和政治家。吉斯公爵弗朗索瓦是1551年到1559年的意大利战争及法兰西宗教战争的杰出领袖。1563年，在奥尔良围攻战，吉斯公爵弗朗索瓦被暗杀。

## 早年生活

吉斯公爵弗朗索瓦出生于洛林的巴勒迪克。他的父亲是吉斯公爵克劳德，他的母亲是安托瓦内特·德·波旁。吉斯公爵弗朗索瓦的姐姐吉斯的玛丽是苏格兰国王詹姆斯五世的妻子，是苏格兰女王玛丽一世的母亲。他的弟弟夏尔·德·洛林是洛林的枢机主教。他与法兰西国王亨利二世相伴在法兰西宫廷长大。反对者总是强调吉斯公爵弗朗索瓦外国人的身份。但由于身世显赫，打出生起，吉斯公爵弗朗索瓦在法兰西就备受瞩目。

1545年，吉斯公爵弗朗索瓦曾在布洛涅第二次围攻战中身受重伤，后来恢复了健康。当时，吉斯公爵弗朗索瓦被一支长矛刺穿了头盔的面部护具。在巨大的冲击下，长矛的箭头穿透了吉斯公爵弗朗索瓦的两颊，十五厘米长的枪杆被猛地折断。然而，吉斯公爵弗朗索瓦稳稳地坐在马鞍上，独自骑马回到他的帐

外科医生为吉斯公爵弗朗索瓦治疗

篷里。在帐篷里,外科医生为吉斯公爵弗朗索瓦治疗,原以为他会无法忍受剧痛,在疼痛中死去,却没想到当金属箭头拔出时,吉斯公爵弗朗索瓦轻松地忍受着,就好像只是被拔了一根头发。吉斯公爵弗朗索瓦的脸上有道伤疤,为他赢得了"刀疤吉斯"的绰号。

1548年,吉斯公爵弗朗索瓦与安娜·德埃斯特结婚。当时,婚礼场面十分壮观。安娜·德埃斯特的父亲是费拉拉公爵埃尔科莱二世·德埃斯特,母亲是法兰西国王路易十二的女儿——法兰西的勒妮。

1551年,吉斯公爵弗朗索瓦被任命为法兰西宫廷内务大臣。1552年,神圣罗马帝国皇帝查理五世进攻梅茨城,吉斯公爵弗朗索瓦成功保住了梅茨城。

1554年，在兰迪战役中，吉斯公爵弗朗索瓦再次击败了查理五世的军队，为自己赢得了国际声誉。1556年，沃克勒斯休战期间，吉斯公爵弗朗索瓦减少了军事行动。

1557年，为了帮助教皇保罗四世，也可能是为了进一步推进吉斯家族继承瓦卢瓦-安茹王朝遗产的计划，吉斯公爵弗朗索瓦率军进入意大利。但由于在圣康坦战役中阿内·德·蒙莫朗西战败，吉斯公爵弗朗索瓦奉命率军回到了法兰西，被任命为法兰西中将。1558年1月7日，吉斯公爵弗朗索瓦从英格兰人手中夺取了加来。这对当时的法兰西而言，是一次巨大的胜利。1558年夏，吉斯公爵弗朗索瓦又夺取了蒂永维尔和阿尔隆。就在吉斯公爵弗朗索瓦准备进军卢森堡时，英格兰和法兰西两国签订了和平协议《卡托-康布雷西和约》。吉斯公爵弗朗索瓦停止了继续征战的步伐。在法兰西国王亨利二世统治期间，吉斯公爵弗朗索瓦是法兰西首屈一指的军事人物。他彬彬有礼、和蔼可亲、坦诚待人、广受欢迎，同时代人称吉斯公爵弗朗索瓦为"大公爵吉斯"。

吉斯公爵弗朗索瓦的外甥女，即苏格兰女王玛丽一世嫁给了法兰西国王弗朗索瓦二世。1559年7月10日，弗朗索瓦即位，称法兰西国王弗朗索瓦二世。此时，吉斯家族的发展进入了繁盛期。吉斯家族风头正盛时，法兰西王室总管阿内·德·蒙莫朗西因战败而蒙羞，并被逐出了宫廷。在王室委员会中，吉斯公爵弗朗索瓦和弟弟夏尔·德·洛林具有至高无上的地位。

## 宗教战争

在法兰西宫廷，吉斯家族势力强大。也许是受到孔代亲王路易·德·波旁的煽动，佩里戈尔的一位新教绅士让·迪·巴里策划并组织了安博瓦兹阴谋，试图抓捕吉斯公爵弗朗索瓦和枢机夏尔·德·洛林。因组织不善，这个计划被推迟了六天。最终，计划败露。1560年2月22日，吉斯家族决定将法兰西国王弗朗索瓦二世等王室成员从布洛瓦转移到安博瓦兹城堡。因为他们认为安博瓦

安博瓦兹城堡

兹城堡更容易防守,并加强了安博瓦兹城堡的防御。1560年3月12日,胡格诺派教徒袭击了安博瓦兹城堡。

然而,胡格诺派教徒的袭击被快速镇压,一千二百人被处决。紧接着,孔代亲王路易·德·波旁被迫逃离法兰西宫廷。与此同时,吉斯家族的力量达到了顶峰。1560年8月,在枫丹白露的显贵会议上,胡格诺派领袖加斯帕尔二世·德·科利尼发表了反对吉斯家族的言论。这番言论对法兰西国王弗朗索瓦二世没有产生丝毫影响,却使加斯帕尔二世·德·科利尼锒铛入狱。

1560年12月5日,法兰西国王弗朗索瓦二世突然驾崩,苏格兰女王玛丽一世在苏格兰和法兰西的影响力忽大忽小。法兰西国王查理九世即位后,吉斯公爵弗朗索瓦退休了,在他的庄园里过着闲散的生活。

起初,凯瑟琳·德·美第奇倾向于支持新教。为了维护天主教事业,吉斯公

圣安德烈元帅雅克·德阿尔邦

爵弗朗索瓦和阿内·德·蒙莫朗西，以及圣安德烈元帅雅克·德阿尔邦结盟，组成了三头同盟，即保卫天主教的联盟，反对凯瑟琳·德·美第奇试图推行有利于新教的让步政策。

1561年7月，吉斯公爵弗朗索瓦给符腾堡公爵克里斯托夫写了一封信，讨论三头同盟的计划。计划的主要内容是：法兰西与罗马教廷和西班牙哈布斯堡王朝交涉，并与德意志信奉路德教的亲王们达成谅解。1561年9月和1561年10月，新教和天主教的神学家在普瓦西宗教会议上进行讨论，却毫无结果。凯瑟琳·德·美第奇的调解政策也失败了。1562年2月15日到1562年2月18日，吉斯公

符腾堡公爵克里斯托夫

爵弗朗索瓦在萨维恩拜访了符腾堡公爵克里斯托夫。这使符腾堡公爵克里斯托夫相信普瓦西宗教会议的失败完全是由新教徒造成的。

  1562年3月1日，在前往巴黎的路上，吉斯公爵弗朗索瓦经过了布莱斯河畔的瓦西。一场针对新教徒的大屠杀发生了。吉斯公爵弗朗索瓦对瓦西大屠杀事件需要负有多少责任尚不清楚。在法兰西宗教战争中，瓦西大屠杀是第一个重大事件，引发了天主教和新教公开的军事冲突。1562年9月，在布尔日之围中，天主教在法兰西宗教战争中取得的首次胜利是吉斯公爵弗朗索瓦率军占领了法兰西中部胡格诺派最重要的据点之一。1562年10月，吉斯公爵弗朗索瓦又率军从胡格诺派手中夺回了被占领的鲁昂。1562年12月19日，在德勒战役中，阿内·德·蒙莫朗西被捕，圣安德烈元帅雅克·德阿尔邦被杀，吉斯公爵弗朗索瓦成了三头同盟的绝对领袖。与此同时，吉斯公爵弗朗索瓦还俘虏了胡格诺派的领袖孔代亲王路易·德·波旁。

## 暗 杀

在第四次遭遇战中,吉斯公爵弗朗索瓦正准备从孔代亲王路易·德·波旁手中夺取奥尔良,却在1563年2月18日被胡格诺派刺客让·德·波尔特尔刺伤。1563年2月24日,在科尼庄园,吉斯公爵弗朗索瓦的外科医生给他做手术。在手术过程中,吉斯公爵弗朗索瓦流血过多,最终死亡。

这并不是吉斯公爵弗朗索瓦遭遇的第一次暗杀。1560年5月,尼古拉·思罗克莫顿爵士告知英格兰女王伊丽莎白一世:1556年,吉斯公爵弗朗索瓦被任命

尼古拉·思罗克莫顿爵士

为法兰西王室狩猎大师后,有人策划了一场狩猎事故,意图杀死吉斯公爵弗朗索瓦,但最终一个刺客被人揭发,其他五个刺客逃之夭夭。

吉斯公爵弗朗索瓦去世后,胡格诺派和天主教之间公开的敌对行动暂时停止了。受审时,刺杀吉斯公爵弗朗索瓦的让·德·波尔特尔,在证词中牵扯出了加斯帕尔二世·德·科利尼和新教牧师泰奥多尔·德·贝兹,尽管让·德·波尔特尔后来改变了证词。加斯帕尔二世·德·科利尼也否认吉斯公爵弗朗索瓦的死跟自己有关。但吉斯公爵弗朗索瓦的儿子吉斯公爵亨利一世和加斯帕尔二世·德·科利尼之间产生了激烈的冲突,最终导致了圣巴塞洛缪大屠杀。

## 家庭和子女

1548年4月29日,在圣日耳曼昂莱,吉斯公爵弗朗索瓦与安娜·德埃斯特结婚。吉斯公爵弗朗索瓦与安娜·德埃斯特共育有七个子女:吉斯公爵亨利一世、凯瑟琳·德·洛林、马耶纳公爵夏尔、吉斯枢机主教路易二世、安托万、弗朗索瓦、马克西米利安。

# 附录 5　吉斯公爵亨利一世

吉斯公爵亨利一世是茹安维尔的亲王，也是伊尤的伯爵。有时，他被称为"疤面公爵"。他的父亲是吉斯公爵弗朗索瓦，母亲是安娜·德埃斯特，外祖父是费拉拉公爵埃尔科莱二世·德埃斯特，外祖母是法兰西国王路易十二的女儿——法兰西的勒妮。1576年，吉斯公爵亨利一世建立了天主教联盟，以阻止胡格诺派领袖纳瓦拉国王亨利三世继承法兰西的王位。吉斯公爵亨利一世是法兰西宗教战争的关键人物，也是"三亨利之战"中的核心人物。吉斯公爵亨

费拉拉公爵埃尔科莱二世·德埃斯特

法兰西的勒妮

利一世是凯瑟琳·德·美第奇的有力对手。最后,吉斯公爵亨利一世被法兰西国王亨利三世的护卫队暗杀。

## 早年生活

1550年12月31日,亨利出生,后来继承爵位,称吉斯公爵亨利一世。他是吉斯公爵弗朗索瓦和安娜·德埃斯特的长子。吉斯公爵弗朗索瓦是法兰西的主要政治家和军事家。安娜·德埃斯特是费拉拉公爵埃尔科莱二世·德埃斯特的女儿。年轻时,吉斯公爵亨利一世与后来的法兰西国王亨利三世是好友。1561年,在内穆尔公爵雅克的授意下,吉斯公爵亨利一世试图劝说年轻的亨利王子,也

内穆尔公爵雅克

就是后来的法兰西国王亨利三世与他一同加入天主教。这让吉斯公爵亨利一世的父亲吉斯公爵弗朗索瓦和叔叔夏尔·德·洛林非常愤怒。在吉斯公爵亨利一世十二岁时,父亲吉斯公爵弗朗索瓦被暗杀。因此,1563年,他继承了父亲的香槟总督和法兰西王宫管家头衔。

吉斯公爵亨利一世及其家族认为加斯帕尔二世·德·科利尼对吉斯公爵弗朗索瓦之死负有责任。因此,他们一直想杀死加斯帕尔二世·德·科利尼,为吉斯公爵弗朗索瓦报仇。1564年,吉斯公爵亨利一世和叔叔夏尔·德·洛林试图以武力进入巴黎,结果两人都被围困在自己的住所,最后被迫妥协让步。1566年,在穆兰,法兰西国王查理九世组织了一场见面会,试图化解吉斯家族和科利尼家族的宿怨,让夏尔·德·洛林与加斯帕尔二世·德·科利尼化干戈为玉帛。但吉斯公爵亨利一世拒绝出席。吉斯公爵亨利一世甚至直接向加斯帕尔二世·德·科利尼和阿内·德·蒙莫朗西下挑战书,要求与两人决斗,但被两人拒绝了。

在法兰西宫廷受到冷遇后,吉斯公爵亨利一世和弟弟马耶纳公爵夏尔决定在费拉拉公爵阿方索二世·德埃斯特手下服役,带着三百五十名士兵远征奥斯曼土耳其帝国控制下的匈牙利。1568年9月,夏尔·德·洛林重新进入法兰西枢密院任职,吉斯家族再次回到了法兰西政治中心。

## 政治生涯

吉斯公爵亨利一世在第二次和第三次法兰西宗教战争中发挥了重要的军事作用。1567年,在圣但尼战役和1569年雅纳克战役中,吉斯公爵亨利一世表现出色,还在加斯帕尔二世·德·科利尼的围攻下成功地保卫了普瓦捷。在蒙孔图尔战役中,吉斯公爵亨利一世受了伤。

1570年,《圣日耳曼和约》签订,法兰西第三次宗教战争结束。《圣日耳曼和约》规定,信奉新教的纳瓦拉国王亨利三世和法兰西国王查理九世的妹妹瓦卢瓦的玛格丽特联姻，以确保国内政局稳定。就在这个时候，吉斯公爵亨利一世和瓦卢瓦的玛格丽特传出了绯闻。很快，法兰西宫廷知道了此事，法兰西国王查理九世和弟弟亨利，也就是后来的法兰西国王亨利三世暴跳如雷，愤怒地殴打了妹妹瓦卢瓦的玛格丽。虽然有人建议暗杀吉斯公爵亨利一世以示惩罚，但最终法兰西国王查理九世决定以言行失检的罪名将他驱逐出法兰西宫廷。1570年10月3日，吉斯公爵亨利一世与克利夫斯的凯瑟琳结婚，继承了伊尤伯爵头衔。

1572年8月，纳瓦拉国王亨利三世和瓦卢瓦的玛格丽特联姻。大多数新教领袖前往巴黎，出席两人的结婚典礼。婚礼结束后不久，加斯帕尔二世·德·科利尼遭遇暗杀，肩部中枪。由于吉斯公爵亨利一世与加斯帕尔二世·德·科利尼长期不和，吉斯公爵亨利一世被认为是这次暗杀的主要嫌疑人。在接下来的几天里，巴黎局势不断恶化，王室委员会计划并实施了一场专门消灭巴黎新教领导人的行动，后来演变成了圣巴塞洛缪大屠杀。在圣巴塞洛缪大屠杀期间，吉斯公爵亨利一世负责追查谋杀加斯帕尔二世·德·科利尼的真相。

后来，宗教战争再次爆发。在多尔芒战役中，吉斯公爵亨利一世负伤。与父亲吉斯公爵弗朗索瓦一样，吉斯公爵亨利一世被称为"疤面吉斯"。吉斯公爵亨利一世个人魅力非凡，在公众中，享有很高的声誉。作为反对胡格诺派的先锋，他深受法兰西激进天主教教徒的爱戴。

## 天主教联盟

1576年，吉斯公爵亨利一世成立天主教联盟。此时，吉斯公爵亨利一世与法兰西国王亨利三世之间的关系迅速恶化。这引发了进一步的冲突，即"三亨利之战"。

1584年，法兰西国王亨利三世的弟弟安茹公爵弗朗索瓦去世。新教首领纳瓦拉国王亨利三世成了法兰西国王亨利三世的继承人。当时，吉斯公爵亨利一

克利夫斯的凯瑟琳

世与西班牙国王腓力二世签订了《茹安维尔条约》，宣布枢机主教夏尔·德·波旁才是法兰西国王亨利三世的合法继承人，纳瓦拉国王亨利三世的继承权是不合法的。1585年，法兰西国王亨利三世站在天主教联盟一边，与新教徒作战并取得了巨大的胜利。吉斯公爵亨利一世派欧马勒公爵夏尔领导皮卡第起义，同时也可以帮助西班牙无敌舰队安全撤退。听到这个消息，法兰西国王亨利三世惊慌失措，命令吉斯公爵亨利一世留在香槟。然而，吉斯公爵亨利一世公然违抗法兰西国王亨利三世的命令，1588年5月9日，进入了巴黎，引发了路障日暴乱，迫使法兰西国王亨利三世逃亡。路障日暴乱标志着吉斯公爵亨利一世对法兰西王权的挑战达到了顶峰。

欧马勒公爵夏

## 暗 杀

天主教联盟控制了法兰西,法兰西国王亨利三世是被迫答应了天主教联盟的要求,任命吉斯公爵亨利一世为法兰西陆军中将。但法兰西国王亨利三世不愿意成为天主教联盟的政治傀儡,决定采取行动。1588年12月22日,吉斯公爵亨利一世和情妇夏洛特·德·索韦共度了一晚。实际上,夏洛特·德·索韦是凯瑟琳·德·美第奇领导的女间谍组织"飞行中队"中最有成就且最臭名昭著的一个成员。

1588年12月23日早上,在布卢瓦城堡,吉斯公爵亨利一世应召见前去面见法兰西国王亨利三世。在法兰西国王亨利三世的注视下,吉斯公爵亨利一世

夏洛特·德·索韦

被侍卫队"四十五人"暗杀了。1588年12月24日,吉斯公爵亨利一世的弟弟枢机主教路易二世也被暗杀。这一系列行为引起了吉斯家族和天主教联盟的极大愤怒。法兰西国王亨利三世不得不投靠纳瓦拉国王亨利三世,以求自保。1589年,法兰西国王亨利三世被天主教联盟的特工雅克·克莱门特暗杀。

在《英雄的小镜子》一书中,巴尔塔萨·格拉西安这么评价吉斯公爵亨利一世:"吉斯公爵亨利一世做了很多好事。即使最初无法接受吉斯公爵亨利一世的人,经过反思后,也会接受他的善意。吉斯公爵亨利一世主持婚礼、担任教父、参加葬礼。他谦虚谨慎、慷慨仁慈,得到了所有人的尊敬。如果说法兰西国王亨利三世是凭借《继承法》成了法兰西国王,而吉斯公爵亨利一世是凭借人们的尊重成了无冕之王。"

## 婚姻和子女

1570年10月4日,在巴黎,吉斯公爵亨利一世与克利夫斯的凯瑟琳结婚。他们共育有十四个子女,其中著名的有:吉斯公爵夏尔,吉斯的枢机路易三世,谢弗勒斯公爵克劳德,洛林的路易·玛格丽特。1605年7月24日,洛林的路易·玛格丽特嫁给了孔代亲王弗朗索瓦·德·波旁。

# 附录6 凯瑟琳·德·美第奇

凯瑟琳·德·美第奇是一位意大利贵妇。1547年到1559年,凯瑟琳·德·美第奇是法兰西国王亨利二世的王后,也是法兰西国王弗朗索瓦二世、法兰西国王查理九世、法兰西国王亨利三世的母亲。弗朗索瓦二世、查理九世和法兰西国王亨利三世时期被世人称为"凯瑟琳·德·美第奇时代"。她对法兰西的政治生活产生了广泛影响。

凯瑟琳·德·美第奇出生于佛罗伦萨,父亲是乌尔比诺公爵洛伦佐·德·美第奇,母亲是马德琳·德·拉·图尔·德奥韦涅。1533年,十四岁的凯瑟琳·德·美第奇嫁给了亨利二世。亨利二世是法兰西国王弗朗索瓦一世和王后弗朗斯的克劳德的次子。凯瑟琳·德·美第奇的婚姻是由叔叔教皇克莱门特七世安排的。亨利二世不允许凯瑟琳·德·美第奇参与国家事务,却支持情妇迪亚娜·德·普瓦捷参政议政。迪亚娜·德·普瓦捷对亨利二世有很大的影响力。

亨利二世驾崩后,凯瑟琳·德·美第奇登上了法兰西的政治舞台,帮助十五岁的弗朗索瓦二世治理国家。1560年,弗朗索瓦二世驾崩,凯瑟琳·德·美第奇年仅十岁的儿子——查理即位,称法兰西国王查理九世。凯瑟琳·德·美第奇开始摄政,权力至高无上。从1560年到1563年,摄政的凯瑟琳·德·美第奇辅佐儿子查理九世统治整个法兰西。1574年,查理九世驾崩后,凯瑟琳·德·美第奇的另一个儿子亨利登上了王位,称法兰西国王亨利三世。在亨

乌尔比诺公爵洛伦佐·德·美第奇

马德琳·德·拉·图尔·德奥韦涅

弗朗斯的克劳德

迪亚娜·德·普瓦捷

利三世统治期间,凯瑟琳·德·美第奇发挥了关键作用。直到凯瑟琳·德·美第奇生命的最后几个月,亨利三世才开始放弃征求母亲的意见,独自处理国家事务。然而,亨利三世只比凯瑟琳·德·美第奇多活了七个月。

凯瑟琳·德·美第奇的三个儿子统治法兰西时,国内冲突和宗教战争持续不断。君主制面临的问题复杂而艰巨。然而,凯瑟琳·德·美第奇维持了君主制和国家机构的运作。一开始,凯瑟琳·德·美第奇推行宗教宽容政策,对胡格诺派做出妥协和让步。然而,她并没有完全理解胡格诺派行为背后的神学动机。经历了失望和愤怒后,凯瑟琳·德·美第奇对胡格诺派采取了强硬的政策,从而受到人们的指责。人们认为,凯瑟琳·德·美第奇对胡格诺派进行了过度的政治迫害,尤其是造成了1572年的圣巴塞洛缪大屠杀,导致巴黎及法兰西其他地区成千上万的胡格诺派教徒被杀。

虽然有些书信可以证明凯瑟琳·德·美第奇的残酷无情,但一些历史学家为凯瑟琳·德·美第奇开脱,认为她不必为法兰西王室的一些错误政策负责。当时,法兰西内战不断,王室权威备受挑战。因此,凯瑟琳·德·美第奇很有可能是为了保住瓦卢瓦王朝,不得不采取某些极端措施。还有人认为,凯瑟琳·德·美第奇资助艺术,是为了美化威望急剧下降的法兰西王室。如果没有凯瑟琳·德·美第奇,她的儿子们不太可能在法兰西继续掌权。根据传记作者马克·斯特拉奇的说法,凯瑟琳·德·美第奇是16世纪欧洲最有权势的女人。

## 出生和成长

1519年4月13日,凯瑟琳·德·美第奇出生于佛罗伦萨共和国的首都佛罗伦萨,是乌尔比诺公爵洛伦佐·德·美第奇和布洛涅女伯爵马德琳·德·拉·图尔·德奥韦涅的独生女。凯瑟琳·德·美第奇父母于1518年的联姻是弗朗索瓦一世和洛伦佐·德·美第奇叔叔——罗马教皇利奥十世之间联盟协议的一部分,目的是为了联合对抗神圣罗马帝国皇帝马克西米利安一世。根据一位当代编年史家的记载,凯瑟琳·德·美第奇出生时,她的父母"就像生了个男孩一样高兴"。

凯瑟琳·德·美第奇出生不到一个月,马德琳·德·拉·图尔·德奥韦涅和洛伦佐·德·美第奇先后去世。1519年4月28日,马德琳·德·拉·图尔·德奥韦涅因产褥热而去世。1519年5月4日,洛伦佐·德·美第奇于因疾病和过度劳累而去世。弗朗索瓦一世想让凯瑟琳·德·美第奇在法兰西宫廷中长大,但教皇利奥十世拒绝了,理由是想让凯瑟琳·德·美第奇嫁给伊波利托·德·美第奇。教皇利奥十世使凯瑟琳·德·美第奇成了乌尔比诺女公爵,却将乌尔比诺公国

伊波利托·德·美第奇

领地的大部分并入了教皇国，只保留了佛罗伦萨的圣莱奥要塞。直到1521年，教皇利奥十世去世后，继任者阿德里安六世才将乌尔比诺公国的领地归还给它的合法继承人——弗朗切斯科·马里亚·德拉·罗韦雷。

最初，凯瑟琳·德·美第奇由祖母阿方西娜·奥尔西尼照顾。1520年，阿方西娜·奥尔西尼去世后，凯瑟琳·德·美第奇由姑妈克拉丽斯·德·美第奇抚养长大。1521年，教皇利奥十世去世，于是美第奇家族暂时失去了往昔的权势。直到1523年，枢机主教朱利奥·德·美第奇被选为教皇，称克莱门特七世，美弟奇家族才重回巅峰。教皇克莱门特七世安排凯瑟琳·德·美第奇住在位于佛罗

阿德里安六世

枢机主教西尔维奥·帕塞里尼

伦萨的美第奇里卡尔迪宫。在美第奇里卡尔迪宫,凯瑟琳·德·美第奇过着奢华的生活。虽然凯瑟琳·德·美第奇对乌尔比诺公国的所有权未被承认,但佛罗伦萨人称她为"小女公爵",以示尊重。

1527年,在佛罗伦萨,反对教皇克莱门特七世政权的派系代表——枢机主教西尔维奥·帕塞里尼推翻了美第奇家族。凯瑟琳·德·美第奇成为人质,先后被安置在几个修道院。在最后一个修道院——安农齐亚塔德莱穆拉特修道院,凯瑟琳·德·美第奇生活了三年。据传记作者马克·斯特拉奇形容,这三年是凯瑟琳·德·美第奇一生中最快乐的时光。

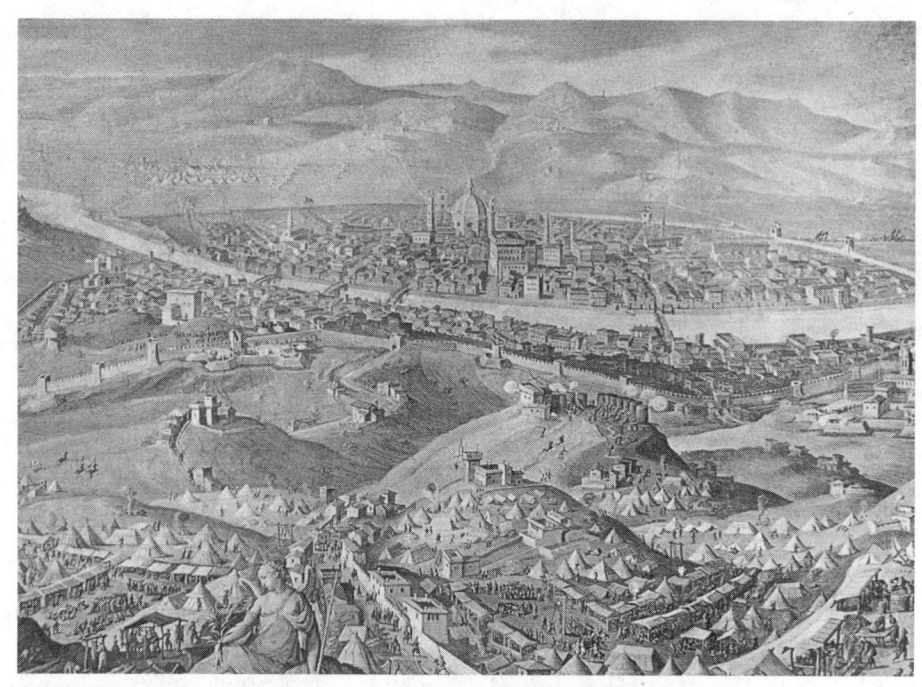

围攻佛罗伦萨

1529年10月，神圣罗马帝国皇帝查理五世的军队围攻佛罗伦萨。1530年8月12日，佛罗伦萨投降，教皇克莱门特七世把凯瑟琳·德·美第奇从安农齐亚塔德莱穆拉特修道院接回了罗马。当时，教皇克莱门特七世张开双臂，含泪迎接凯瑟琳·德·美第奇，之后，马上开始着手给凯瑟琳·德·美第奇寻找合适的丈夫。

## 婚　姻

凯瑟琳·德·美第奇访抵达罗马时，威尼斯使节形容她"身材矮小瘦削，没有精致的容貌，有着美第奇家族特有的突出的眼睛"。然而，凯瑟琳·德·美第奇的求婚者络绎不绝，其中包括苏格兰国王詹姆斯五世。1530年4月和1530年11月，詹姆斯五世曾两度派遣奥尔巴尼公爵约翰·斯图尔特前往罗马，就与凯瑟琳·德·美第奇联姻的事宜与教皇克莱门特七世商谈。1533年年初，当弗朗索瓦一世的次子奥尔良公爵亨利，也就是后来的法兰西国王亨利二世向凯瑟琳·德·美第奇求婚时，教皇克莱门特七世欣然接受了。对当时寄人篱下的孤儿凯瑟琳·德·美第奇而言，出身高贵的奥尔良公爵亨利是非常好的结婚对象。

1533年10月28日，在马赛的埃格里斯-圣费奥尔-奥古斯汀大教堂，举行了一场盛大的婚礼。结婚典礼十分奢华，还有很多礼物赠送来宾。奥尔良公爵亨利为凯瑟琳·德·美第奇表演了跳舞和骑马。1533年10月28日午夜，这对十四岁的年轻夫妇离开了婚礼舞会，去新房履行他们的婚礼义务。据说，弗朗索瓦一

奥尔良公爵亨利与凯瑟琳·德·美第奇的婚礼

世也来到新人的卧室，直待奥尔良公爵亨利和凯瑟琳·德·美第奇圆房完毕才离开。1533年10月29日清晨，教皇克莱门特七世来到这对躺在床上的新婚夫妇身边，为奥尔良公爵亨利和凯瑟琳·德·美第奇的婚姻送上了祝福。

婚后第一年，凯瑟琳·德·美第奇很少见到她的丈夫奥尔良公爵亨利。她聪明伶俐，善于取悦他人，所以受到了法兰西宫廷的女士们的友好对待。然而，1534年9月25日，凯瑟琳·德·美第奇的叔叔教皇克莱门特七世去世了，这削弱了凯瑟琳·德·美第奇在法兰西宫廷中的地位。1534年10月13日，亚历山德罗·法尔内塞当选为新的教皇，称教皇保罗三世。教皇保罗三世认为没有义务遵守教皇克莱门特七世的诺言，于是打破了与弗朗索瓦一世的盟约，并拒绝给予凯瑟琳·德·美第奇的巨额嫁妆。弗朗索瓦一世悲叹道："这女孩一无所有地来到我这里。"

教皇保罗三世

奥尔良公爵亨利对凯瑟琳·德·美第奇不感兴趣，开始公开找情妇。婚后的头十年，奥尔良公爵亨利和凯瑟琳·德·美第奇没有孩子。1537年，奥尔良公爵亨利与菲利帕·杜奇有过一段短暂的恋情，生下了一个女儿。奥尔良公爵亨利公开承认了这个女儿。这证明奥尔良公爵亨利有生育能力，也增加了凯瑟琳·德·美第奇的生育压力。

## 太子妃

1536年，在打完网球后，奥尔良公爵亨利的哥哥布列塔尼公爵弗朗索瓦三世患上了感冒，不久就去世了。奥尔良公爵亨利变成了法兰西王位的第一顺位继承人，即王太子亨利。此时，谣言四起，人们怀疑弗朗索瓦三世是被毒杀的，凯瑟琳·德·美第奇和查理五世都遭到了怀疑。最后，在严刑逼供下，弗朗索瓦三世的秘书——意大利贵族塞巴斯蒂亚诺·德·蒙泰库科利承认毒害了弗朗索瓦三世。

奥尔良公爵亨利成为王太子后，作为太子妃，凯瑟琳·德·美第奇有望成为未来王位继承人的母亲。据宫廷编年史家布兰皮埃尔·德·布尔代耶记载："许多人建议：为了保持王室的法兰西血统，弗朗索瓦一世和王太子亨利应该与凯瑟琳·德·美第奇断绝关系。"于是，法兰西宫廷开始讨论凯瑟琳·德·美第奇和奥尔良公爵亨利的离婚事宜。在绝望中，凯瑟琳·德·美第奇尝试了所有已知的怀孕技巧，比如把母牛的粪便和雄鹿的鹿角放在肚子上，喝骡子的尿等。1544年1月19日，凯瑟琳·德·美第奇终于诞下了一个儿子，取名弗朗索瓦，也就是后来的法兰西国王弗朗索瓦二世。

在成功怀孕一次后，凯瑟琳·德·美第奇再也没有怀孕的困扰了。这多亏了医生琼·费内尔，她注意到凯瑟琳·德·美第奇和王太子亨利的性器官有轻微的异常，并提供了治疗建议。很快，凯瑟琳·德·美第奇再次怀孕。1545年4月2日，凯瑟琳·德·美第奇生下了第一个女儿瓦卢瓦的伊丽莎白。此后，凯瑟琳·德·美第奇又为王太子亨利生了八个孩子，其中六个孩子活了下来，包括后来的法兰西国王查理九世、法兰西国王亨利三世，以及阿朗松公爵弗朗索瓦。

然而，凯瑟琳·德·美第奇的生育能力并没有改善她的婚姻。1538年左右，十九岁的王太子亨利拥有了一生挚爱——三十八岁的迪亚娜·德·普瓦捷。尽管如此，王太子亨利还是十分尊重凯瑟琳·德·美第奇。1547年3月31日，弗朗索瓦一世驾崩，王太子亨利即位，称法兰西国王亨利二世。凯瑟琳·德·美第奇成了法兰西王后。1549年6月10日，在圣但尼大教堂，凯瑟琳·德·美第奇加冕。

## 法兰西王后

虽然凯瑟琳·德·美第奇成为法兰西王后，但亨利二世没有给她任何政治权力。亨利二世出国期间，凯瑟琳·德·美第奇偶尔担任摄政王。但她的权力只是名义上的，并无实权。亨利二世把凯瑟琳·德·美第奇一直想要的舍农索城

舍农索城堡

堡献给了情妇迪亚娜·德·普瓦捷。迪亚娜·德·普瓦捷取代凯瑟琳·德·美第奇成为法兰西权力的中心，像王后一般接受恩惠、给予庇护。神圣罗马帝国大使说：在客人面前，亨利二世坐在迪亚娜·德·普瓦捷的腿上弹吉他、聊政治。迪亚娜·德·普瓦捷从不认为凯瑟琳·德·美第奇是个威胁，甚至还鼓励亨利二世多陪陪凯瑟琳·德·美第奇，生更多的孩子。

1556年，凯瑟琳·德·美第奇在生双胞胎女儿琼和维多利亚时，差点难产而死。外科医生打断了琼的腿，才挽救了凯瑟琳·德·美第奇的性命，而琼死在她的肚子里。七周后，幸存的维多利亚也去世了。此后，凯瑟琳·德·美第奇再也没有生育。

亨利二世统治时期，吉斯兄弟开始崛起：夏尔成了洛林的枢机主教，弗朗索瓦成了吉斯公爵。1538年，吉斯兄弟的姐姐吉斯的玛丽嫁给詹姆斯五世。后来，他们生下了一个女儿，叫玛丽，也就是未来的苏格兰女王玛丽一世。五岁半时，玛丽被带到了法兰西宫廷，成为法兰西王太子弗朗索瓦，也就是后来的法兰西国王弗朗索瓦二世的未婚妻。在法兰西宫廷，凯瑟琳·德·美第奇把玛丽和自己的孩子一起抚养长大，而玛丽的母亲吉斯的玛丽则在苏格兰摄政，帮助年幼且身在法兰西的女儿管理国家。

1559年4月3日到1559年4月4日，亨利二世与神圣罗马帝国及英格兰签订了《卡托-康布雷齐和约》，结束了意大利的长期战争。后来，凯瑟琳·德·美第奇十三岁的女儿瓦卢瓦的伊丽莎白与腓力二世订婚。1559年6月22日，在巴黎，举行了一场瓦卢瓦的伊丽莎白与腓力二世的盛大婚礼。结婚典礼包括各种庆祝活动，比如舞会、化装舞会及为期五天的骑士比武大赛。

亨利二世参加了这场骑士比武大赛。他穿着黑白色的衣服，黑白色是他的情妇迪亚娜·德·普瓦捷最喜欢的颜色。亨利二世打败了吉斯公爵弗朗索瓦和内莫尔公爵雅克。然而，在后面的比赛中，年轻的加布里埃尔·德·洛吉斯几乎把亨利二世撞下马鞍。亨利二世坚持与加布里埃尔·德·洛吉斯再比赛一次。然而，这一次，加布里埃尔·德·洛吉斯的长矛击破了亨利二世的金属面罩。亨利二世停止了比赛，脸上血流不止。凯瑟琳·德·美第奇、迪亚娜·德·普瓦捷和王太子弗朗索瓦见状都晕倒了。亨利二世被抬入杜赫内勒堡，医生从他头上取出了五根木片，其中一根刺穿了他的眼睛和大脑。

凯瑟琳·德·美第奇守在亨利二世的床边，但他的情妇迪亚娜·德·普瓦捷躲开了。用编年史家的话来说，"因为害怕被凯瑟琳·德·美第奇驱逐"。在接下来的十天里，亨利二世情况时好时坏。有时，他可以听听音乐或者口述信。然而，慢慢地，他失去视觉、语言表达能力和神智。1559年7月10日，四十岁的亨利二世驾崩。自那天起，凯瑟琳·德·美第奇以一支折断的长矛作为自己的徽章，上面刻着"我的眼泪和痛苦由此而来"，并穿上黑色丧服以纪念亨利二世。

亨利二世驾崩

# 太 后

　　1558年，玛丽与王太子弗朗索瓦结婚。1559年，亨利二世驾崩后，玛丽的叔叔洛林枢机主教夏尔和吉斯公爵弗朗索瓦立刻发动政变，快速夺取了政权，帮助十五岁的王太子弗朗索瓦登上王位。从此，王太子弗朗索瓦成为法兰西国王，称弗朗索瓦二世。此后，洛林枢机主教夏尔和吉斯公爵弗朗索瓦带着这对年轻的夫妇入住了卢浮宫。几天后，英格兰大使报告说："吉斯家族控制着法兰西国王的一切。"当时，凯瑟琳·德·美第奇无奈地与吉斯家族合作。

　　严格来说，凯瑟琳·德·美第奇并没有资格插手政务。因为弗朗索瓦二世已经到了统治国家的年龄。然而，弗朗索瓦二世颁布的所有政令都以这样一句话开头："这是法兰西的太后、我的母亲。我赞同她的每一个意见和命令……"凯瑟琳·德·美第奇毫不犹豫地利用了弗朗索瓦二世赋予她的新权威。她采取的第一个行动就是迫使迪亚娜·德·普瓦捷交还王室珠宝和舍农索城堡。她下令改建舍农索城堡，尽力抹去迪亚娜·德·普瓦捷的生活痕迹。

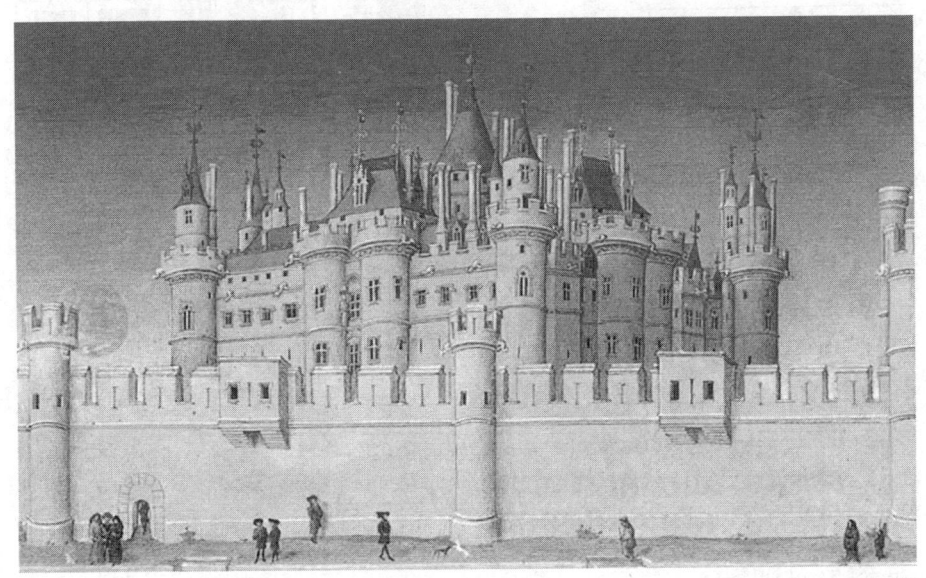

卢浮宫

与此同时,洛林枢机夏尔和吉斯公爵弗朗索瓦开始迫害新教徒。但这种行为遭到凯瑟琳·德·美第奇的反对。凯瑟琳·德·美第奇并不信仰新教,对胡格诺派教徒也没有特别的同情心。但在执政初期,她想采用温和的政策处理国内宗教矛盾。一开始,新教徒想让纳瓦拉国王安托万领导胡格诺派进行宗教改革。后来,新教徒推举纳瓦拉国王安托万的弟弟孔代亲王路易担任新教领袖。作为新教领袖,孔代亲王路易做得十分成功,他暗中支持了安博瓦兹阴谋,成功颠覆了吉斯家族在法兰西的势力。当时,听说了暗杀计划后,吉斯家族把法兰西王室成员转移到了坚固的安博瓦兹城堡,然后率军进攻安博瓦兹城堡周围树林里的叛军。吉斯家族的军队出其不意地袭击了叛军,当场击毙了许多人,包括叛军指挥官让·迪·巴里。其他叛军要么淹死在河里,要么吊死在城垛上。凯瑟琳·德·美第奇和其他王室成员在一旁观看。

处决安博瓦兹阴谋的参与者

1560年6月，米歇尔·德·洛皮塔尔被任命为法兰西总理。面对日益严重的混乱状态，米歇尔·德·洛皮塔尔寻求法兰西宪法机构的支持，并与凯瑟琳·德·美第奇密切合作，以捍卫国家法律。米歇尔·德·洛皮塔尔和凯瑟琳·德·美第奇都认为没有必要惩罚那些私下信仰新教且没有拿起武器对抗政府的胡格诺派教徒。1560年8月20日，在枫丹白露的一次显贵会议上，凯瑟琳·德·美第奇和米歇尔·德·洛皮塔尔都提出了这一主张。历史学家认为，这是凯瑟琳·德·美第奇政治才能的早期表现。与此同时，孔代亲王路易召集了一支军队，1560年秋，开始进攻法兰西南方的城镇。凯瑟琳·德·美第奇传唤孔代亲王路易进宫觐见，而孔代亲王路易到达王宫后就被关押了起来。1560年11月，孔代亲王路易受审，被判有罪，并被判处死刑。然而，当时恰逢弗朗索瓦二世因耳朵感染而驾崩，孔代亲王路易逃过一劫。

当凯瑟琳·德·美第奇意识到弗朗索瓦二世即将驾崩时，她与纳瓦拉国王安托万达成了一项协议。根据协议，纳瓦拉国王安托万将放弃对未来法兰西国王的摄政权，以换取弟弟孔代亲王路易的自由。1560年12月5日，弗朗索瓦二世驾崩，枢密院任命凯瑟琳·德·美第奇为法兰西女总管，拥有广泛的权力。凯瑟琳·德·美第奇写信给女儿瓦卢瓦的伊丽莎白，说："上帝保佑。我掌权的主要目的是为了维护我的权威，但维护我的权威并非为了个人利益，而是为了保护你的兄弟，为了守护法兰西。"

## 法兰西国王查理九世统治时期

加冕时，法兰西国王查理九世只有九岁。他在加冕典礼上哭了。摄政初期，凯瑟琳·德·美第奇让查理九世待在自己身边，甚至睡在他的房间里。凯瑟琳·德·美第奇代替年幼的查理九世主持会议、决定政策，控制了国家任免权和其他国家事务。然而，由于法兰西正处于内战的边缘，凯瑟琳·德·美第奇无法掌控整个国家。在法兰西的很多地方，贵族比王室更有影响力。凯瑟琳·德·美第奇面临的挑战十分复杂。作为一个外国人,她很难理解法兰西政局中的某些事。

凯瑟琳·德·美第奇召集了天主教和胡格诺派的领袖开会,试图解决两派在教义上的分歧。虽然凯瑟琳·德·美第奇对会议充满期待,但1561年10月13日,召开的普瓦西宗教会议以失败告终,天主教和胡格诺派的领袖在没有得到凯瑟琳·德·美第奇允许的情况下提前结束了会议。凯瑟琳·德·美第奇失败了,她只看到了政治领导人之间的宗教分歧。用历史学家罗伯特·让·克内克特话来说:"凯瑟琳·德·美第奇低估了宗教信仰的力量,以为只要能让政党领导人达成一致,一切都会好起来。"1562年1月,凯瑟琳·德·美第奇颁布了体现宗教宽容政策的《圣日耳曼敕令》,尝试进一步与新教徒建立友好关系。

1562年3月1日,发生了瓦西大屠杀,吉斯公爵弗朗索瓦袭击了瓦西谷仓里的胡格诺派教徒,造成七十四人死亡,一百零四人受伤。吉斯公爵弗朗索瓦称瓦西大屠杀是"令人遗憾的意外"。在巴黎街头,吉斯公爵弗朗索瓦被奉为英雄,而胡格诺派教徒呼吁进行报复。瓦西大屠杀是法兰西宗教战争的导火索。在接下来的三十年里,法兰西不是处于内战中,就是处于休战或备战状态。

不到一个月,孔代亲王路易和海军上将加斯帕尔二世·德·科利尼召集了一支一千八百人的军队。他们与英格兰结盟,在法兰西占领了一个又一个城镇。凯瑟琳·德·美第奇与加斯帕尔二世·德·科利尼会面协商,但加斯帕尔二世·德·科利尼拒绝让步。于是,凯瑟琳·德·美第奇对加斯帕尔二世·德·科利尼说:"既然你依靠你们的军队有恃无恐,我就让你看看我们的军队。"于是,法兰西军队迅速反击,包围了胡格诺派占领的鲁昂。

被火绳枪射伤后,纳瓦拉国王安托万性命垂危。凯瑟琳·德·美第奇前去探望了他,并对他说要亲自去战场。纳瓦拉国王安托万警告凯瑟琳·德·美第奇,战场很危险,她却笑着说:"我拥有和你一样伟大的勇气。"法兰西军队占领了鲁昂,但他们的胜利是短暂的。1563年2月18日,在奥尔良围攻战中,一个叫波尔特·德·梅雷的间谍向吉斯公爵弗朗索瓦的背部开了一枪。这一谋杀引

签署《安博瓦兹敕令》

发吉斯家族和科利尼家族结下了的血海深仇,使法兰西内战形势变得更加复杂。然而,凯瑟琳·德·美第奇对吉斯公爵弗朗索瓦的死感到高兴。她对威尼斯大使说:"如果吉斯公爵弗朗索瓦早一点死去,和平会更快实现。"1563年3月19日,法兰西颁布了《安博瓦兹敕令》,也被称为《绥靖敕令》,结束了第一次法兰西宗教战争。凯瑟琳·德·美第奇召集胡格诺派和天主教势力从英格兰人手中夺回勒阿弗尔。

## 胡格诺派

1563年8月17日,鲁昂最高法院宣布,查理九世成年。然而,查理九世始终无法独立统治法兰西,对治国理政也不感兴趣。为了执行《安博瓦兹敕令》并恢复法兰西王室在地方的权威,凯瑟琳·德·美第奇决定发起一场运动。从1564年1月到1565年5月,凯瑟琳·德·美第奇、查理九世及整个王室,进行了一场为期五个月的旅行,走访了法兰西各地。在马孔和内拉克,凯瑟琳·德·美第奇与信奉新教的纳瓦拉摄政女王让娜·德阿尔布雷举行了会谈。

在西班牙边境附近的巴约讷,凯瑟琳·德·美第奇约见了女儿瓦卢瓦的伊丽莎白。当时正值盛大的宫廷庆典,腓力二世找借口没有与凯瑟琳·德·美第奇会面,仅派费尔南多·阿尔瓦雷斯·德·托莱多通知凯瑟琳·德·美第奇,要求废除《安博瓦兹敕令》,并寻找惩罚新教徒的方法。

法兰西和奥斯曼土耳其帝国是同盟关系。1566年,通过大使纪尧姆·德·格朗尚·德·格兰特里,凯瑟琳·德·美第奇和查理九世向奥斯曼土耳其帝国提出了一个计划,在奥斯曼土耳其帝国控制的摩尔达维亚建立一个军事殖民地,重新安置法兰西胡格诺派教徒和德意志路德派教徒,同时可以形成一个对抗哈布斯堡家族的缓冲区。这个计划还有一个额外的好处,那就是把胡格诺派赶出法兰西。然而,奥斯曼土耳其帝国对该计划毫无兴趣。

1567年9月27日,在莫城,胡格诺派军队试图伏击查理九世。这引发了新一轮内战。在莫城突袭事件中,法兰西王室来不及准备,仓皇逃回了巴黎。1568年3月22日和1568年3月23日,《朗朱莫和约》签订,标志着第二次法兰西宗教战争结束,但国内动乱和流血事件仍在继续。莫城突袭事件是凯瑟琳·德·美第奇对胡格诺派政策的转折点。从那一刻起,凯瑟琳·德·美第奇放弃了向新教妥协,开始采取镇压政策。1568年6月,凯瑟琳·德·美第奇告诉威尼斯大使,胡格诺派教徒做的一切都是骗人的,她还赞扬了费尔南多·阿尔瓦雷斯·德·托莱多在荷兰的恐怖统治——数以千计的加尔文教徒和反叛者被处死。

在法兰西王室的镇压下,胡格诺派撤退到拉罗谢尔。信奉新教的让娜·德阿尔布雷和十五岁的儿子波旁的亨利,即后来的纳瓦拉国王亨利三世在拉罗谢尔加入了胡格诺派的运动。在给凯瑟琳·德·美第奇的信中,让娜·德阿尔布雷写道:"我们情愿赴死,也不愿抛弃我们的上帝和宗教。"让娜·德阿尔布雷支持胡格诺派的反叛运动,对瓦卢瓦王朝构成了极大的威胁。凯瑟琳·德·美第奇称让娜·德阿尔布雷是"世界上最无耻的女人。"由于法兰西王室军费短缺，在让娜·德阿尔布雷的斡旋下，1570年8月8日，《圣日耳曼和约》签订。这给予了胡格诺派前所未有的宗教自由。《圣日耳曼和约》标志着第三次法兰西宗教战争结束。

凯瑟琳·德·美第奇希望通过王室联姻进一步扩大自己的利益。1570年，查理九世迎娶了神圣罗马帝国皇帝马克西米利安二世的女儿——奥地利的伊丽莎白。凯瑟琳·德·美第奇还渴望两个小儿子中的一个和英格兰女王伊丽莎白一世联姻。1568年，凯瑟琳·德·美第奇的女儿瓦卢瓦的伊丽莎白死于难产，她试图让小女儿瓦卢瓦的玛格丽特嫁给姐夫腓力二世。之后，凯瑟琳·德·美第奇又试图使瓦卢瓦的玛格丽特和让娜·德阿尔布雷的儿子——纳瓦拉国王亨利三世联姻，目的是联合瓦卢瓦王朝和波旁王朝的力量。然而，瓦卢瓦的玛格丽特与已故的吉斯公爵弗朗索瓦之子——吉斯公爵亨利一世秘密交往。凯瑟琳·德·美第奇发现后，叫人把瓦卢瓦的玛格丽特从床上拖了出来。接着，凯瑟琳·德·美第奇和查理九世殴打瓦卢瓦的玛格丽特，扯开她的睡衣，一把一把地揪下她的头发。

凯瑟琳·德·美第奇写信给让娜·德阿尔布雷，邀请她携子女来法兰西宫廷碰面，说想见见让娜·德阿尔布雷的孩子们，并承诺不会伤害他们。让娜·德阿尔布雷回答："读到这里，我忍不住想笑，请原谅我，因为你没必要给我这种承诺。我完全不相信外界传说的你吃小孩的传闻。"当让娜·德阿尔布雷来到法兰西宫廷时，凯瑟琳·德·美第奇对她施加了很大压力，并利用了让娜·德阿尔布雷对她心爱儿子纳瓦拉国王亨利三世的期许。让娜·德阿尔布雷最终同意儿子纳瓦拉国王亨利三世和瓦卢瓦的玛格丽特之间的婚事，但要求凯瑟琳·德·美第奇保证纳瓦拉国王亨利三世能继续做胡格诺派教徒。当让娜·德阿尔布雷在巴黎为婚礼购买衣物时，突然病倒了。1572年6月9日，让娜·德阿尔布雷去世，享年43岁。胡格诺派作家指责凯瑟琳·德·美第奇用有毒的手套杀死了让娜·德阿尔布雷。1572年8月18日，在巴黎圣母院，纳瓦拉国王亨利三世和瓦卢瓦的玛格丽特举行了婚礼。

## 圣巴塞洛缪大屠杀

1572年8月21日,加斯帕尔二世·德·科利尼正从卢浮宫走回自己的房间,突然从一栋房屋里传出一声枪响,打伤了他的手和胳膊。在那栋房屋的窗户上,发现了一个冒烟的火绳枪。但罪犯已经骑马从房屋后面逃跑了。加斯帕尔二世·德·科利尼被抬到他在贝蒂西酒店的住处。外科医生安布鲁瓦兹·帕尔用一把剪刀从加斯帕尔二世·德·科利尼肘部取出了一颗子弹,并切除了他的一根受伤的手指。

安布鲁瓦兹·帕尔

据说，听到加斯帕尔二世·德·科利尼被刺受伤的消息时，凯瑟琳·德·美第奇十分冷静。之后，凯瑟琳·德·美第奇泪流满面地拜访了加斯帕尔二世·德·科利尼，并承诺要惩罚袭击他的凶手。很多历史学家认为是凯瑟琳·德·美第奇策划了对加斯帕尔二世·德·科利尼的袭击。另一些人则指出，这是吉斯家族或西班牙的阴谋，意图终结加斯帕尔二世·德·科利尼对查理九世的影响。无论真相如何，随之而来的是圣巴塞洛缪大屠杀。这超出了凯瑟琳·德·美第奇和任何其他领导人的控制。

在加斯帕尔二世·德·科利尼遇袭后两天，也就是1572年8月23日，发生了骇人听闻的圣巴塞洛缪大屠杀。此后，凯瑟琳·德·美第奇的名声受到了极大的影响。我们有理由相信，凯瑟琳·德·美第奇参与了圣巴塞洛缪大屠杀的决策。据说，1572年8月23日，查理九世下令："把他们都杀了！杀光他们！"历史学家认为，凯瑟琳·德·美第奇和顾问预估，为了报复加斯帕尔二世·德·科利尼被袭，胡格诺派可能会发起一场叛乱。因此，凯瑟琳·德·美第奇和顾问选择了先发制人，趁纳瓦拉国王亨利三世婚礼后还在巴黎的时间，将其一网打尽。

圣巴塞洛缪大屠在巴黎持续了近一周，而后蔓延到法兰西很多地方，一直持续到1572年秋天。用历史学家儒勒·米什莱的话来说："圣巴塞洛缪大屠杀不只是一天，而是一个季节。"1572年9月29日，胡格诺教徒纳瓦拉国王亨利三世为了避免被杀，主动皈依了天主教，以罗马天主教教徒的身份跪在祭坛前。见此，凯瑟琳·德·美第奇对着大使笑了起来。关于凯瑟琳·德·美第奇是邪恶的意大利女王的传说就是从这个时候开始的。胡格诺派作家称，凯瑟琳·德·美第奇是一个诡计多端的意大利人，她遵循尼科洛·马基雅维利的实用政治原则，一举歼灭所有敌人。

**法兰西国王亨利三世时期**

1574年5月30日，二十三岁的查理九世驾崩，凯瑟琳·美第奇面临新的危

为庆祝安茹公爵亨利·亚历山大被选为波兰－立陶宛联邦的国王而举办的舞会

机。查理九世临终前的遗言是:"噢,我的母亲……"1573年,查理九世的弟弟和继承人安茹公爵亨利·亚历山大被选为波兰-立陶宛联邦的国王。查理九世在去世的前一天,任命凯瑟琳·德美弟奇为法兰西摄政女王,暂管国家。然而,亨利·亚历山大在瓦维尔大教堂加冕三个月后,放弃了波兰-立陶宛联邦的王位,返回法兰西继承王位,称法兰西国王亨利三世。凯瑟琳·德·美第奇在给安茹公爵亨利·亚历山大的信中,提到查理九世的死:"我目睹你哥哥离我而去,以及临终时对我的爱,这一切让我感到非常悲伤和痛苦……我唯一的安慰是,看到你很快就能来到我身边,而且你的身体还很健康,符合国王的要求。如果连你也失去了,我情愿殉葬,随你而去。"

亨利三世是凯瑟琳·德·美第奇最宠爱的儿子。与哥哥们不同，法兰西国王亨利是成年后即位的。他虽然肺部不太好，经常感到疲劳，但比哥哥们更加健康。然而，亨利三世对管理国家没有持续的热情和兴趣。直到凯瑟琳·德·美第奇生命的最后几周，亨利三世都在依靠凯瑟琳·德·美第奇及其秘书团队处理国家事务；他还经常逃避理政，沉浸在虔诚的宗教行为中，比如朝圣和鞭笞。

1575年2月，在加冕两天后，亨利三世与路易丝·德·洛琳·沃德蒙特结婚，挫败了凯瑟琳·德·美第奇想让亨利三世与外国公主联姻的政治计划。此外，亨利三世无法生育的谣言广为流传。安东尼奥·马里亚·萨尔维亚蒂观察亨利

安东尼奥·马里亚·萨尔维亚蒂

三世并评价道:"很难想象亨利三世会有后代……医生和熟悉他的人都说他体质极弱,活不长了。"

随着时间的流逝,凯瑟琳·德·美第奇不再期待亨利三世能够生育后代,寄希望于最小的儿子阿朗松公爵弗朗索瓦,把他当作了法兰西王位继承人。但阿朗松公爵弗朗索瓦违背了凯瑟琳·德·美第奇意志,利用内战的混乱状态,做出了一些叛逆行为。此时,内战既涉及宗教,也涉及贵族权力的斗争。凯瑟琳·德·美第奇尽其所能想将阿朗松公爵弗朗索瓦拉回到家族的阵营。1578年3月,有一次,凯瑟琳·德·美第奇就阿朗松公爵弗朗索瓦危险的颠覆行为,训诫了他整整六个小时。

1576年,阿朗松公爵弗朗索瓦与信奉新教的亲王结盟,联合对抗法兰西王室,严重危及亨利三世的统治。1576年5月6日,在《博略敕令》中,凯瑟琳·德·美第奇几乎满足了胡格诺派提出的所有要求。《博略敕令》又被称为《先生和约》。人们认为,《先生和约》是有"先生"称号的阿朗松公爵弗朗索瓦强加给法兰西王室的。此后,阿朗松公爵弗朗索瓦干预低地国家的事务。这次干预是灾难性的。他的军队被彻底击败,死伤惨重。1584年6月,阿朗松公爵弗朗索瓦死于肺病。

阿朗松公爵弗朗索瓦死后第二天,凯瑟琳·德·美第奇写道:"我活得这么久,看到这么多人在我面前死去,真是太不幸了。然而,我意识到,这都是上帝的旨意,我们必须服从。他拥有世间的一切,孩子只是暂时借给我们的。只要他愿意,随时能把孩子收回去。"对凯瑟琳·德·美第奇而言,最小的儿子阿朗松公爵弗朗索瓦的死是一场巨大的灾难。因为根据《萨利克继承法》,只有男性才能登上王位,这对她想要通过掌控阿朗松公爵弗朗索瓦来执掌大权的想法遭受了致命的打击。在阿朗松公爵弗朗索瓦去世后,信奉新教的纳瓦拉国王亨利三世成了法兰西王位的继承人。但至少凯瑟琳·德·美第奇已经采取了预防措施,把小女儿瓦卢瓦的玛格丽特嫁给了纳瓦拉国王亨利三世。然而,瓦卢瓦的玛格丽特十分不争气,像阿朗松公爵弗朗索瓦一样,成了一个大麻烦。

蓬波纳·德·贝利埃夫尔

1582年,瓦卢瓦的玛格丽特独自回到了法兰西宫廷,还带回了自己的情人。有人听到凯瑟琳·德·美第奇对瓦卢瓦的玛格丽特大声吼叫。凯瑟琳·德·美第奇派蓬波纳·德·贝利埃夫尔护送瓦拉瓦的玛格丽特返回纳瓦拉。1585年,瓦拉瓦的玛格丽特再次逃离纳瓦拉,回到自己在法兰西阿让的一处住所,还向母亲凯瑟琳·德·美第奇讨要钱财。瓦拉瓦的玛格丽特来到卡拉特堡垒,带了一个叫德奥比亚克的情人。凯瑟琳·德·美第奇要求法兰西国王亨利三世,"在瓦卢瓦的玛格丽特再次给家族带来耻辱之前,赶紧采取行动"。因此,1586年10月,法兰西国王亨利三世把瓦卢瓦的玛格丽特关进了德厄森堡,在瓦卢瓦的玛格丽特面前,处死了德奥比亚克。在遗嘱中,凯瑟琳·德·美第奇没有提到瓦卢瓦的玛格丽特,也没有人再见过她。

凯瑟琳·德·美第奇无法像控制弗朗索瓦二世和查理九世那样控制法兰西国王亨利三世。在法兰西国王亨利三世政府中,她担任的角色是行政长官和巡回外交官，她走遍了整个法兰西，加强王室的权威，试图阻止内战。1578年，凯瑟琳·德·美第奇承担了平定南方叛乱的任务。五十九岁时，凯瑟琳·德·美第奇开始了为期十八个月的法兰西南部旅行，并与胡格诺派领导人见面。这番行动使凯瑟琳·德·美第奇赢得了法兰西人的尊重。1579年，回到巴黎时，凯瑟琳·德·美第奇在城外受到了最高法院和群众的热烈欢迎。威尼斯大使杰罗拉莫·利波曼诺写道："凯瑟琳·德·美第奇是一位不屈不挠的太后，生来就是要管理法兰西的。法兰西人认识到了她的优点，意识到了她为国家团结做出的努力，为没有早点发现这一点而感到遗憾。"然而，凯瑟琳·德·美第奇十分理智且清醒，对法兰西的政局没有抱任何幻想。1579年11月25日，在写给法兰西国王亨利三世的信中，凯瑟琳·德·美第奇说："你即将面临一场大规模的叛乱。如果有人否定这个说法，他一定是在欺骗你。"

## 天主教联盟

为了安抚胡格诺派教徒，1576年，在签订的《博略敕令》中，凯瑟琳·德·美第奇几乎满足了胡格诺派提出的所有要求。这使很多天主教教徒感到震惊。他们开始组成地方联盟来保护天主教。1584年6月，法兰西王位继承人阿朗松公爵弗朗索瓦死于肺病，吉斯公爵亨利一世接管了天主教联盟的领导权。他计划阻止纳瓦拉国王亨利三世继承法兰西王位，让枢机主教夏尔·德·波旁取而代之。为此，吉斯公爵亨利一世联合了信奉天主教的贵族和高级教士，与西班牙签署了《茹安维尔条约》，并准备向所有异教徒开战。1585年，别无选择的法兰西国王亨利三世只能迎战天主教联盟。正如凯瑟琳·德·美第奇所言："和平是靠棍棒支撑起来的！"凯瑟琳·德·美第奇在给法兰西国王亨利三世的信中写道，"一切小心，尤其要保护好自己。发生了这么多背叛，我都快被吓死了"。

法兰西国王亨利三世无法同时与天主教联盟和胡格诺派教徒作战，两方的军队都比王室军队强大。1585年7月7日，法兰西国王亨利三世签订了《内穆尔条约》，被迫屈从于天主教联盟的所有要求，甚至还要承担天主教联盟的军费开支。此后，法兰西国王亨利三世躲了起来，每天斋戒和祷告，被一个叫"四十五人"的护卫队保护着，留下凯瑟琳·德·美第奇来收拾残局。法兰西王室已经失去了对国家的控制，既要面对西班牙的进攻，也无法帮助英格兰盟友。西班牙大使告诉腓力二世："法兰西王室就要完蛋了。"

1587年，天主教教徒抵制新教徒的运动遍及了整个欧洲。1587年2月8日，英格兰女王伊丽莎白一世处决苏格兰女王玛丽一世，这一行为激怒了整个天主教世界。西班牙国王腓力二世准备入侵英格兰。天主教联盟控制了法兰西北部的大部分地区，在法兰西的港口迎接盟友——西班牙无敌舰队进入法兰西。

## 最后的几个月和死亡

法兰西国王亨利三世雇用瑞士军队帮助自己守卫巴黎。然而，巴黎人声称自己有保卫城市的权力。1588年5月12日，巴黎人在街上设置了路障，拒绝接受除吉斯公爵亨利一世之外的任何人的命令。当凯瑟琳·德·美第奇想去教堂做弥撒时，发现道路设置了路障，后被放行。据编年史作家皮埃尔·德·勒埃图瓦勒记载，那天吃午饭时，凯瑟琳·德·美第奇一直在哭。凯瑟琳·德·美第奇给蓬波纳·德·贝利埃夫尔的信中写道："我从未陷入这样的困境，也从未这样绝望。"在这样的关键时刻，法兰西国王亨利三世想逃离巴黎。和过去一样，凯瑟琳·德·美第奇再次规劝法兰西国王亨利三世暂且妥协退让，等待机会。1588年6月15日，法兰西国王亨利三世签订了《联合法案》，对天主教联盟的所有新要求都做出了让步。

1588年9月8日，在布卢瓦，法兰西王室召开了一次三级会议。法兰西国王亨利三世毫无征兆地解雇了所有的大臣。凯瑟琳·德·美第奇因肺部感染而卧病在床，对此一无所知。法兰西国王亨利三世的这种行为，标志着凯瑟琳·德·美第奇权力的终结。在三级会议上，法兰西国王亨利三世感谢凯瑟琳·德·美第奇为自己做的一切。他不仅称凯瑟琳·德·美第奇为自己的母亲，还称她为国家的母亲。法兰西国王亨利三世没有告诉凯瑟琳·德·美第奇刺杀吉斯公爵亨利一世的计划。然而，凯瑟琳·德·美第奇不可能对这一切"毫无察觉，蒙在鼓里"。1588年12月22日，吉斯公爵亨利一世和情妇夏洛特·德·索韦共度了一夜。实际上，夏洛特·德·索韦是凯瑟琳·德·美第奇领导的女间谍组织"飞行中队"中最有成就且最臭名昭著的一位成员。正是夏洛特·德·索韦劝说吉斯公爵亨利一世去拜访法兰西国王亨利三世，从而使吉斯公爵亨利一世走向了死亡。1588年12月23日，法兰西国王亨利三世要吉斯公爵亨利一世来布卢瓦城堡，与自己见面。当吉斯公爵亨利一世进入法兰西国王亨利三世的房间时，国王护卫队"四十五人"蜂拥而上，一把把剑刺进了吉斯公爵亨利一世的身体。吉斯公爵亨利一世死在了法兰西国王亨利三世的床边。与此同时，吉斯家族的八名成员被围剿，包括吉斯公爵的弟弟——吉斯的枢机主教路易二

布卢瓦城堡

世。1588年12月24日，在布卢瓦城堡地牢里，吉斯的枢机主教路易二世被法兰西国王亨利三世的手下砍死了。

吉斯公爵亨利一世被杀后，法兰西国王亨利三世立即下楼，进入了凯瑟琳·德·美第奇的卧室，对她说："请原谅我。吉斯公爵亨利一世死了，我命人杀了他。他想要对我做的事情，我先下手为强了。没有人会再提到吉斯公爵亨利一世了。"听到这个消息后，凯瑟琳·德·美第奇的第一反应尚不可知，但在圣诞节那天，也就是1588年12月25日，她对一个修士说："哦，可怜的人！法兰西国王亨利三世到底做了什么……为吉斯公爵亨利一世祈祷……我竟然眼看着他走向了毁灭。"1589年1月1日，凯瑟琳·德·美第奇拜访了老朋友夏尔·德·波旁，告诉他很快就会被释放。夏尔·德·波旁对凯瑟琳·德·美第奇喊道："夫人，您把我们都引向了这场屠杀。"凯瑟琳·德·美第奇哭着离开了。

1589年1月5日，凯瑟琳·德·美第奇去世，享年六十九岁，死因可能是胸膜炎。编年史作家皮埃尔·德·勒埃图瓦勒写道："与凯瑟琳·德·美第奇亲近的人认为，凯瑟琳·德·美第奇对儿子法兰西国王亨利三世刺杀吉斯公爵亨利一世的行为感到不满，郁结难舒。"凯瑟琳·德·美第奇的后事并未得到妥善的安排。由于巴黎被吉斯家族占领，她的遗体不得不暂时葬在布卢瓦。1589年9月，法兰西国王亨利三世也驾崩了。法兰西国王亨利三世和他指定的假定继承人纳瓦拉国王亨利三世包围巴黎时，天主教联盟成员雅克·克莱门特刺死了他。法兰西国王亨利三世的暗杀行动结束了瓦卢瓦王朝近三个世纪的统治，使波旁王朝掌权。几年后，纳瓦拉国王亨利三世和菲莉帕·杜奇的女儿迪亚娜·德·弗朗斯将凯瑟琳·德·美第奇的遗体重新埋葬在巴黎的圣但尼大教堂。1793年，一群暴民将凯瑟琳·德·美弟奇与其他法兰西国王、王后的尸骨一起扔进了一个乱葬岗。

后来，纳瓦拉国王亨利三世曾评价凯瑟琳·德·美第奇的一生："我问你，一个女人失去了丈夫，怀里抱着五个孩子，旁边还有波旁家族和吉斯家族虎视眈眈，意图夺取王冠，她能做些什么呢？为了保护孩子们，凯瑟琳·德·美第奇被迫在波旁家族和吉斯家族之间周旋，先欺骗一个，后欺骗另一个。这个精明的女人通过自己的手段，竟然帮助儿子们统治了法兰西这么多年！我很惊讶于她并没有做得很糟。"

## 资助艺术

凯瑟琳·德·美第奇崇尚文艺复兴人文主义思想。她认为王室的权威不仅依赖于武器，也依赖于人文艺术。凯瑟琳·德·美第奇受到了美第奇家族的影响，喜欢建筑和艺术收藏。她也受到过弗朗索瓦一世的启发。弗朗索瓦一世曾经在宫廷里招待过欧洲最顶尖的艺术家。在一个内战不断、王室权威下降的年代，凯瑟琳·德·美第奇试图通过人文艺术，来提高王室的威望。凯瑟琳·德·美第奇掌管了法兰西王室的财政大权后，立刻发起了一个持续了三十年的艺术赞助计划。在绘画、雕塑、建筑、戏剧等艺术形式中，引导了一种独特的、带有法兰西特色的文艺复兴后期文化。

凯瑟琳·德·美第奇死后，在拉雷内宫，人们发现了一份艺术品清单。从这份艺术品清单中，可以看出凯瑟琳·德·美第奇一直是一名狂热的收藏家。艺

拉雷内宫

术品清单中列出的艺术品包括挂毯、手绘地图、雕塑、丝织品、镶嵌象牙的乌木家具、瓷器和利摩日陶器，还有数百幅肖像画。凯瑟琳·德·美第奇时期，这类肖像画风靡一时。凯瑟琳·德·美第奇收藏的许多肖像画都出自让·克卢埃及其儿子弗朗索瓦·克卢埃之手。弗朗索瓦·克卢埃为凯瑟琳·德·美第奇的所有家庭成员及很多王室成员绘制了肖像画。凯瑟琳·德·美第奇去世后，法兰西肖像画的质量开始下降。1610年，这个由瓦卢瓦王朝资助、由弗朗索瓦·克卢埃推向巅峰的肖像画流派几乎消亡了。

除了肖像画，凯瑟琳·德·美第奇时期其他的宫廷画作几乎鲜为人知。在凯瑟琳·德·美第奇生命的最后二十年，只有两位画家脱颖而出。一位是让·库赞，但他的作品很少留存下来。另一位是安托万·卡龙，他在枫丹白露的弗朗

安托万·卡龙

弗朗西斯科·普里马蒂乔

西斯科·普里马蒂乔手下工作了一段时间后，成了凯瑟琳·德·美第奇的正式画家。安托万·卡龙擅长使用风格主义的绘画手法。他对风格主义绘画手法的热爱和对圣巴塞洛缪大屠杀的关注，反映了宗教战争时期法兰西宫廷的紧张氛围。安托万·卡龙的很多画作，如《四季的胜利》描绘了凯瑟琳·德·美第奇时期宫廷著名的庆祝活动。安托万·卡龙曾负责为法兰西王室设计挂毯。挂毯上的编织图案描绘的是凯瑟琳·德·美第奇主持的节日庆祝、野餐活动及模拟的战斗游戏。安托万·卡龙的画作还描绘了1564年枫丹白露的华丽舞会；1565年

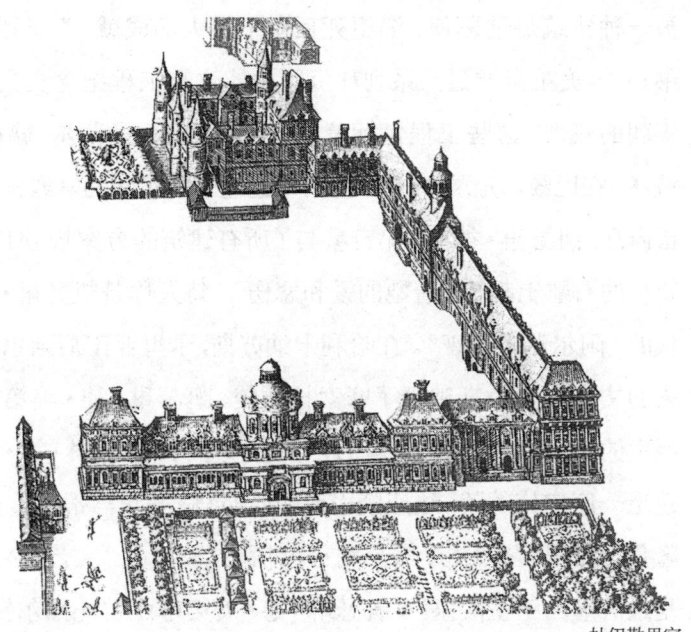

杜伊勒里宫

法兰西与西班牙在巴约讷召开的首脑会议,以及1573年安茹公爵亨利·亚历山大在杜伊勒里宫被授予王冠的仪式。

  在音乐剧方面,凯瑟琳·德·美第奇展现了创造性的天赋。凯瑟琳·德·美第奇指导的音乐剧通常以神话为主题,表达希望国家和平的理想。为了给音乐剧创造好的剧本、音乐和场景效果,凯瑟琳·德·美第奇聘请了当时顶尖的艺术家和建筑师。历史学家弗朗西丝·耶茨评价,"在创造娱乐节目方面,凯瑟琳·德·美第奇是一位伟大的、具有创造性的艺术家"。凯瑟琳·德·美第奇逐渐改变了传统娱乐活动的形式,提高了舞蹈表演在戏剧中的突出地位。这种创造性的舞蹈表演形式孕育了一种独特的新艺术形式——宫廷芭蕾舞剧。1581年制作的《拉雷内喜剧芭蕾舞》综合了舞蹈、音乐、诗歌和布景等多种元素。《拉雷内喜剧芭蕾舞》被学者们认为是第一部真正的芭蕾舞剧。

  在所有艺术形式里,凯瑟琳·德·美第奇最爱的是建筑。法兰西艺术史学家让-皮埃尔·巴伯隆说:"作为美第奇家族的女儿,凯瑟琳·德·美第奇被一种建筑热情驱使,渴望死后留下伟大的成就。"亨利二世驾崩后,凯瑟琳·德·美第奇通过一系列耗资巨大的建筑工程纪念丈夫,同时增加瓦卢瓦王朝的威严。这些工程包括蒙索恩布里城堡、圣莫尔-德福塞城堡和舍农索城堡。在巴黎,凯瑟琳·德·美第奇建造了两座新的宫殿——杜伊勒里宫和拉雷内宫。凯瑟琳·德·美第奇参与了所有建筑的方案规划和监督工作,每个建筑物的石雕上都"刻着她的爱和悲伤"。诗人称赞凯瑟琳·德·美第奇为新一代的"阿尔泰米西娅"。在哈利卡纳苏斯,卡里亚王后阿尔泰米西娅二世为死去的丈夫摩索拉斯建造了摩索拉斯陵。凯瑟琳·德·美第奇主持建造了耗资巨大的圣丹尼大教堂。在圣丹尼大教堂中心,凯瑟琳·德·美第奇为亨利二世建造一座宏伟的陵。这座陵由弗朗西斯科·普里马蒂乔负责设计,热尔曼·皮隆负责雕塑。艺术史学家亨利·泽纳称这座陵是"文艺复兴时期最后一座、也是最辉煌的王室陵墓"。凯瑟琳·德·美第奇还委托热尔曼·皮隆雕刻了一座大理石雕塑,用来存放亨利二世的心脏。大理石雕塑的底座上刻着一首皮埃尔·德·龙萨的诗,告诉人们"不要奇怪为什么这么小的花瓶能装下一颗心脏,

热尔曼·皮隆

皮埃尔·德·龙萨

因为亨利二世真正的心脏就藏在凯瑟琳·德·美第奇的心里"。凯瑟琳·德·美第奇虽然在艺术上耗资巨大,但资助的艺术对后世影响不大。凯瑟琳·德·美第奇死后不久,瓦卢瓦王朝被波旁王朝取代,艺术不再是法兰西王室的资助重点。

## 烹饪传说

传说,凯瑟琳·德·美第奇首次将一系列意大利的食物、技术和器具引入法兰西。但大多数美食家和历史学家不相信这个说法。然而,芭芭拉·凯查姆·惠顿和史蒂芬·门内尔提出的证据是:弗朗索瓦一世和法兰西贵族曾在意大利顶级的餐桌上用餐;1494年,法兰西国王查理八世入侵意大利时,法兰西王室和贵族吃过意大利的美食;凯瑟琳·德·美第奇的父亲洛伦佐·德·美第奇和母亲马德琳·德·拉·图尔·德奥韦涅结婚时,洛伦佐·德·美第奇带着一大批意大利随行人员访问了法兰西;因为亨利二世极度迷恋情妇迪亚娜·德·普瓦捷,所以在亨利二世驾崩前,凯瑟琳·德·美第奇在宫廷中几乎没有任何影响力。

事实上,大批意大利银行家、丝织工、哲学家、音乐家和艺术家,包括列奥纳多·达·芬奇都曾移民法兰西,促进了文艺复兴在法兰西的蓬勃发展,也带去了意大利的烹饪法和餐具。然而,人们通常把意式烹饪的影响和餐叉在法兰西的出现都归功于凯瑟琳·德·美第奇。

1754年,德尼·狄德罗和让·勒龙·德阿朗贝尔出版了《百科全书》,其中关于"烹饪"的词条最早提到了凯瑟琳·德·美第奇是意大利美食推广者的说法。《百科全书》把"高级烹饪术"描述成一种奢靡的烹饪手法;认为在凯瑟琳·德·美第奇宫廷里服务的奢华腐败的意大利人,把这种酱汁要求挑剔、焖肉技法花哨的"高级烹饪术"介绍到了法兰西。

## 巫 术

凯瑟琳·德·美第奇被称为"邪恶的女王,因其对巫术感兴趣而闻名"。凯瑟琳·德·美第奇和亨利二世在婚后前十年没有孩子。有人认为,这是因为凯瑟琳·德·美第奇接触了巫术。据说,女性具有创造和维持生命的能力,而女巫拥有相反的力量,无法孕育生命。一位不孕的女性,特别是一位不孕的王后,被认为是"非自然的"、不正常的。凯瑟琳·德·美第奇在宫廷招待了一些人,这些人十分可疑,加剧了人们的怀疑。据说,著名的预言家米歇尔·德·诺斯特拉德马斯为凯瑟琳·德·美第奇制造了一个由金属、山羊血和人血混合而

米歇尔·德·诺斯特拉德马斯

凯瑟琳·德·美第奇与占星家科西莫·鲁杰里

成的护身符。凯瑟琳·德·美第奇还资助了占星家科西莫·鲁杰里。他被认为是凯瑟琳·德·美第奇"信任的死灵巫师,黑魔法专家"。有些人认为这些预言家和占星家只是魔术师而已。然而,对当时生活在意大利的许多人来说,"魔术师"和"巫师"之间并无显著区别。因此,在猎巫活动和宗教冲突最激烈的时期,那些招待研究"神秘术"的人,容易引来猜疑。英格兰女王伊丽莎白一世也受到了类似的怀疑。伊丽莎白一世一生都没有生下继承人。她的顾问约翰·迪伊是一位占星家、炼金术士和神秘术者。然而,没有任何证据可以证明,凯瑟琳·德·美第奇和伊丽莎白一世参加了巫术活动。现在,人们认为,亨利二世是造成凯瑟琳·德·美第奇难以怀孕的真正原因。

凯瑟琳·德·美第奇受过占星术和天文学的教育。有人认为，她对儿子法兰西国王亨利三世也进行了黑魔法教育。凯瑟琳·德·美第奇和法兰西国王亨利三世"两人热衷于巫术，这是当时的丑闻"。让·博丹在《巫术》中，把凯瑟琳·德·美第奇描述为是"黑弥撒"的创造者，认为"黑弥撒"是对传统天主教弥撒的邪恶颠覆。然而，除了《巫术》一书，没有其他证据可以证明这一点。在那段历史时期，意大利存在最多的巫术起诉案件，但凯瑟琳·德·美第奇未遭到任何正式的指控或起诉。这就证明，人们之所以给凯瑟琳·德·美第奇贴上"女巫"的标签，仅仅是因为她的行为不像一个普通女性那样谦虚和感恩，

让·博丹

或者仅仅是为了实现个人目的。作为一名在法兰西统治的意大利女性，凯瑟琳·德·美第奇更容易受到指责和怀疑。一些历史学家认为，凯瑟琳·德·美第奇不受法兰西臣民的喜欢，所以被贴上了"意大利女人"的标签。无论如何，随着时间的推移，这些谣言很容易使人们把凯瑟琳·德·美第奇和巫术联系起来。现在，有很多关于她参与巫术活动的戏剧作品。

## 子 女

1533年10月28日，在马赛，凯瑟琳·德·美第奇嫁给了奥尔良公爵亨利，也就是后来的法兰西国王亨利二世。凯瑟琳·德·美第奇共生了十个孩子，其中四个儿子和三个女儿活到了成年；三个儿子成了法兰西国王，两个女儿嫁给了国王，还有一个女儿嫁给了公爵。除了法兰西国王亨利三世和瓦卢瓦的玛格丽特，凯瑟琳·德·美第奇比所有子女都要长寿，享年六十九岁。法兰西国王亨利三世比她晚七个月驾崩。瓦卢瓦的玛格丽特和母亲凯瑟琳·德·美第奇一样长寿，享年六十一岁。凯瑟琳·德·美第奇的十个子女按出生排序依次如下：

1.弗朗索瓦二世（1544年1月19日—1560年12月5日），1558年与苏格兰女王玛丽一世结婚。

2.瓦卢瓦的伊丽莎白（1545年4月2日—1568年10月3日），1559年与西班牙国王腓力二世结婚。

3.瓦卢瓦的克劳德（1547年11月12日—1575年2月21日），1559年嫁给洛林公爵夏尔三世。

4.奥尔良公爵路易（1549年2月3日—1550年10月24日），婴儿时期就死了。

5.查理九世（1550年6月27日—1574年5月30日），1570年娶了奥地利的伊丽莎白。

6.亨利三世（1551年9月19日—1589年8月2日），1575年与洛林的路易丝结婚。

7.瓦卢瓦的玛格丽特（1553年5月14日—1615年3月27日），1572年嫁给纳瓦拉国王亨利三世，即未来的法兰西国王亨利四世。

8.安茹公爵埃库莱斯（1555年3月18日—1584年6月19日），后改名为弗朗索瓦。

9.维多利亚（1556年6月24日—1556年8月），与琼是双胞胎。婴儿时期就死了。

10.琼（1556年6月24日—1556年6月24日），与维多利亚是双胞胎。死胎。

# 附录7　圣巴塞洛缪大屠杀

圣巴塞洛缪大屠杀指的是1572年法兰西宗教战争期间天主教针对胡格诺派的一场暗杀和暴力活动。通常认为，圣巴塞洛缪大屠杀是凯瑟琳·德·美第奇唆使法兰西国王查理九世造成的恶果。圣巴塞洛缪大屠杀发生在查理九世的妹妹瓦卢瓦的玛格丽特与信奉新教的纳瓦拉国王亨利三世结婚的几天后。当时，很多富有、显赫的胡格诺派教徒聚集在以天主教教徒为主的巴黎，参加了这场盛大的婚礼。

1572年8月23日到1572年8月24日晚上，发生了圣巴塞洛缪大屠杀，也就是胡格诺派的军事和政治领袖加斯帕尔二世·德·科利尼被刺杀的两天后。查理九世下令杀死一批胡格诺派领袖。很快，大屠杀蔓延到整个巴黎。圣巴塞洛缪大屠杀持续了几周，后来扩大到法兰西其他城市和农村。法兰西各地死亡人数相差很大，预估死亡人数大概五千到三万人。

圣巴塞洛缪大屠杀是法兰西宗教战争的转折点。在圣巴塞洛缪大屠杀中，由于失去了很多杰出的胡格诺派贵族领袖，很多胡格诺派教徒重新皈依天主教。从此，胡格诺派的政治运动陷入了瘫痪。那些没有改变信仰的胡格诺派教徒越来越激进。圣巴塞洛缪大屠杀是16世纪"最严重的宗教大屠杀"，它给整个欧洲的新教徒留下了一种不可磨灭的印象，即天主教是一个血腥的、危险的宗教。

圣巴塞洛缪大屠杀是以下一系列事件的高潮：

1570年8月8日，《圣日耳曼和约》签订，结束了第三次宗教战争。

1572年8月18日，纳瓦拉国王亨利三世和瓦卢瓦的玛格丽特结婚。

1572年8月22日，暗杀加斯帕尔二世·德·科利尼行动失败。

## 不可接受的平静和不可接受的婚姻

《圣日耳曼和约》的签订结束了天主教教徒和胡格诺派教徒之间长达三年的内战。然而，两者之间的和平是不稳定的。因为天主教教徒中的顽固派拒绝接受《圣日耳曼和约》。天主教领袖——吉斯家族在法兰西宫廷失宠。1571年9月，胡格诺派领袖加斯帕尔二世·德·科利尼重新进入御前会议。坚定的天主教教徒对加斯帕尔二世·德·科利尼重返宫廷感到震惊。出于政治现实考虑，凯瑟琳·德·美第奇和查理九世不得不支持加斯帕尔二世·德·科利尼。当时，王室财政困难，且胡格诺派力量强大，控制了拉罗谢尔、卢瓦尔河畔拉沙里泰、科尼亚克、蒙托邦等城镇。

为了维护国家稳定和两个宗教派别之间的和平，凯瑟琳·德·美第奇计划将女儿瓦卢瓦的玛格丽特嫁给胡格诺派领袖纳瓦拉国王亨利三世。1572年8月18日，举行了盛大的婚礼仪式。天主教的保守派和教皇格列高利十三世都无法接受这场婚礼。教皇格列高利十三世和西班牙国王腓力二世强烈谴责凯瑟琳·德·美第奇对胡格诺派的妥协政策。

## 巴黎的紧张局势

纳瓦拉国王亨利三世和瓦卢瓦的玛格丽特的婚姻使大批出身高贵的胡格诺派教徒聚集巴黎。但巴黎是一个强烈反对胡格诺派的城市。大多数巴黎人是极端的天主教教徒，他们无法接受胡格诺派的存在。在天主教传教士的煽动

拉罗谢尔

卢瓦尔河畔的拉沙里泰

下，巴黎人对一位法兰西公主嫁给一位胡格诺派教徒感到震惊。最高法院反对并缺席了这场婚礼，加剧了巴黎的紧张局势。

雪上加霜的是，1572年，法兰西收成欠佳、赋税加重、食品价格上涨。与之形成鲜明对比的是，纳瓦拉国王亨利三世的婚礼上展示了各种奢侈品。这种对比增加了胡格诺派和巴黎人之间的紧张关系。有一个典型的例子——菲利佩·德·加斯蒂纳的亲戚被暴徒杀害。菲利佩·德·加斯蒂纳是胡格诺派教徒。1569年，他被处决。巴黎暴民拆毁了他的房子，并在地基上竖立起了一个大型十字架。1570年8月8日，《圣日耳曼和约》签订。根据《圣日耳曼和约》，这个大型十字架被拆除。但这遭到了巴黎大多数天主教教徒的联合抵制，导致大约五十人在暴乱中死亡及大规模的财产破坏。1572年8月，在圣巴塞洛缪大屠杀中，菲利佩·德·加斯蒂纳的亲戚是第一批被巴黎天主教暴徒杀害的人。

法兰西宫廷内部存在着严重的分歧。未经教皇格列高利十三世的许可，凯瑟琳·德·美第奇就举办了瓦卢瓦的玛格丽特和纳瓦拉国王亨利三世的婚

处决菲利佩·德·加斯蒂纳的亲戚

礼。因此，法兰西宫廷的天主教高级教士对是否支持这场婚礼犹豫不决。凯瑟琳·德·美第奇费尽周章，才说服了纳瓦拉国王亨利三世的叔叔——枢机主教夏尔·德·波旁为这对新人主持婚礼。除此之外，吉斯家族和蒙莫朗西家族之间的争斗又出现了。吉斯家族并不打算给他们的对手蒙莫朗西家族让路。巴黎总督弗朗索瓦·德·蒙莫朗西无法控制巴黎的骚乱。1572年8月20日，弗朗索瓦·德·蒙莫朗西离开巴黎，隐退至尚蒂伊。

### 胡格诺派思想的转变

圣巴塞洛缪大屠杀发生的前几年，胡格诺派的"政治言论"发生了转变，从针对法兰西的某位君主，转而针对整个君主制政体。这种转变是因为胡格诺派领袖约翰·加尔文改变了对君主的认识。在早期作品中，约翰·加尔文认为，即使不是真心尊重君主，也要顺服君主。然而，1561年，在《解读先知丹尼尔》一书中，约翰·加尔文说，当君主违抗上帝时，他就已经自动放弃了世俗的权力。这一变化很快被胡格诺派的作家接受。他们开始发展约翰·加尔文的思想，宣扬人民主权的思想。对此，天主教作家和布道者反应激烈。

圣巴塞洛缪大屠杀发生后，反对君主制的思想得到胡格诺派的广泛支持，原来支持君主制的一部分人也开始反对君主制。胡格诺派的作家们过去在作品中宣扬忠君的思想，现在却公然在作品中宣称：如果国王允许屠杀新教徒，或者国王授权屠杀新教徒，那么人们有权罢免国王或者暗杀国王。圣巴塞洛缪大屠杀标志着新教开始和国王公开对抗。对胡格诺派教徒而言，第四次法兰西宗教战争不仅仅是一场反对国王政策的战争，也是反对整个君主制的战争。

1572年5月，有消息传到巴黎：拿骚的路易率领胡格诺派军队越过法兰西边境，到达了荷兰的埃诺省，占领了天主教要塞——蒙斯和瓦朗谢讷，局势进一步紧张起来。拿骚的路易帮助哥哥奥兰治亲王威廉一世管理法兰西南部阿维尼翁周围的奥兰治公国。当时，奥兰治亲王威廉一世正在领导一场反抗西班牙人的起义。法兰西的胡格诺派军队进驻荷兰，使法兰西有可能卷入荷兰和西班牙之间战争。很多天主教教徒认为，是胡格诺派领袖加斯帕尔二世·德·科利尼说服了查理九世，帮助奥兰治亲王威廉一世。

## 暗杀加斯帕尔二世·德·科利尼

1572年8月18日婚礼之后，加斯帕尔二世·德·科利尼和主要的胡格诺派教徒留在巴黎，与查理九世讨论一些关于《圣日耳曼和约》的悬而未决的问题。1572年8月22日，在从卢浮宫回家的路上，加斯帕尔二世·德·科利尼被刺杀。他被从楼上窗户射出的子弹射中，伤势严重。刺客可能是莫瑞特领主夏尔·德·卢维耶。在随后的混乱中，他逃脱了。直到今天，仍然很难确定谁该对这次袭击负主要责任。历史记录了三种可能性。

吉斯家族。洛林枢机主教夏尔、吉斯公爵亨利一世和马耶纳公爵夏尔是最大的嫌疑人。天主教的领袖认为，1563年，吉斯公爵弗朗索瓦被加斯帕尔二世·德·科利尼下令暗杀。现在，吉斯家族想报仇雪恨。瞄准加斯帕尔二世·德·科利尼的子弹从吉斯家族名下的一处房子中射出。

费尔南多·阿尔瓦雷斯·德·托莱多。费尔南多·阿尔瓦雷斯·德·托莱多代表腓力二世统治荷兰。当时，加斯帕尔二世·德·科利尼正计划在荷兰领导一场运动，帮助荷兰的起义军摆脱西班牙控制。1572年夏，蒙斯的新教徒正被费尔南多·阿尔瓦雷斯·德·托莱多率领的军队围攻。加斯帕尔二世·德·科利尼秘密派遣了一支军队帮助蒙斯的新教徒。因此，对费尔南多·阿尔瓦雷斯·德·托莱多来说，加斯帕尔二世·德·科利尼是一个很大的威胁。

凯瑟琳·德·美第奇。凯瑟琳·德·美第奇可能担心查理九世被加斯帕尔二世·德·科利尼逐渐控制。据说，凯瑟琳·德·美第奇一直担忧加斯帕尔二世·德·科利尼会因帮助荷兰的新教徒，将法兰西卷入与西班牙的战争。

## 巴黎大屠杀

暗杀加斯帕尔二世·德·科利尼引发了圣巴塞洛缪大屠杀的危机。加斯帕尔二世·德·科利尼是胡格诺派最受尊敬的领袖,与查理九世关系密切,尽管不受凯瑟琳·德美第奇信任。查理九世意识到新教徒可能实施报复,于是他和朝臣拜访了受伤的加斯帕尔二世·德·科利尼,并向他保证,凶手将受到惩罚。凯瑟琳·德美第奇吃晚饭时,新教徒突然闯入王宫,要求王室主持正义,有些人说了很多威胁的话。法兰西王室对胡格诺派的恐惧与日俱增。科利尼家族率领一支四千人的军队驻扎在巴黎城外,尽管没有证据表明这支军队计划袭击巴黎。但巴黎的天主教教徒担心胡格诺派军队可能会报复吉斯家族或巴黎市民。

1572年8月22日晚,在杜伊勒里宫,凯瑟琳·德·美第奇会见了意大利顾问,包括阿尔伯特·德·贡迪、孔特·德·雷斯。1572年8月23日晚,凯瑟琳·德·美第

阿尔伯特·德·贡迪

奇和查理九世见面，商讨如何应对危机。虽然这次商谈的细节没有流传下来，但查理九世和凯瑟琳·德·美第奇显然做出了消灭胡格诺派领袖的决定。麦克·P.霍尔特推测，绞杀名单中包含了仍在巴黎的"二十到三十多名胡格诺派贵族"。历史学家们通常不愿意推测绞杀名单中有多少人和具体有哪些，因为除了几位被杀的历史名人，其他死亡人员很难判断。像加斯帕尔二世·德·科利尼一样，大多数胡格诺派领袖都有随行人员。天主教教徒杀死一位胡格诺派首领的同时，也要杀死首领的随行人员，所以很难估算死亡的人数。

做出了消灭胡格诺派领袖的决定后，查理九世和凯瑟琳·德·美第奇传唤了巴黎市政当局官员，命令他们关闭城门，武装市民，预防胡格诺派起义。查理九世的瑞士雇佣兵，受命杀死了一批重要的胡格诺派教徒。历史学家很难确定圣巴塞洛缪大屠杀发生的确切时间和相关事件发生的先后顺序。在卢浮宫附近的圣日耳曼欧塞尔教堂，也就是法兰西国王的教区教堂，从午夜到黎明，响起了钟声，这是晨祷的信号。

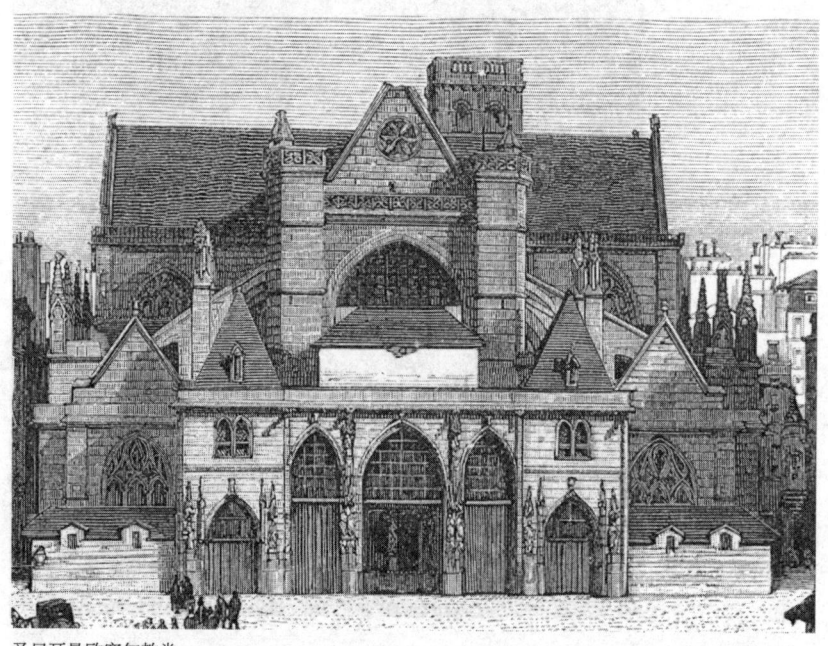

圣日耳曼欧塞尔教堂

吉斯公爵亨利一世亲自率领一群人，将加斯帕尔二世·德·科利尼从床上拖了下来，杀死了他，并把尸体扔出了窗外。胡格诺派贵族奋勇抵抗，他们担心加斯帕尔二世·德·科利尼的生命安全。但加斯帕尔二世·德·科利尼似乎很镇定。参与谋杀加斯帕尔二世·德·科利尼的一名凶手说："从未见过任何人在面对巨大的危险时这么平静，视死如归。"自《圣日耳曼和约》签订以来，法兰西的局势越来越紧张，一场大屠杀在民众暴力浪潮中彻底爆发了。

巴黎人开始在全城搜捕胡格诺派教徒，包括妇女和儿童。巴黎人用铁链封锁街道，使胡格诺派教徒无法逃出巴黎。死者的尸体被装在大车上，扔进塞纳河。尽管查理九世试图阻止暴行，但巴黎的大屠杀还是持续了三天。麦克·P.霍尔特的结论是："没有证据表明这是法兰西宫廷蓄意所为，尽管法兰西宫廷本可以避免圣巴塞洛缪大屠杀。"詹姆斯·克拉克·霍尔特列举了一些天主教大臣干预，并拯救个别胡格诺派教徒的案例。

两位主要的胡格诺派教徒——纳瓦拉国王亨利三世和孔代亲王亨利一世·德·波旁因承诺皈依天主教而幸免于难。在逃离巴黎后，两人宣布放弃胡格诺派信仰，并皈依天主教。根据一些解释，一些胡格诺派教徒得以幸存是凯瑟琳·德·美第奇的计划之一，其目的是为了防止吉斯家族过于强大。

1572年8月26日，查理九世和大臣前往巴黎最高法院，统一了关于圣巴塞洛缪大屠杀的口径，即查理九世为了伸张正义，下令实施大屠杀，以挫败胡格诺派颠覆王室的阴谋。随后，巴黎举行了包括游行在内的庆祝活动，庆祝大赦年[①]。与此同时，在巴黎的某些地方，大屠杀仍在继续。

**全国其他地区**

1572年8月24日，查理九世向全国各地的官员发布命令，要求防止暴力行

---

① 大赦年，是指天主教特许的每二十五年举办一次的欢庆活动。在大赦年期间，对所有罪孽免于处罚。——译者注

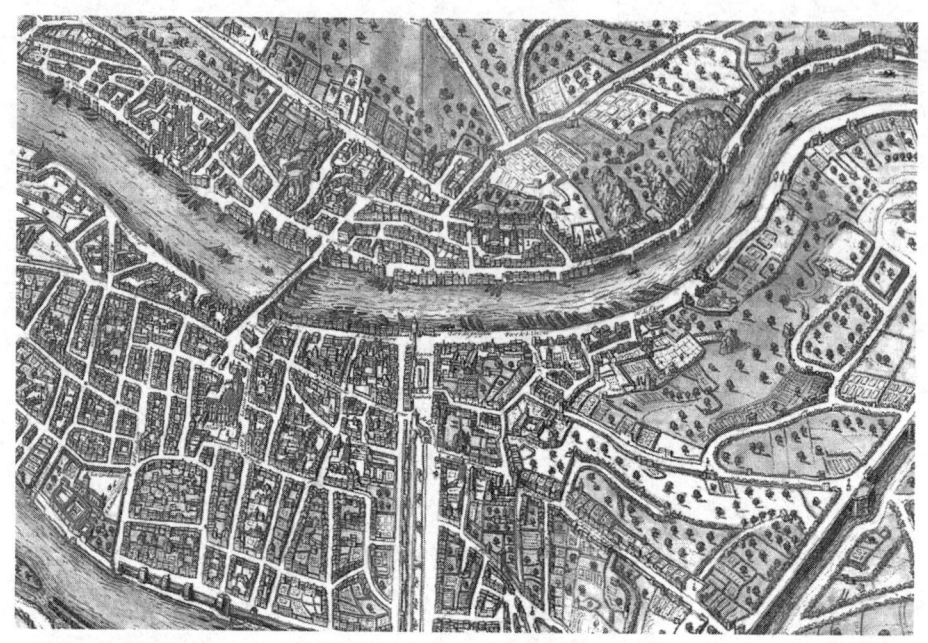

16世纪70年代的里昂

为,维护1570年签订的《圣日耳曼和约》。然而,从1572年8月到1572年10月,在全国其他十二个地区,屠杀胡格诺派教徒的暴行仍在继续。这十二个地区分别是图卢兹、波尔多、里昂、布尔日、鲁昂、奥尔良、莫城、昂热、拉沙里泰、索米尔、加亚克和特鲁瓦。巴黎大屠杀的消息传出后,法兰西大多数地区迅速爆发了屠杀胡格诺派教徒的暴乱。有些地方的屠杀推迟了一个多月。

麦克·P.霍尔特说:"发生大屠杀的十二地区有一个显著的共同特点——这些城市都是天主教占多数的城市,而胡格诺派教徒是显著的少数派。在前三次法兰西宗教战争中,这些地区都曾经历过严重的宗教分裂……此外,在第一次法兰西宗教战争中,其中七个地区曾被胡格诺派教徒控制过。"

有些地区的天主教教徒,认为自己收到了查理九世屠杀胡格诺派教徒的命令:这些命令要么来自旅游者,要么来自当地贵族或代理人。简而言之,这些地区的天主教教徒根本没有收到确切的命令,他们所谓收到的命令只是道听途说而已。吉斯家族可能希望进行大屠杀,但查理九世不太可能下达屠杀令。显然,真正下达全国屠杀令的是查理九世的弟弟安茹公爵亨利。他以查理九世的名义散播了屠杀胡格诺派教徒的信息。在南特,幸运的是,市长在收到屠杀令后,暂时没有公布消息,一周后,查理九世下达了完全相反的命令。

在一些城市,屠杀是由暴徒领导的,城市当局试图镇压他们。在另一些城市,屠杀由士兵和官员领导,暴徒几乎没有参与。1572年9月29日,在波尔多,耶稣会士埃德蒙·奥热进行了煽动性的布道,刺激了天主教教徒对胡格诺派教徒的仇视,鼓动了几天后即将发生的大屠杀。

埃德蒙·奥热

圣巴塞洛缪大屠杀后，胡格诺派损失的教徒人数远远超过实际被杀人数。由于生命受到了严重威胁，在接下来的几周里，大批胡格诺派教徒皈依了天主教。在圣旺，数百名胡格诺派教徒被杀。由于大量胡格诺教派改信天主教或移民到更安全的国家，圣旺的胡格诺派教徒人数从一万六千五百人锐减至不到三千人。一些未受暴力影响的城市，胡格诺派教徒的数量也急剧下降。有人声称，圣巴塞洛缪大屠杀前夕，胡格诺派教徒占法兰西人口总数的百分之十。16世纪末，胡格诺派教徒占法兰西人口总数下降到百分之七到百分之八。此后不久，胡格诺派和天主教都在为第四次法兰西宗教战争做准备。内战于1592年年底前开始了。

## 死亡人数

对圣巴塞洛缪大屠杀中死亡人数的估算各不相同。一名天主教教徒估计有两千人。胡格诺派教徒苏利公爵马克西米利安·德·贝蒂纳估计高达七万人。关于死伤人数的准确数字从未汇编过。在现代历史学家的著作中，死亡人数有非常大的差距。越专业的历史学家，估算的数字往往越低。1978年，菲利普·贝内迪克特估计，在圣巴塞洛缪大屠杀中，巴黎的死亡人数约两千人，地方上的死亡人数约三千人。其他人估计，在圣巴塞洛缪大屠杀中，巴黎的死亡人数约三千人，地方上的死亡人数约七千人，死亡总数达到一万人。历史学家费利佩·费尔南德斯-阿梅斯托和D.威尔逊引用了"当代无党派的猜测"，认为死亡总数高达两万至三万人。就巴黎的死亡人数而言，唯一准确的数据是一份付费单，上面记录了巴黎政府付给清理尸体的工人的酬劳金额。工人们清理和埋葬了一周内被冲到巴黎下游塞纳河河岸边的一千一百具尸体。圣巴塞洛缪大屠杀中巴黎的死亡人数由此计算。在被杀的人中，有哲学家彼得吕斯·拉米斯和里昂的作曲家克劳德·古迪梅尔。据说，很多尸体从里昂的罗讷河顺流而下，阿尔人三个月不能喝罗讷河里的水。

彼得吕斯·拉米斯之死

## 各方反映

"政治派"是一群把国家统一置于宗派利益之上的天主教教徒。他们对圣巴塞洛缪大屠杀感到震惊。但很多天主教教徒认为,圣巴塞洛缪大屠杀拯救了天主教教徒和法兰西宫廷。因为当时,胡格诺派即将叛乱。加斯帕尔二世·德·科利尼的头颅被送到教皇格列高利十三世那里。教皇格列高利十三世送给查理九世一朵金玫瑰。1572年,在感恩节上,教皇格列高利十三世下令唱《赞美颂》,这一做法延续了许多年。教皇格列高利十三世制作了一枚特殊的奖章,上面刻着"屠杀胡格诺派教徒1572"的拉丁文,奖章上的天使正手持十字架和一把剑,前面是一群被击倒的胡格诺派教徒。

教皇格列高利十三世还委托艺术家乔治·瓦萨里在萨拉雷西亚画了三幅壁画,分别描绘了加斯帕尔二世·德·科利尼受伤、死亡,以及查理九世在议会

乔治·瓦萨里

前的情景,与纪念1571年勒班陀战役击败奥斯曼土耳其人的壁画相匹配。教皇格列高利十三世把圣巴塞洛缪大屠杀解释为一种"神惩",认为加斯帕尔二世·德·科利尼是基督教世界的一大威胁。因此,他指定1572年9月11日为勒班陀战役和圣巴塞洛缪大屠杀的联合纪念日。

然而,当人们逐渐认识到圣巴塞洛缪大屠杀的本质时,罗马教皇法院越来越担忧。虽然罗马教皇没有公开否认与圣巴塞洛缪大屠杀有关的庆典活动,但教皇格列高利十三世拒绝接见据说是杀害加斯帕尔二世·德·科利尼的凶手——莫瑞特领主夏尔·德·卢维耶的理由是他是一个杀人犯。

据说,听到圣巴塞洛缪大屠杀的消息后,腓力二世笑了:"这几乎是有史以来唯一一次。"在巴黎,音乐与诗歌学院的创办人——让-安托万·巴伊夫

让-安托万·巴伊夫

写了一首十四行诗，对圣巴塞洛缪大屠杀大加赞扬。神圣罗马帝国皇帝、查理九世的岳父马克西米利安二世厌恶圣巴塞洛缪大屠杀，称其为"可耻的大血洗"。法兰西天主教教徒中的温和派也开始怀疑宗教统一是否值得这样的流血牺牲。政治派的队伍开始壮大。

圣巴塞洛缪大屠杀造成了"重大的国际危机"。新教国家被吓坏了，法兰西与新教国家之前保持的良好的外交关系即将崩溃。凯瑟琳·德·美第奇的大使全力以赴，解决此次重大国际危机，阿尔贝特·德·贡迪率领特别使团挽回

马克西米利安二世

弗朗西斯·沃尔辛汉姆

法兰西的国际形象。当时,英格兰驻法大使弗朗西斯·沃尔辛汉姆勉强逃过一劫,惊魂未定。在写给马克西米利安二世的一封信中,沙皇伊万四世表达了对圣巴塞洛缪大屠杀的惊恐。

## 论战文学

圣巴塞洛缪大屠杀催生了一大批极具争议性的论战文学作品。在这些文学作品中,充斥着偏见和恐惧。圣巴塞洛缪大屠杀发生以后,很多天主教作家十分高兴,认为查理九世已经放弃了宗教宽容政策,赞美查理九世的行动大胆而果断，赞美查理九世及时制止了胡格诺派教徒的政变。在官方支持的文学作品中，"胡格诺派教徒政变"的细节被丰富和充实，被描写得绘声绘色。在某种程度上，这些文学作品并不赞成圣巴塞洛缪大屠杀中暴民的血腥行为。但它们同时认为，当暴民的愤怒来自宗教热情时，这种行为值得赞许。因此，我们必须原谅暴民的这种行为。

与之相反的是，在胡格诺派教徒发表的文学作品中，描写了圣巴塞洛缪大屠杀中令人痛心的暴力细节，阐述了各种阴谋论，提到法兰西宫廷早就策划了大屠杀计划，对凯瑟琳·德·美第奇、阿尔贝特·德·贡迪和宫廷中的其他意大利人表现出强烈的反感。与天主教和胡格诺派具有争议性的论战文学作品相比，从法兰西外交信函中，更容易认识到圣巴塞洛缪大屠杀的无计划性和混乱性。在相关人士出的几本回忆录中，描述了当事人目睹胡格诺派教徒冲进法兰西宫廷的场景。据说，瓦卢瓦的玛格丽特和安茹公爵亨利也撰写了两篇回忆录，一直非常有影响力。然而，直到19世纪，人们才发现这两篇回忆录都是虚假的。

据说，查理九世的那段话："好吧，就这样吧！杀了他们！把他们都杀了！不要留下一个活人来责备我！"正是来自安茹公爵亨利的虚假回忆录。

《皮埃尔·沙尔庞捷的信》的作者是圣巴塞洛缪大屠杀的极端辩护者。他似乎知道一些内情，认为圣巴塞洛缪大屠杀是对胡格诺派的惩罚，是胡格诺派教徒多年来非暴力反抗和秘密叛乱的恶果。一些天主教教徒，尤其是意大利天主教作家，打破了法兰西官方的说法，声称圣巴塞洛缪大屠杀是法兰西宫廷的一个绝妙计谋。

在这些作家中，最极端的是教皇格列高利十三世的秘书卡米洛·卡皮卢皮。卡米洛·卡皮卢皮坚持认为，自1570年以来，一系列事件都是查理九世蓄意谋划的，为了隐藏真实意图，他经常误导母亲凯瑟琳·德·美第奇和大臣。威尼斯政府不允许卡米洛·卡皮卢皮的书籍在威尼斯发行。1574年，卡米洛·卡皮卢皮的书在罗马出版。同年，该书的意大利语原文和法语译本在日内瓦发行。

正是在这样的背景下,圣巴塞洛缪大屠杀被认为是马基雅维利主义影响下的恶果。这种观点也深受胡格诺派伊诺桑·让缇耶的影响。1576年,他出版了《反对马基雅维利主义》的著作。此后四年,《反对马基雅维利主义》以三种语言出版了十种版本。伊诺桑·让缇耶认为:"意大利和说意大利语的国家把尼科洛·马基雅维利的话奉为圭臬。意大利人把尼科洛·马基雅维利的权谋术带到了法兰西,这影响了法兰西宫廷和整个社会,造成法兰西的堕落。因此,马基雅维利主义是法兰西堕落的根源;而圣巴塞洛缪大屠杀是尼科洛·马基雅维利变态崇拜者的盛宴,法兰西的堕落至此达了顶峰。"

尼科洛·马基雅维利

事实上，在圣巴塞洛缪大屠杀之前，法兰西的文学作品没有受到尼科洛·马基雅维利的影响，在圣巴塞洛缪大屠杀之后也没有受到影响。然而，伊诺桑·让缇耶是法兰西文学史上唯一一位把圣巴塞洛缪大屠杀和尼科洛·马基雅维利主义联系起来的作家。当时，伊诺桑·让缇耶的很多同代人抓住并利用了这个联系，创造了"马基雅维利主义"这个术语。从此，马基雅维利主义开始流行，加深了胡格诺派论战文学中的反意情绪。

克里斯多弗·马洛是英格兰女王伊丽莎白一世时代的作家之一。他是"圣巴塞洛缪大屠杀是马基雅维利主义的产物"这一思想的狂热支持者。在克里斯多弗·马洛的《马耳他的犹太人》一书中，尼科洛·马基雅维利声称自己灵魂不

克里斯多弗·马洛

灭,已转世成了吉斯公爵亨利一世。克里斯多弗·马洛的最后一部戏剧是《巴黎大屠杀》。《巴黎大屠杀》以圣巴塞洛缪大屠杀事件为主题,把吉斯公爵亨利一世和凯瑟琳·德·美第奇描绘成了马基雅维利式的阴谋家,对圣巴塞洛缪大屠杀蓄谋已久。1913年,再版的天主教《百科全书》也将圣巴塞洛缪大屠杀描述为"在马基雅维利主义影响下的一次不道德的政治行为",指责马基雅维利主义是"一种为了国家利益而不顾道德,为达到目的不择手段的异教徒理论"。

18世纪,法兰西历史学家路易-皮埃尔·安克蒂尔是最早开始公正调查圣巴塞洛缪大屠杀历史的人之一。他在自己1767年的著作《法纪精神》中强调,圣巴塞洛缪大屠杀并没有完整的计划。后来,法兰西宫廷无法控制天主教暴民

路易-皮埃尔·安克蒂尔

逐渐升级的屠杀行为。在这一时期，在《亨利亚德》中，伏尔泰也反对把圣巴塞洛缪大屠杀视为蓄谋已久的阴谋。其他启蒙运动作家也存在相似观点。

关于圣巴塞洛缪大屠杀是否预谋已久，这个问题直到19世纪末才得以解决。英格兰历史学家约翰·达尔贝格-阿克顿曾两次改变主意，最后得出的结论是否定的。

### 解读在圣巴塞洛缪大屠杀中法兰西王室扮演的角色

几个世纪以来，圣巴塞洛缪大屠杀不可避免地引起了巨大的争议。对法兰西王室在圣巴塞洛缪大屠杀中扮演的角色，现代历史学家仍然存在分歧，主要存在四种观点：

第一，传统观点是，凯瑟琳·德·美第奇和她的天主教顾问是处决胡格诺派重要军事领导人的罪魁祸首。他们迫使犹豫不决、意志薄弱的查理九世下达了屠杀令。这种传统观点已经被现代历史学家抛弃，其中包括雅尼纳·加里松。然而，在一本近期著作中，麦克·P.霍尔特总结："主谋似乎有四人——安茹公爵亨利、理勒内·德·比拉格、讷维尔公爵路易斯·贡萨加和阿尔贝特·德·贡迪。"除了安茹公爵亨利，其他人都是法兰西宫廷的意大利顾问。

第二，根据丹尼斯·克鲁泽的说法，查理九世恐惧胡格诺派教徒起义。为了保护自己的权力，他选择将胡格诺派起义的危机扼杀在摇篮中。因此，屠杀胡格诺派教徒是查理九世的决定，而不是凯瑟琳·德·美第奇的决定。

第三，根据让-路易斯·布尔容的说法，巴黎市民应该对圣巴塞洛缪大屠杀负责。他强调说，当时，巴黎正处于叛变的边缘。在巴黎，深受欢迎的吉斯家族利用这种情况，向查理九世和凯瑟琳·德·美第奇施压。因此，查理九世不得不出面阻止这场由吉斯家族、巴黎民兵和平民引发的骚乱。

第四，根据蒂里·瓦内格法伦的说法，对圣巴塞洛缪大屠杀负有最大责任的应该是法兰西王室成员，也就是查理九世野心勃勃的弟弟——安茹公爵亨利。暗杀加斯帕尔二世·德·科利尼失败后，在王室委员会上，凯瑟琳·德·美第奇的意大利顾问建议，处决五十名左右的胡格诺派领袖。这些意大利顾问想要从消灭胡格诺派首领中受益。尽管凯瑟琳·德·美第奇和查理九世坚决反对，安茹公爵亨利还是出席了王室委员会会议，想通过这个机会体现自己的执政能力。安茹公爵亨利联系了巴黎当局和另一个野心勃勃的年轻人——失去权力的吉斯公爵亨利一世共谋大计。巴黎大屠杀就是这些利益结合的结果。这就可以更好地解释为什么安茹公爵亨利的人以王国中将的名义行事，而非以查理九世的名义行事。由此，人们也可以理解，为什么在巴黎大屠杀开始的第二天，通过查理九世的王室宣言，凯瑟琳·德·美第奇谴责了巴黎大屠杀的罪行，并威胁吉斯家族要惩罚他们。然而，当查理九世和凯瑟琳·德·美第奇得知安茹公爵亨利参与了此事后，他们发布了第二次王室宣言，突然改变了态度，要求结束巴黎大屠杀的同时，承认是查理九世为了阻止胡格诺派教徒叛变而下达了屠杀令。安茹公爵亨利的政变取得了成功，但他在法兰西的所有权力随后被凯瑟琳·德·美第奇剥夺。凯瑟琳·德·美第奇派安茹公爵亨利和王室军队继续留在拉罗谢尔战场前线，然后，推举安茹公爵亨利为波兰-立陶宛联邦的国王。

**各宗教派系的角色**

历史并不关心那些真正实施屠杀的人的心态，而倾向于关注政治名人所起的作用。正是那些政治名人的阴谋点燃了圣巴塞洛缪大屠杀的火种。然而，世俗天主教教徒也参与了圣巴塞洛缪大屠杀，他们相信自己是在执行国王和上帝的命令。在大众传媒出现之前，"讲坛"可能仍然是大众传播最有效的手段。尽管当时有大量的小册子和报纸在市面流通，但人们的识字能力普遍很低。因此，一些现代历史学家强调，在影响人们信仰方面，激进的传教士发挥了重要作用。

波士顿大学历史学教授芭芭拉·B.迪芬多夫写道："西蒙·维戈尔曾

说，法兰西的统治者想要加斯帕尔二世·德·科利尼死亡，不杀加斯帕尔二世·德·科利尼就是不道德的。"显然，巴黎最受欢迎的神父西蒙·维戈尔将圣巴塞洛缪大屠杀事件合理化了。芭芭拉·B.迪芬多夫说："当一名贵族将被杀的加斯帕尔二世·德·科利尼的头颅展示给巴黎暴民，声称这是国王的意旨时，一切木已成舟。"另一位历史学家——乔治梅森大学教授麦克·P.霍尔特也认为，西蒙·维戈尔是巴黎当时最著名的传教士。在布道中，麦克·P.霍尔特反复提到，如果胡格诺派教徒控制了巴黎，邪恶将会降临到巴黎。在2000年的一部著作中，安德鲁·坎宁安和奥利·彼得·格雷尔也支持这一观点，他们解释说，像西蒙·维戈尔这样的神父，在圣巴塞洛缪大屠杀前夕进行布道，加剧了巴黎的紧张氛围。

历史学家指出，1572年8月，极端的紧张和痛苦点燃了巴黎的火药桶。在过去十年里，法兰西已经爆发了三次内战，胡格诺派贵族试图夺取政权。法兰西著名的天主教神学家认为，君主制下的法兰西国王虽然地位尊贵，拥有特殊权力，但必须承担一定的责任，其中最重要的责任就是打击异端。

麦克·P.霍尔特反复强调宗教问题的重要性，认为不是政治冲突、权力斗争或经济紧张导致了法兰西宗教战争，宗教问题才是一切问题的根源，并再次强调宗教问题在圣巴塞洛缪大屠杀中起到的作用。麦克·P.霍尔特认为，对当时的法兰西而言，胡格诺派教徒对社会和政治秩序构成了严重威胁。人们认为，一定要消灭、杀死胡格诺派教徒，必须像对待野兽一样羞辱和折磨他们。

雷蒙德·门策指出，胡格诺派教徒和天主教教徒一样嗜血。1567年，在尼姆，胡格诺派教徒屠杀了大约一百名天主教教徒。这一百名天主教教徒大部分是神父和著名的平信徒，都是胡格诺派教徒的邻居。很少有城镇能逃脱暴力事件的袭击，有些城镇还反复遭受天主教和胡格诺派的双重打击。因此，天主教教徒和胡格诺派教徒都不乏残忍和疯狂。

利奥妮·弗里达强调，除了宗教原因，巴黎大屠杀还因为贫富差距，穷人趁乱杀害富人，以逃避债务。利奥妮·弗里达补充道："许多资产阶级的巴黎天主教教徒遭受着和新教徒一样的命运。发生圣巴塞洛缪大屠杀的当晚,随着债权人和放债人的死亡,许多金融债务都被抹去了。"一些胡格诺派教徒通过收买那些想要谋害他的暴民而逃过一劫。

伦敦大学国王学院历史学教授赫尔穆特·格奥尔格·柯尼希斯贝格尔写道:"大屠杀令人深感不安。天主教教徒之间相互残杀,他们杀害的不是外国敌人,而是自己的邻居。屠杀者和被屠杀者曾经生活在同一片土地上。"赫尔穆特·格奥尔格·柯尼希斯贝格尔总结说:"圣巴塞洛缪大屠杀有非常深刻的历史意义,它展示了宗教激情的恐怖力量,打破了道德的壁垒。"

宗教历史学家布鲁斯·林肯从社会人类学的角度分析圣巴塞洛缪大屠杀。他描述了宗教分歧是如何转化成社会分歧的。在服装、饮食、娱乐甚至阶级方面,胡格诺派与天主教之间差异明显。纳瓦拉国王亨利三世和瓦卢瓦的玛格丽特的婚姻,本意是为了促进宗教融合,但奢华的王室婚姻仪式加剧了宗教的分裂。天主教教徒和胡格诺派教徒之间存在隔阂,矛盾难以调和。1997年8月23日,正在巴黎参加第十二届世界青年日活动的教皇约翰·保罗二世发表了一份关于圣巴塞洛缪大屠杀的声明。教皇约翰·保罗二世在巴黎待了三天,进行了十一次演讲。据路透社和美联社报道,在一次守夜祷告活动中,面对成千上万在巴黎参加庆祝活动的年轻人,教皇约翰·保罗二世发表了以下言论:"1572年8月24日前夜,发生了圣巴塞洛缪大屠杀惨案。我们不能忘记这个令人悲伤的日子,这是法兰西政治和宗教上的一个重要事件,原因不明。天主教教徒做了被福音谴责的事。我深信,只有宽恕,才能使宗教之间达成和解。今时今日,宗教差异不应该成为彼此对立的理由。相反,对基督共同的爱促使我们为寻求团结统一的道路而不懈努力。"

**后世各种相关艺术**

伊丽莎白一世时代的剧作家克里斯托弗·马洛从英文版的胡格诺派文学

中,以及从在坎特伯雷避难的法兰西难民那里,了解到关于圣巴塞洛缪大屠杀的故事。以圣巴塞洛缪大屠杀为蓝本,克里斯托弗·马洛写了一部强烈反天主教和反法兰西的戏剧《巴黎大屠杀》。同时,在《克里斯托弗·马洛的世界》中,大卫·里格斯声称克里斯托弗·马洛早期的三部戏剧:第一部《帖木耳大帝》、第二部《帖木耳大帝》和《马耳他的犹太人》的最后一幕中,都包含了圣巴塞洛缪大屠杀的情节。

1772年,在戏剧《利兹厄主教让·亨纳耶》中,路易斯-塞巴斯蒂安·梅西耶也提到了圣巴塞洛缪大屠杀。直到1792年,这部戏剧才上演。1792年2月,演员兼剧作家伊丽莎白·英奇博尔德把《利兹厄主教让·亨纳耶》翻译成英语,并

路易斯-塞巴斯蒂安·梅西耶

约瑟夫·谢尼埃

进行了一些改编,以《大屠杀》为名上映。《大屠杀》保留了故事原有的历史背景,但添加了一些法兰西大革命的情节。

在法兰西大革命期间,约瑟夫·谢尼埃的戏剧《查理九世》获得巨大成功。人们从圣巴塞洛缪大屠杀中汲取了教训,激发了反君主和反宗教思想。作为一名政治家,约瑟夫·谢尼埃能够将自己的政治主张付诸实践。他投票赞成处死法兰西国王路易十六和其他许多人,也许包括他的弟弟安德烈·谢尼埃。然而,在法兰西大革命爆发之前,约瑟夫·谢尼埃被怀疑为温和派,处于某种危险中。

1892年,普罗斯珀·梅里美以圣巴塞洛缪大屠杀为蓝本,虚构了小说《查理九世的编年史》。1845年,大仲马的浪漫和冒险小说《玛戈王后》也借用了圣巴塞洛缪大屠杀的情节。《玛戈王后》被翻译成英文,并于1954年被拍成电影——《玛戈王后》。美国版本的电影名叫《邪恶的女人》,由珍妮·莫罗主演。1994年,它再次被重拍,并配有字幕,由伊莎贝尔·阿贾尼主演。

1836年,贾科莫·迈尔贝尔主演的歌剧《胡格诺派教徒》上映。《胡格诺派教徒》成为法兰西大歌剧中最受欢迎、最壮观的作品之一。

1852年,在画作《圣巴塞洛缪大屠杀日的一位胡格诺派教徒》中,前拉斐尔派画家约翰·埃弗里特·米莱创造了圣巴塞洛缪大屠杀中的一个感伤瞬间,画中描绘了一名天主教妇女试图说服她的胡格诺派情人戴上代表天主教的白色围巾。情人忠于自己的信仰,温和地拒绝了妇女。约翰·埃弗里特·米莱在看了贾科莫·迈尔贝尔的《胡格诺派教徒》后受到启发,创作了这幅画作。

在一篇关于"部分文明的种族"的文章中,马克·吐温描述了圣巴塞洛缪大屠杀。这篇文章摘自1897年的《海外流浪汉的手稿:法兰西人和科曼切人》。在文章中,马克·吐温写道:"圣巴塞洛缪大屠杀无疑是世界上设计得最完美的屠杀事件,所有善良的人都参与其中,就连国王和太后也参与其中。"

1916年,大卫·沃克·格里菲思的电影《无法容忍》也包含了圣巴塞洛缪大屠杀及其相关事件。《无法容忍》讲述了凯瑟琳·德·美第奇密谋进行大屠杀,强迫儿子查理九世同意她的计划。其他角色包括纳瓦拉亨利三世、瓦卢瓦的玛格丽特、加斯帕尔二世·德·科利尼和被描绘成同性恋的安茹公爵亨利三世。

还有一部描写圣巴塞洛缪大屠杀的小说是让·普莱迪1953年创作的《耶泽贝尔女王》。1971年,在BBC迷你剧《伊丽莎白》的第三集中,深入讨论了圣巴塞洛缪大屠杀后英格兰宫廷的反应及它对英法关系的影响。

1966年,英国科幻电视连续剧《神秘博士》中的一集《圣巴塞洛缪大屠杀》,讲述了导致大屠杀发生的一系列事件。其中,伦纳德·萨克斯饰演加斯帕尔二世·德·科利尼,琼·扬饰演凯瑟琳·德·美第奇。

2013年,蒂姆·威洛克斯出版了历史小说《巴黎的十二个孩子》,也是以圣巴塞洛缪大屠杀为故事背景。

《圣巴塞洛缪大屠杀日的一位胡格诺派教徒》

2017年出版的历史小说《火柱》中，肯·福利特也讲述了圣巴塞洛缪大屠杀。在《火柱》中，有几章详细描述了圣巴塞洛缪大屠杀及其相关事件，书中的主人公提前得到了一些警告，并做出了巨大的努力避免悲剧发生，但徒劳无功。在《火柱》中，查理九世和凯瑟琳·德·美第奇并未共谋。相反，他们是宗教宽容政策坚定的支持者，对大屠杀感到惊讶和恐惧。按照尼科洛·马基雅维利的观点，肯·福利特将圣巴塞洛缪大屠杀描述为吉斯家族提前精心策划然后成功实施的一场大阴谋。

# 译名对照表

| | |
|---|---|
| *A Column of Fire* | 《火柱》 |
| *A Huguenot on St. Bartholomew's Day* | 《圣巴塞洛缪大屠杀日的一位胡格诺派教徒》 |
| *A Pocket Mirror for Heroes* | 《英雄的小镜子》 |
| Academie de Musique et de Poésie | 音乐与诗歌学院 |
| Admiral of France | 海军上将 |
| Adrian VI | 阿德里安六世 |
| Agen | 阿让 |
| Agrippa d'Aubigné | 阿格里帕·德奥比涅 |
| Aix-en-Provence | 普罗旺斯的艾克斯 |
| Albert de Gondi | 阿尔贝特·德·贡迪 |
| Albigensian | 阿比尔派教徒 |
| Alessandro Farnese | 亚历山德罗·法尔内塞 |
| Alexander Farnese | 亚历山大·法尔内塞 |
| Alexandre Dumas | 大仲马 |
| Alfonsina Orsini | 阿方西娜·奥尔西尼 |
| Amboise Conspiracy | 安博瓦兹阴谋 |
| Ambroise Pare | 安布鲁瓦兹·帕尔 |
| Amien | 亚眠 |
| André Chénier | 安德烈·谢尼埃 |
| André d'Albaigne | 安德烈·德阿尔巴尼亚 |
| Andrew Cunningham | 安德鲁·坎宁安 |
| Angers | 昂热 |

| | |
|---|---|
| Angoulême | 昂古莱姆 |
| Anjou | 安茹 |
| Anna d'Este | 安娜·德埃斯特 |
| Anna of Austria | 奥地利的安娜 |
| Anne de Joyeuse | 阿内·德·乔伊斯 |
| Anne de Montmorency | 阿内·德·蒙莫朗西 |
| Anne de Pisseleu d'Heilly | 安妮·德·皮赛罗·德埃利 |
| Anne of France | 法兰西的安妮 |
| Anne Pot | 安妮·波 |
| Annuziata delle Murate | 安农齐亚塔德莱穆拉特修道院 |
| Antoine Caron | 安托万·卡龙 |
| Antoine de Bourbon | 安托万·德·波旁 |
| Antoine II de Gramont | 安托万二世·德·格拉蒙 |
| Antoine of Navarre | 纳瓦拉国王安托万 |
| Antoine Perrenot de Granvelle | 安托万·佩勒诺·德·格朗韦勒 |
| Antoinette de Bourbon | 安托瓦内特·德·波旁 |
| António | 安东尼奥 |
| Antonio Maria Salviati | 安东尼奥·马里亚·萨尔维亚蒂 |
| Antwerp | 安特卫普 |
| Arlon | 阿尔隆 |
| Armagnac | 阿马尼亚克 |
| Armand de Gontaut | 阿尔芒·德·贡托 |
| Arras | 阿拉斯 |
| Artemisia | 阿尔泰米西娅 |
| Artemisia II | 阿尔泰米西娅二世 |
| Artois | 阿图瓦 |
| Assembly of Notables | 显贵会议 |
| Associated Press | 美联社 |
| Aunis | 欧尼斯 |
| Auxerre | 欧塞尔 |

| | |
|---|---|
| Avignon | 阿维尼翁 |
| Badoer | 巴多尔 |
| Bains | 班 |
| Balagni | 巴拉尼 |
| *Ballet Comique de la Reine* | 《拉雷内喜剧芭蕾舞》 |
| Baltasar Gracian | 巴尔塔萨·格拉西安 |
| Barbara B. Diefendorf | 芭芭拉·B. 迪芬多夫 |
| Barbara Ketcham Wheaton | 芭芭拉·凯查姆·惠顿 |
| Bar-le-Duc | 巴勒迪克 |
| Barnabé Brisson | 巴纳贝·布里松 |
| Baron de Biron | 比龙男爵 |
| Basilica of Saint-Denis | 圣但尼大教堂 |
| Bastille | 巴士底狱 |
| Battle of Ceresole | 切雷素莱战役 |
| Battle of Dormans | 多尔芒战役 |
| Battle of Dreux | 德勒战役 |
| Battle of Ivri | 伊夫里战役 |
| Battle of Jarnac | 雅纳克战役 |
| Battle of La Bicocca | 拉比科卡战役 |
| Battle of La Roche-l'Abeille | 拉罗什勒阿贝耶战役 |
| Battle of Lepanto | 勒班陀战役 |
| Battle of Moncontour | 蒙孔图尔战役 |
| Battle of Pavia | 帕维亚战役 |
| Battle of Renty | 兰迪战役 |
| Battle of Saint-Denis | 圣但尼战役 |
| Bayonne | 巴约讷 |
| Béarn | 贝阿恩 |
| Beatrice de Coligny | 贝亚特丽斯·德·科尼利 |
| Befence of Mézières | 梅济耶尔防卫战 |
| Benefices | 有俸圣职 |

| | |
|---|---|
| Beziers | 贝济耶 |
| Bigorre | 比戈尔 |
| Biscay | 比斯开湾 |
| Black Mass | 黑弥撒 |
| Blois | 布卢瓦 |
| Bordeaux | 波尔多 |
| Boucher | 布歇 |
| Bouillon | 布永 |
| Boulogne | 布洛涅 |
| Bourges | 布尔日 |
| Brabant | 布拉班特 |
| Bray | 布雷 |
| Breux | 德勒 |
| Brie | 布里 |
| Brill | 布里尔 |
| Brittany | 布列塔尼 |
| Bruce Lincoln | 布鲁斯·林肯 |
| Burgundy | 勃艮第 |
| Bussi le Clercq | 布西·勒·克莱尔 |
| Cahors | 卡奥尔 |
| Calais | 加来 |
| Cambra | 康布雷 |
| Camilo Capilupi | 卡米洛·卡皮卢皮 |
| Capets | 卡佩 |
| Captain | 管理者 |
| Capuchin | 圣方济会 |
| Carcassonne | 卡尔卡松 |
| Cardinal Giulio de Medici | 枢机主教朱利奥·德·美第奇 |
| Cardinal of Guise | 吉斯枢机主教 |
| Cardinal Richelieu | 枢机主教黎塞留 |

| | |
|---|---|
| Carlos | 卡洛斯 |
| Carolings | 加洛林 |
| Casas de Don Antonio | 卡萨斯-德安东尼奥 |
| Castres | 卡斯特尔 |
| Catherine de Bourbon | 凯瑟琳·德·波旁 |
| Catherine de Lorraine | 凯瑟琳·德·洛林 |
| Catherine de Medici | 凯瑟琳·德·美第奇 |
| Catherine of Cleves | 克利夫斯的凯瑟琳 |
| Catholic League | 天主教联盟 |
| Cavriana | 卡夫里亚纳 |
| Central Court | 中央法院 |
| Cevennes | 塞文山脉 |
| Chalons | 沙隆 |
| Chambre Ardente | 火焰法庭 |
| Chambre des Compte | 审计法庭 |
| Champagne | 香槟 |
| Chantilly | 尚蒂伊 |
| Charlemagne | 查理曼大帝 |
| Charles Danowitz | 夏尔·达诺维茨 |
| Charles de Bourbon | 夏尔·德·波旁 |
| Charles de Coligny | 夏尔·德·科利尼 |
| Charles de Lorraine | 夏尔·德·洛林 |
| Charles de Louviers | 夏尔·德·卢维耶 |
| Charles de Montmorency | 夏尔·德·蒙莫朗西 |
| Charles de Téligny | 夏尔·德·泰利尼 |
| Charles Emmanuel | 夏尔·埃马纽埃尔 |
| Charles Emmanuel I | 夏尔·埃马纽埃尔一世 |
| Charles II de Bourbon-Vendôme | 夏尔二世·德·波旁-旺多姆 |
| Charles II de Cossé | 夏尔二世·德·科塞 |
| Charles III | 夏尔三世 |

| | |
|---|---|
| Charles IX | 查理九世 |
| Charles V | 查理五世 |
| Charles VII | 查理七世 |
| Charles VIII | 查理八世 |
| Charlotte Corday | 夏洛特·科尔代 |
| Charlotte de Laval | 夏洛特·德·拉瓦尔 |
| Charlotte de Sauve | 夏洛特·德·索韦 |
| Charlotte of Bourbon | 波旁的夏洛特 |
| Chartres | 沙特尔 |
| Chasse | 沙斯 |
| Château Corney | 科尼庄园 |
| Château de Blois | 布卢瓦城堡 |
| Château de Tournelles | 杜赫内勒堡 |
| Château d'Usson | 德厄森堡 |
| Château of Amboise | 安博瓦兹城堡 |
| Château of Chenonceau | 舍农索城堡 |
| Châtelet | 夏特莱堡 |
| Châtillon | 沙蒂永 |
| Châtillon-sur-Loing | 卢万河畔的沙蒂永 |
| Chief Executive | 行政长官 |
| Christopher Marlowe | 克里斯多弗·马洛 |
| *Chronique du règne de Charles IX* | 《查理九世的编年史》 |
| Church of Saint-Germain l'Auxerrois | 圣日耳曼欧塞尔教堂 |
| Churches of Vendôme | 旺多姆教堂 |
| Clarice de Medici | 克拉丽斯·德·美第奇 |
| Claude d'Annebault | 克劳德·德阿内博尔 |
| Claude de Valois | 克劳德·德·瓦卢瓦 |
| Claude Goudimel | 克劳德·古迪梅尔 |
| Claude Haton | 克劳德·阿东 |
| Claude of France | 弗朗斯的克劳德 |

| | |
|---|---|
| Clement VII | 克莱门特七世 |
| Clement VIII | 克莱门特八世 |
| Clery | 克莱里 |
| Clodio | 克洛迪奥 |
| Clovis I | 克洛维一世 |
| Cognac | 科尼亚克 |
| Colloquy of Poissy | 普瓦西宗教会议 |
| Colonel-general of the infantry | 步兵上校 |
| Comte de Retz | 孔特·德·雷斯 |
| Comte de Tende | 孔特·德·唐德 |
| *Concordat* | 《政教协议》 |
| Confrerie du St. Esprit | 圣灵会 |
| Congregational system | 公理教会制度 |
| Constable | 治安官 |
| Constable of France | 法兰西治安官 |
| Constitutionalism | 立宪主义 |
| Cosimo Ruggeri | 科西莫·鲁杰里 |
| Council of Sixteen | 十六人会议 |
| Count of Eu | 伊尤伯爵 |
| Count of Soissons Charles | 苏瓦松伯爵查尔斯 |
| Court des Aides | 助理法庭 |
| Coutras | 库特拉 |
| Crowns | 克朗 |
| Cujus regio ejus religio | 教随国定 |
| Dague | 达格 |
| Dauphiné | 多菲内 |
| David | 大卫 |
| David Riggs | 大卫·里格斯 |
| David Wark Griffith | 大卫·沃克·格里菲思 |
| Day of the Barricades | 路障日暴乱 |

| | |
|---|---|
| *Decrees of Trent* | 《特伦特法令》 |
| Democracy | 民主主义 |
| Denis Crouzet | 丹尼斯·克鲁泽 |
| Denis Diderot | 德尼·狄德罗 |
| Déode de Béze | 迪德·德·贝兹 |
| Diane de Poitiers | 迪亚娜·德·普瓦捷 |
| Dieppe | 迪耶普 |
| *Discours contre Machievel* | 《反对马基雅维利主义》 |
| Divine retribution | 神惩 |
| Dominican | 多明我会修会 |
| Dominion of Grace | 恩典自治 |
| Dreux | 德勒 |
| Du Plessis Mornay | 迪·普莱西·莫尔奈 |
| Duc de Lesdiguières | 莱斯吉埃公爵 |
| Duchess of Étampes | 伊坦佩斯女公爵 |
| Duchess of Nemours | 内穆尔公爵夫人 |
| Duchess of Urbino | 乌尔比诺女公爵 |
| Duchy of Lorraine | 洛林公国 |
| Duchy of Savoy | 萨伏伊公国 |
| Duke of Alba | 阿尔巴公爵 |
| Duke of Albany | 奥尔巴尼公爵 |
| Duke of Aumale | 欧马勒公爵 |
| Duke of Bourbon | 波旁公爵 |
| Duke of Brabant | 布拉班特公爵 |
| Duke of Brittany | 布列塔尼公爵 |
| Duke of Epernon | 埃佩农公爵 |
| Duke of Ferrara | 费拉拉公爵 |
| Duke of Guise Claude | 吉斯公爵克劳德 |
| Duke of Guise Francis | 吉斯公爵弗朗西斯 |
| Duke of Lorraine | 洛林公爵 |

| | |
|---|---|
| Duke of Mayenne Charles | 马耶纳公爵夏尔 |
| Duke of Mercœur | 梅克尔公爵 |
| Duke of Nemours Jacques | 内穆尔公爵雅克 |
| Duke of Nevers | 讷维尔公爵 |
| Duke of Parma | 帕尔马公爵 |
| Duke of Savoy | 萨瓦公爵 |
| Duke of Sully | 苏利公爵 |
| Duke of Urbino | 乌尔比诺公爵 |
| Duke of Vendôme | 旺多姆公爵 |
| Duke of Württemberg Christoph | 符腾堡公爵克里斯托夫 |
| Earl of Leicester | 莱斯特伯爵 |
| Earl of Montgomery | 蒙哥马利伯爵 |
| *Edict of Beaulieu* | 《博略敕令》 |
| *Edict of Nantes* | 《南特敕令》 |
| *Edict of Saint-Germain* | 《圣日耳曼敕令》 |
| *Edict of Toleration* | 《宗教宽容敕令》 |
| Edmond Auger | 埃德蒙·奥热 |
| Edward Armstrong | 爱德华·阿姆斯特朗 |
| Eglise Saint-Ferreol les Augustins | 埃格里斯－圣费奥尔－奥古斯汀大教堂 |
| Eléanor de Roye | 埃莉诺·德·鲁瓦耶 |
| Elector of Saxony | 萨克森选帝侯 |
| Elector Palatine | 帕拉蒂诺选帝侯 |
| Elisabeth of Austria | 奥地利的伊丽莎白 |
| Elisabeth of Valois | 瓦卢瓦的伊丽莎白 |
| Elizabeth Inchbald | 伊丽莎白·英奇博尔德 |
| *Encyclopédie* | 《百科全书》 |
| Enrico Caetani | 恩里科·卡埃塔尼 |
| Entremont | 恩特蒙特 |
| Episcopate | 主教团 |
| Erastian | 伊拉斯派 |

| | |
|---|---|
| Ercole II d'Este | 埃尔科莱二世·德埃斯特 |
| Esprits Choisis | 智慧之选 |
| Estates General | 三级会议 |
| Etampes | 埃唐普 |
| Étienne Pasquier | 艾蒂安·帕基耶 |
| Eustace | 尤斯塔斯 |
| Extraordinary Tribunal | 特别法庭 |
| Fall of Florence | 佛罗伦斯陷落 |
| Felipe Fernández-Armesto | 费利佩·费尔南德斯-阿梅斯托 |
| Ferdinando I de Medici | 费迪南一世·德·美第奇 |
| Fernando Álvarez de Toledo | 费尔南多·阿尔瓦雷斯·德·托莱多 |
| Ferrara | 费拉拉 |
| Field of the Cloth of Gold | 金缕地会盟 |
| Fighting Nobility | 战斗贵族 |
| Filippa Duci | 菲莉帕·杜奇 |
| Filippo di Piero Strozzi | 菲利波·迪·皮耶罗·斯特罗齐 |
| Flagellation | 鞭笞 |
| Flanders | 佛兰德斯 |
| Flemish | 佛兰芒 |
| Florence | 佛罗伦萨 |
| Flushing | 弗卢辛 |
| Flying squadron | 飞行中队 |
| Foix | 富瓦 |
| Fontainebleau | 枫丹白露 |
| Forez | 福雷 |
| Fort Caroline | 卡洛琳堡 |
| Fortress of San Leo | 佛罗伦萨的圣莱奥要塞 |
| Forty | 四十人会议 |
| France Antarctique | 法兰西南极洲 |
| Frances Yates | 弗朗西丝·耶茨 |

| | |
|---|---|
| Francesco Antonio Correr | 弗朗索瓦科·安东尼奥·科雷尔 |
| Francesco Maria I della Rovere | 弗朗切斯科·马里亚·德拉·罗韦雷 |
| Francesco Panigarola | 弗朗切斯科·帕尼加罗拉 |
| Francesco Primaticcio | 弗朗西斯科·普里马蒂乔 |
| Franche-Comte | 弗朗什-孔泰大区 |
| Francis Count of Enghien | 昂吉安伯爵弗朗索瓦 |
| Francis de Lorraine II | 弗朗西斯·德·洛林二世 |
| Francis Duke of Anjou | 安茹公爵弗朗索瓦 |
| Francis I | 弗朗索瓦一世 |
| Francis II | 弗朗索瓦二世 |
| Francis III | 弗朗索瓦三世 |
| Francis Walsingham | 弗朗西斯·沃尔辛汉姆 |
| *Franco Gallia* | 《佛朗哥·加利亚》 |
| Franco-Flemish | 佛朗哥-佛兰芒 |
| François Clouet | 弗朗索瓦·克卢埃 |
| François d'Andelot de Coligny | 弗朗索瓦·德安德洛·德·科利尼 |
| François de Bonne | 弗朗索瓦·德·博内 |
| François de Bourbon | 弗朗索瓦·德·波旁 |
| François de Coligny | 弗朗索瓦·德·科利尼 |
| François de La Noue | 弗朗索瓦·德·拉·努 |
| François de La Rochefoucauld | 弗朗索瓦·德·拉·罗什富科 |
| François de Montmorency | 弗朗索瓦·德·蒙莫朗西 |
| François de Scépeaux | 弗朗索瓦·德·切佩奥 |
| François de Tournon | 弗朗索瓦·德·图尔农 |
| François Hotman | 弗朗索瓦·奥特芒 |
| Françoise d'Alençon | 弗朗索瓦·德阿朗松 |
| Frankfor | 法兰克福 |
| Frederick III | 腓特烈三世 |
| *From the Manuscript of 'A Tramp Abroad* | 《海外流浪汉的手稿：法兰西人和科曼切人》 |
| Gabriel de Lorges | 加布里埃尔·德·洛吉斯 |

| | |
|---|---|
| Gabrielle d'Estrées | 加布丽埃勒·德埃斯特雷 |
| Gaillac | 加亚克 |
| Gallican | 高卢派 |
| Gallican Church | 高卢派教会 |
| Gallicanism | 高卢主义 |
| Gascon | 加斯孔家族 |
| Gascon Montluc | 加斯孔·蒙吕克 |
| Gascony | 加斯科尼 |
| Gaspard de Saulx | 加斯帕尔·德·索尔克斯 |
| Gaspard II de Coligny | 加斯帕尔二世·德·科利尼 |
| General Assembly | 全体大会 |
| Genoa | 热那亚 |
| George Mason University | 乔治梅森大学 |
| Germain Pilon | 热尔曼·皮隆 |
| Gerolamo Lipomanno | 杰罗拉莫·利波曼诺 |
| Ghent | 根特 |
| Giacomo Meyerbeer | 贾科莫·迈尔贝尔 |
| Giorgio Vasari | 乔治·瓦萨里 |
| Giovanni Tornabuoni | 乔瓦尼·托尔纳博尼 |
| Gondi | 贡迪 |
| Gonzaga | 冈萨加 |
| Gouvernante de France | 法兰西女总管 |
| Governor | 总督 |
| Governor of Champagne | 香槟总督 |
| Governor of Languedoc | 朗格多克总督 |
| Governor of Paris | 巴黎总督 |
| Grand Chamberlain of France | 法兰西宫廷内务大臣 |
| Grand Duc de Guise | 大公爵吉斯 |
| Grand Master of France | 法兰西王室总管 |
| Grand Veneur of France | 法兰西王室狩猎大师 |

| | |
|---|---|
| Granvelle | 格朗维勒 |
| Great Armagnac slaughter | 阿马尼亚克大屠杀 |
| Gregory XIII | 格列高利十三世 |
| Grotesque | 怪诞派 |
| Guelders | 海尔德 |
| Gueux | 丐军 |
| Guillaume de Grandchamp de Grantrie | 纪尧姆·德·格朗尚·德·格兰特里 |
| Guyenne | 吉耶讷 |
| Harley | 阿莱 |
| Habsburg Spain | 西班牙哈布斯堡王朝 |
| Hainault | 艾诺 |
| Hainaut | 埃诺省 |
| Halicarnassus | 哈利卡纳苏斯 |
| Havre | 勒阿弗尔 |
| Helmut Georg Koenigsberger | 赫尔穆特·格奥尔格·柯尼希斯贝格尔 |
| Henri de Mesme | 亨利·德·梅姆 |
| Henri de Schomberg | 亨利·德·朔姆贝格 |
| Henri I de Bourbon | 亨利一世·德·波旁 |
| Henri I de Montmorency | 亨利一世·德·蒙莫朗西 |
| Henri Zerner | 亨利·泽纳 |
| *Henriade* | 《亨利亚德》 |
| Henriette of Savoy | 萨瓦的亨丽埃特 |
| Henry Duke of Beaumont | 博蒙特公爵亨利 |
| Henry I | 亨利一世 |
| Henry II | 亨利二世 |
| Henry III | 亨利三世 |
| Henry IV | 亨利四世 |
| Henry of Bourbon | 波旁的亨利 |
| Henry of Lorraine | 洛林的亨利 |
| Holland | 荷兰 |

| | |
|---|---|
| Holy Roman Emperor | 神圣罗马帝国皇帝 |
| Holy See | 罗马教廷 |
| Hôtel de Béthisy | 贝蒂西酒店 |
| Hotel de la Reine | 拉雷内宫 |
| House of Bourbon | 波旁家族 |
| House of Habsburg | 哈布斯堡家族 |
| House of Valois-Anjou | 瓦卢瓦-安茹王朝 |
| Hubert Langue | 于贝尔·朗格 |
| Ilandsknecht | 长矛兵 |
| Innocent Gentillet | 伊诺桑·让缇耶 |
| Inquisition | 异端裁判所 |
| *Intolerance* | 《无法容忍》 |
| Ippolito de Medici | 伊波利托·德·美第奇 |
| Isabella Clara Eugenia | 伊莎贝拉·克拉拉·尤金妮亚 |
| Isabelle Adjani | 伊莎贝尔·阿贾尼 |
| Italian campaigns | 意大利战役 |
| Ivan IV | 伊凡四世 |
| Jacqueline de Montbel d'Entremont | 杰奎琳·德·蒙贝尔·德昂特勒蒙 |
| Jacquerie | 札克雷 |
| Jacques Clément | 雅克·克莱门特 |
| Jacques Daffis | 雅克·达菲 |
| Jacques d'Albon | 雅克·德阿尔邦 |
| James V of Scotland | 詹姆斯五世 |
| Janine Garrisson | 雅尼纳·加里松 |
| Jean Bodin | 让·博丹 |
| Jean Charles D´Ianowitz | 让·夏尔·德伊诺维茨 |
| Jean Chatel | 让·沙泰尔 |
| Jean Clouet | 让·克卢埃 |
| Jean Cousin the Younger | 让·库赞 |
| Jean de Monluc | 让·德·蒙吕克 |

| | |
|---|---|
| Jean de Poltrot | 让·德·波尔特尔 |
| Jean de Saulx | 让·德·索尔克斯 |
| Jean du Barry | 让·迪·巴里 |
| Jean Fernel | 琼·费内尔 |
| *Jean Hennuyer Bishop of Lizieux* | 《利兹厄主教让·亨纳耶》 |
| Jean IV de Brosse | 让四世·德·布罗斯 |
| Jean le Rond d'Alembert | 让·勒龙·德阿朗贝尔 |
| Jean Louis de Nogaret de La Valette | 让·路易·德·诺加雷·德·拉·瓦莱特 |
| Jean Plaidy | 让·普莱迪 |
| Jean Ribault | 让·里博 |
| Jean Tanquerel | 让·坦克雷尔 |
| Jean-Antoine de Baïf | 让-安托万·巴伊夫 |
| Jean-Étienne Duranti | 让-艾蒂安·迪朗蒂 |
| Jean-Louis Bourgeon | 让-路易斯·布尔容 |
| Jeanne d'Albret | 让娜·德阿尔布雷 |
| Jeanne Moreau | 珍妮·莫罗 |
| Jean-Paul Marat | 让-保罗·马拉 |
| Jean-Pierre Babelon | 让-皮埃尔·巴伯隆 |
| *Jew of Malta* | 《马耳他的犹太人》 |
| Joan | 琼 |
| Joan Young | 琼·扬 |
| Joanna of Austria | 奥地利的乔安娜 |
| John Calvin | 约翰·加尔文 |
| John Casimir | 约翰·卡西米尔 |
| John Casimir of the Palatinate-Simmern | 巴拉丁兼锡门伯爵约翰·卡齐米尔 |
| John Dalberg-Acton | 约翰·达尔贝格-阿克顿 |
| John Dee | 约翰·迪伊 |
| John Everett Millais | 约翰·埃弗里特·米莱 |
| John Frederick I | 约翰·腓特烈一世 |
| John of Austria | 奥地利的胡安 |

| | |
|---|---|
| John Stewart | 约翰·斯图尔特 |
| Joseph Chénier | 约瑟夫·谢尼埃 |
| Jubilee | 大赦年 |
| Jules Michelet | 儒勒·米什莱 |
| Ken Follett | 肯·福利特 |
| King of Navarre | 纳瓦拉国王 |
| King's College | 国王学院 |
| King's Council | 御前会议 |
| La Charit | 拉沙里泰 |
| La Fere | 拉费尔 |
| La Ferté-sous-Jouarre | 拉费泰苏茹瓦尔 |
| La Huguerye | 拉·胡格里 |
| *La Reine Margot* | 《玛戈王后》 |
| La Rochelle | 拉罗谢尔 |
| La Sainte Ligue | 天主教联盟 |
| La Tremouille | 特雷穆耶 |
| Languedoc | 朗格多克 |
| Launay-Gelin | 劳纳格林 |
| Le Havre | 勒阿弗尔 |
| League of Paris | 巴黎联盟 |
| L'Ecluse | 埃克勒斯 |
| Leo X | 利奥十世 |
| Leonard Sachs | 伦纳德·萨克斯 |
| Leonardo Da Vinci | 列奥纳多·达·芬奇 |
| Leonie Frieda | 利奥妮·弗里达 |
| *Les Huguenots* | 《胡格诺派教徒》 |
| *Lettre de Pierre Charpentier* | 《皮埃尔·沙尔庞捷的信》 |
| Liberal Churchmen | 自由教会人士 |
| Liege | 列日 |
| Lieutenant General | 陆军中将 |

| | |
|---|---|
| Lieutenant General of the Kingdom | 王国中将 |
| Lille | 里尔 |
| Limburg | 林堡 |
| Limoges | 利摩日 |
| Lincestre | 林切斯特 |
| Loire | 卢瓦尔河 |
| Lord of Maurevert | 莫瑞特领主 |
| Lorenzo de Medici | 洛伦佐·德·美第奇 |
| Lorraine | 洛林 |
| Louis Count of Marle | 马尔勒伯爵路易 |
| Louis de Bourbon | 路易·德·波旁 |
| Louis de Lorraine | 路易·德·洛林 |
| Louis Duke of Montpensier | 蒙庞西耶公爵路易 |
| Louis Gonzaga | 路易斯·贡萨加 |
| Louis II | 路易二世 |
| Louis of Nassau | 拿骚的路易 |
| Louis XI | 路易十一 |
| Louis XII | 路易十二 |
| Louis XIII | 路易十三 |
| Louis XVI | 路易十六 |
| Louise de la Béraudière | 路易斯·德·拉·贝劳迪埃 |
| Louise de Lorraine Vaudémont | 路易丝·德·洛琳·沃德蒙特 |
| Louise de Montmorency | 路易丝·德·蒙莫朗西 |
| Louise XIV | 路易十四 |
| Louis-Pierre Anquetil | 路易-皮埃尔·安克蒂尔 |
| Louis-Sebastien Mercier | 路易斯-塞巴斯蒂安·梅西耶 |
| Louvre Palace | 卢浮宫 |
| Lovers' War | 情人战争 |
| Lower Navarre | 下纳瓦拉 |
| Luigi Lippomano | 路易吉·利波马诺 |

| | |
|---|---|
| Luis de Requesens y Zúñiga | 路易斯·德·雷克森斯-苏尼加 |
| Luxembourg | 卢森堡 |
| Lyon | 里昂 |
| Maistre | 梅斯特 |
| Machiavellianism | 马基雅维利主义 |
| Macon | 梅肯 |
| Mâcon | 马孔 |
| Madeleine de La Tour d' auvergne | 马德琳·德·拉·图尔·德奥韦涅 |
| Madeleine of Savoy | 萨伏伊的马德莱娜 |
| Maestricht | 马斯特里赫特 |
| Maine | 曼恩 |
| *Manifesto of Cond* | 《孔代宣言》 |
| Mannerism | 风格主义 |
| Marcantonio Barbaro | 马尔坎托尼奥·巴尔巴罗 |
| Margaret of Valois | 瓦卢瓦的玛格丽特 |
| Marguerite de Navarre | 玛格丽特·德·纳瓦拉 |
| Marie de Luxemburg | 玛丽·德·卢森堡 |
| Marie Elisabeth of France | 法兰西的玛丽·伊丽莎白 |
| Marignano | 马里尼亚诺 |
| Marino Cavalli | 马里诺·卡瓦利 |
| Marne | 马恩河 |
| Marseilles | 马赛 |
| Marshal of Châtillon | 沙蒂永元帅 |
| Marshal of France | 法兰西元帅 |
| Marshal Saint-Andre | 圣安德烈元帅 |
| Mary of Guise | 吉斯的玛丽 |
| Mary Stuart | 玛丽·斯图亚特 |
| Massacre of Vassy | 瓦西大屠杀 |
| Mausoleum at Halicarnassus | 摩索拉斯陵 |
| Mausolu | 摩索拉斯 |

| | |
|---|---|
| Maximilian II | 马克西米利安二世 |
| Maximilien de Béthune | 马克西米利安·德·贝蒂纳 |
| Maximilien I | 马克西米利安一世 |
| Meaux | 莫城 |
| Mendoça | 门多萨 |
| Merovings | 墨洛温 |
| Merovius | 墨洛维 |
| Metz | 梅茨 |
| Michel de Castelnau | 米歇尔·德·卡斯泰尔诺 |
| Michel de l'Hôpital | 米歇尔·德·洛皮塔尔 |
| Michel de Marillac | 米歇尔·德·马里亚克 |
| Michel de Nostredame | 米歇尔·德·诺斯特拉德马斯 |
| Michiel | 米希尔 |
| Michieli | 米基耶利 |
| Mi-partie | 新型法庭 |
| Mons | 蒙斯 |
| Montauban | 蒙托邦 |
| Montceaux | 蒙塞奥 |
| Montmédy | 蒙梅迪 |
| Montmorency | 蒙莫朗西 |
| Montpllier | 蒙彼利埃 |
| Moreo | 莫雷奥 |
| Moulins | 穆兰 |
| Mr. Besant | 贝赞特先生 |
| Münster | 明斯特 |
| Nantes | 南特 |
| Navarre | 纳瓦拉 |
| Neapolitan Colonel | 那不勒斯的上校 |
| Nérac | 内拉克 |
| Netherlands | 尼德兰 |

| | |
|---|---|
| Netherlands Campaign | 荷兰战役 |
| Niccolò Machiavelli | 尼科洛·马基雅维利 |
| Nicholas Throckmorton | 尼古拉·思罗克莫顿 |
| Nicolas de Neufville | 尼古拉·德·纳维尔 |
| Nicolas Durand de Villegaignon | 尼古拉·迪朗·德·维莱甘农 |
| Nimes | 尼姆 |
| Normandy | 诺曼底 |
| Notre-Dame | 圣母院 |
| Novara | 诺瓦拉 |
| Odet de Coligny | 奥代·德·科利尼 |
| Old League of the Catholic aristocracy | 天主教贵族旧联盟 |
| Ole Peter Grell | 奥利·彼得·格雷尔 |
| Orkney | 奥克尼 |
| Orléans | 奥尔良 |
| Ottoman Empire | 奥斯曼土耳其帝国 |
| Palatine | 巴拉丁 |
| Palazzo Medici Riccardi | 美第奇里卡尔迪宫 |
| Papal Curia | 教皇法院 |
| Papal theory of sovereignty | 高卢派教堂 |
| Paris Parlement | 巴黎最高法院 |
| Paris the Grand Council | 巴黎的大议会 |
| Parlement | 最高法院 |
| Parlement of Rouen | 鲁昂最高法院 |
| Parliament | 议会 |
| Patrick Hamilton | 帕特里克·汉密尔顿 |
| Patron saint | 主保圣人 |
| Paul IV | 保罗四世 |
| Peace Conference | 和平会议 |
| *Peace of Augsburg* | 《奥格斯堡和约》 |
| *Peace of Bergerac* | 《贝尔热拉克和约》 |

| | |
|---|---|
| *Peace of Cambrai* | 《康布雷和约》 |
| *Peace of Cateau-Cambrésis* | 《卡托－康布雷西和约》 |
| *Peace of Fleix* | 《弗莱和约》 |
| *Peace of Longjumeau* | 《朗朱莫和约》 |
| *Peace of Monsieur* | 《先生和约》 |
| *Peace of Saint-Germain* | 《圣日耳曼和约》 |
| Pelletier | 佩尔蒂埃 |
| Pendu | 庞迪 |
| Penthièvre | 彭蒂耶夫尔 |
| Périgord | 佩里戈尔 |
| Peronne | 佩罗讷 |
| Petrus Ramus | 彼得吕斯·拉米斯 |
| Philip Benedict | 菲利普·贝内迪克特 |
| Philip II | 腓力二世 |
| Philippa Duci | 菲利帕·杜奇 |
| Philippe de Commines | 菲利佩·德·科米纳 |
| Philippe de Gastines | 菲利佩·德·加斯蒂纳 |
| Philippe de Mornay | 菲利普·德·莫尔纳 |
| Philippe Emmanuel | 菲利普·埃马纽埃尔 |
| Picardy | 皮卡第 |
| Pierre Brûlart | 皮埃尔·布拉特 |
| Pierre de Bourdeille | 皮埃尔·德·布尔代耶 |
| Pierre de Gondi | 皮埃尔·德·贡迪 |
| Pierre de L'Estoile | 皮埃尔·德·勒埃图瓦勒 |
| Pierre de Ronsard | 皮埃尔·德·龙萨 |
| Pierre Jeannin | 皮埃尔·让南 |
| Poissy | 普瓦西 |
| Poitiers | 普瓦捷 |
| Poitou | 普瓦图 |
| Polish–Lithuanian Commonwealth | 波兰立陶宛联邦 |

| | |
|---|---|
| Politiques | 政治派 |
| Poltrot de Mér | 波尔特·德·梅雷 |
| Pomponne de Bellièvre | 蓬波纳·德·贝利埃夫尔 |
| Pontoise | 蓬图瓦兹 |
| Pope John Paul II | 教皇约翰·保罗二世 |
| Pope Paul III | 教皇保罗三世 |
| Porte Neuve | 新港 |
| *Pragmatic Sanction of Bourges* | 《布尔日协定》 |
| Pre-Raphaelite | 前拉斐尔派 |
| Prince of Conti | 孔代亲王 |
| Prince of Joinville | 茹安维尔亲王 |
| Prince of Orange | 奥兰治亲王 |
| Prince of Porcian | 波西安亲王 |
| Princes of the Council | 御前大臣 |
| Principality of Orange | 奥兰治公国 |
| Prior of Crato | 克拉图修道院院长 |
| Privy Council | 枢密院 |
| Prosper Mérimée | 普罗斯珀·梅里美 |
| Provence | 普罗旺斯 |
| Pyrenees | 比利牛斯山脉 |
| *Queen Jezebel* | 《耶泽贝尔女王》 |
| *R Elizabeth R* | 《伊丽莎白》 |
| Raymond Mentzer | 雷蒙德·门策 |
| *Readings on the Prophet Daniel* | 《解读先知丹尼尔》 |
| Realpolitik | 实用政治 |
| Recruiting Sergeant | 征兵官 |
| Renaissance humanism | 文艺复兴人文主义思想 |
| René de Birague | 勒内·德·比拉格 |
| René II | 勒内二世 |
| René of Savoy | 萨伏伊的勒内 |

| | |
|---|---|
| Renée of France | 法兰西的勒妮 |
| Rennes | 雷恩 |
| Republic of Florence | 佛罗伦萨共和国 |
| Reuters | 路透社 |
| Rhein | 莱茵 |
| Rhône | 罗讷河 |
| Rio de Janeiro | 里约热内卢 |
| Robert Dudley | 罗伯特·迪德莱 |
| Robert Jean Knecht | 罗伯特·让·克内克特 |
| Rose | 罗斯 |
| Rosières | 罗西耶斯 |
| Rosso Fiorentino | 罗索·菲奥伦蒂诺 |
| Rouen | 鲁昂 |
| Roving Diplomat | 巡回外交官 |
| Royal Council | 王室委员会 |
| Spanish Armada | 无敌舰队 |
| Sacerdotalism | 祭司制度 |
| Sack of Rome | 罗马之劫 |
| Saint-Germain-en-Laye | 圣日耳曼昂莱 |
| Saintonge | 圣东日 |
| Sala Regia | 萨拉雷西亚 |
| *Salic law* | 《萨利克继承法》 |
| Sancerre | 桑塞尔 |
| Saracini | 萨拉奇尼 |
| Saumur | 索米尔 |
| Saxon | 撒克逊 |
| Sebastian of Portugal | 葡萄牙国王塞巴斯蒂安 |
| Sebastiano de Montecuccoli | 塞巴斯蒂亚诺·德·蒙泰库科利 |
| Seigneur de Genlis | 让利斯勋爵 |
| Seigneur de Villeroy | 维勒鲁瓦领主 |

| | |
|---|---|
| Seine | 塞纳河 |
| Siege of Bourges | 布尔日之围 |
| Siege of Rouen | 鲁昂之围 |
| Silvio Passerini | 西尔维奥·帕塞里尼 |
| Simon Vigor | 西蒙·维戈尔 |
| Sixtus V | 西斯笃五世 |
| Sohne | 索恩河 |
| Somme | 索姆河 |
| Sorbonne | 索邦神学院 |
| Spanish Florida | 西班牙属佛罗里达 |
| St Quentin | 圣康坦 |
| St. Barthelemy | 圣巴泰勒米 |
| St. Bartholomew's Day massacre | 圣巴塞洛缪大屠杀 |
| St. Denis | 圣但尼 |
| St. Jean d'Angeli | 圣让当热勒 |
| St. Thomas of Canterbury | 坎特伯雷的圣托马斯 |
| States-General | 尼德兰三级会议 |
| Stephen Mennell | 史蒂芬·门内尔 |
| St-Ouen | 圣旺 |
| Strozzi | 斯特罗齐 |
| Summit meeting | 首脑会议 |
| Surprise of Meaux | 莫城突袭 |
| Syndicate | 辛迪加 |
| *Tamburlaine* | 《帖木耳大帝》 |
| Tassis | 塔西斯 |
| Tavannes | 塔瓦纳 |
| *Te Deum* | 《赞美颂》 |
| The age of Catherine de' Medici | 凯瑟琳·德·美第奇时代 |
| *The Massacre* | 《大屠杀》 |
| *The Massacre at Paris* | 《巴黎大屠杀》 |

| | |
|---|---|
| *The Twelve Children of Paris* | 《巴黎的十二个孩子》 |
| *The World of Christopher Marlowe* | 《克里斯托弗·马洛的世界》 |
| Theodore de Beze | 泰奥多尔·德·贝兹 |
| Thierry Wanegffelen | 蒂里·瓦内格法伦 |
| Thionville | 蒂永维尔 |
| Third party | 第三党派 |
| Thomas Cajetan | 托马·卡耶坦 |
| Thomas Smith | 托马斯·史密斯 |
| Thomas Wolsey | 托马斯·沃尔西 |
| Tim Willocks | 蒂姆·威洛克斯 |
| Toul | 图勒 |
| Toulouse | 图卢兹 |
| Tournai | 图尔奈 |
| Tours | 图尔 |
| *Treaty of Amboise* | 《安博瓦兹条约》 |
| *Treaty of Blois* | 《布卢瓦条约》 |
| *Treaty of Hampton Court* | 《汉普顿宫条约》 |
| *Treaty of Joinville* | 《茹安维尔条约》 |
| *Treaty of Madrid* | 《马德里条约》 |
| *Treaty of Nemours* | 《内穆尔条约》 |
| *Treaty of Plessis* | 《普莱西条约》 |
| *Treaty of Rochelle* | 《拉罗谢尔条约》 |
| *Treaty of Troyes* | 《特鲁瓦条约》 |
| *Triumphs of the Seasons* | 《四季的胜利》 |
| Triumvirate | 三头同盟 |
| Troyes | 特鲁瓦 |
| Truce of Vaucelles | 沃克勒斯休战 |
| Turin | 都灵 |
| Tuscan | 托斯卡纳 |
| Union of the churches | 教会联盟 |

| | |
|---|---|
| University of London | 伦敦大学 |
| Utrecht | 乌得勒支 |
| Valenciennes | 瓦朗谢讷 |
| Varennes | 瓦雷纳 |
| Vatican | 梵蒂冈 |
| Vaudois | 瓦勒度派 |
| Velai | 韦莱 |
| Vendôme | 旺多姆 |
| Verdun | 凡尔登 |
| Vice-Admiral | 海军中将 |
| Victoria | 维多利亚 |
| Vielle-ville | 维埃耶－维尔 |
| *Vindiciae contra tyrannos* | 《对暴君的判决》 |
| Vivarais | 维瓦赖 |
| Walloon | 瓦隆 |
| War of the Public Weal | 公共福利之战 |
| War of the Three Henrys | 三亨利之战 |
| Wassy-sur-Blaise | 布莱斯河畔的瓦西 |
| Wawel Cathedral | 瓦维尔大教堂 |
| William I | 威廉一世 |
| William of Montmorency | 蒙莫朗西的威廉 |
| Ybarra | 伊巴拉 |
| Zealand | 西兰岛 |